Auxiliando a humanidade a encontrar a Verdade

ENTRE DOIS MUNDOS
A história da Atlântida e da Lemúria perdida

Frederick S. Olivier
ENTRE DOIS MUNDOS

W. Scott-Elliot
A HISTÓRIA DA ATLÂNTIDA E DA LEMÚRIA PERDIDA

Projeto Terra

© 2006
CONHECIMENTO EDITORIAL LTDA

ENTRE DOIS MUNDOS
Frederick S. Olivier
do original:
A Dweller on Two Planets

A HISTÓRIA DA ATLÂNTIDA E DA LEMÚRIA PERDIDA
W. Scott-Elliot
do original:
The Story os Atlantis and The Lost Lemuria

Todos os direitos desta edição
reservados à
CONHECIMENTO EDITORIAL LTDA.
Caixa Postal 404
CEP 13480-970 - Limeira - SP
Fone/Fax: 19 34510143
www.edconhecimento.com.br
conhecimento@edconhecimento.com.br

Nos termos da lei que resguarda os direitos autorais, é proibida a reprodução total ou parcial, de qualquer forma ou por qualquer meio — eletrônico ou mecânico, inclusive por processos xerográficos, de fotocópia e de gravação — sem permissão, por escrito, do editor.

Tradução: **Mariléa de Castro**
Ilustrações: **Caio Cacau**
Projeto Gráfico: **Sérgio Carvalho**

ISBN 85-7618-068-5

• Impresso no Brasil • Presita en Brazilo

Dados Internacionais de Catalogação na Publicação (CIP)
(Câmara Brasileira do Livro, SP, Brasil)

Olivier, Frederick S.
  Entre dois mundos / Frederick S. Olivier . A história da Atlântida e da Lemúria perdida / W. Scott-Elliot / [tradução Mariléa de Castro, ilustrações Caio Cacau]. — 1ª ed. — Limeira, SP : Editora do Conhecimento, 2006. (Projeto Terra)

  Título original: A Dweller on two planets. The story of Atlantis and the lost Lemuria.
  ISBN 85-7618-068-5

  1. Atlântida 2. Continentes perdidos 3. Lemúria 4. Ocultismo 5. Palentologia 6. Psicografia 7. Reencarnação I. Scott-Elliot, W.. II. Cacau, Caio. III Título. IV Título: A história da Atlântida e da Lemúria perdida.
06-5523   CDD - 133.93

Índice para catálogo sistemático:
1. Atlântida e Lemúria : História : Mensagens psicografadas : Espiritismo 133.93

Frederick S. Olivier
ENTRE DOIS MUNDOS

W. Scott-Elliot
A HISTÓRIA DA ATLÂNTIDA E DA LEMÚRIA PERDIDA

1ª edição — 2006

Frederick S. Olivier
ENTRE DOIS MUNDOS

Sumário

Apresentação 4
Glossário 6
Prefácio do médium 8

Livro primeiro

Capítulo I - Atlântida, rainha dos mares 13
Capítulo II - Caiphul 26
Capítulo III - A fé também é conhecimento, e move montanhas 39
Capítulo IV - *Axte incal, axtuce mun* 42
Capítulo V - A vida em Caiphul 47
Capítulo VI - Nada que é bom perece 59
Capítulo VII - Contém a ti mesmo 62
Capítulo VIII - Uma grande profecia 66
Capítulo IX - A cura do crime 69
Capítulo X - Realização 73
Capítulo XI - O relato 81
Capítulo XII - O inesperado acontece 90
Capítulo XIII - A linguagem da alma 95
Capítulo XIV - A adoção de Zailm 97
Capítulo XV - Deserção materna 104
Capítulo XVI - A viagem a Suern 110
        A tempestade 112
Capítulo XVII - *Rai Ni Incal* – Cinzas com Cinzas 124

Capítulo XVIII - *Le Grand Voyage* 126
Capítulo XIX - Um problema bem resolvido 135
Capítulo XX - Fingimento 139
Capítulo XXI - O erro de uma vida 142
Capítulo XXII - Zailm propõe casamento 145
          O carma dispõe 147
Capítulo XXIII - Testemunha diante do culpado 152

Livro segundo 165
Capítulo I - A queda da Atlântida 166

Apresentação

O texto a seguir descreve inúmeros aspectos da civilização de Poseidônis, a última ilha remanescente da Atlântida, tal como era séculos antes da derradeira catástrofe que a engolfou nas águas do Atlântico, em 9564 a.C.

À época deste relato, ainda não havia entrado na decadência que a levou à destruição. Havia eqüidade e justiça em Poseidônis, bem como uma avançada tecnologia; era um poderoso império, com ricas colônias nas Américas do Norte (Incália) e do Sul (Umaur).

Suas naves aéreas e submarinas, sua ilimitada fonte de energia "oculta", meios de comunicação instantâneos, uma engenharia e arquitetura admiráveis, leis justas, um notável sistema estatal de uso da terra e remuneração do trabalho, além de uma rede educacional *sui generis* em funcionamento, instituições e acesso, uma estrutura democrática, com igualdade entre os sexos e o acesso aberto aos mais altos escalões sociais e políticos aos que o desejassem — tudo se fundamentava numa ética religiosa elevada. O próprio imperador (eleito, não hereditário!) era um iniciado, à época desta história. (Entretanto, a presença dos magos negros — que futuramente levariam aquela terra à ruína — já se insinuava, na figura de um sumo sacerdote.)

Este texto constitui a primeira metade de uma obra inédita em português: *A Dweller on Two Planets* (Um Habitante de Dois Mundos), ditada em 1886 a um jovem de dezessete anos, Frederick S. Oliver, na Califórnia, por uma entidade que se apresentava sob o nome de Phylos, e que depois de o instruir mentalmente, transmitiu a obra por escrita direta e intuitiva. O autor espiritual vivera em Poseidônis naquela época distante com a personalidade de Zailm, e a história pessoal de sua vida e aventuras é o fio condutor para esta descrição do cenário e da cultura do último momento de grandeza da civilização atlante. A obra tornou-se famosa e inspirou muitos leitores de língua inglesa da cultura Nova Era. Continuava inédita em português, e entendemos oportuna sua divulgação, neste momento planetário em que a herança espiritual atlante se faz marcante outra vez, aguardando-se inclusive, a emersão de partes do continente submerso, nos eventos da Transição Planetária em curso.

O conteúdo deste texto integra-se e confirma inteiramente o grande painel da história geral da Atlântida esboçado por Scott Elliot na segunda parte dessa obra, permitindo enfocar detalhadamente pelo menos uma das fases da história multimilenar da Quarta Raça — a derradeira e mais próxima de nós, a que sobreviveu na memória dos povos depois do cataclismo final — o "dilúvio" guardado por incontáveis tradições. Foi a Atlântida de Platão.

Por encaixar-se e complementar de forma admirável o texto de Elliot, entendemos esclarecedora a associação de ambos, com a exclusão da segunda parte do livro de Phylos, que não trata de Poseidônis.

O editor

Glossário

Observação: — Os leitores de *Entre Dois Mundos* farão o favor de lembrar que na língua atlante ou poseidônica, as terminações das palavras expressavam o número gramatical e o gênero. Assim, o singular era indicado pelo equivalente a "a", o plural por "i", o feminino por "u", enquanto a ausência dessa terminação indicava o masculino.

Afaisismo — o equivalente ao mesmerismo, mas não ao hipnotismo.
Astika — príncipe.
Bazix — o nome de uma das semanas do ano.
Devacan — a vida após a morte.
Ene — final significando estudo ou estudante.
Espeid — Éden, edênico.
Incal — o Sol; também o Deus Supremo.
Incaliz ou *Incalix* — sumo sacerdote.
Inclut — primeiro, ou domingo (também Incalon).
Inithlon — escola dedicada ao ensino religioso.
Ithlon — qualquer edifício, como uma casa.
Incalithlon — o grande templo.
Lemurinus, Lemúria ou *Lemorus* — um continente do qual a Austrália é o maior remanescente hoje em dia.
Carma — conseqüências resultantes das ações de vidas anteriores.
Maxin — a luz que não se apaga.
Mo — para ti.
Murus — Bóreas, o Vento Norte.
Naim — combinação de telefone e câmera de vídeo.

Navaz — a noite; a Deusa da Noite; as forças secretas da Natureza.
Navazzimin — o país das almas que partiram.
Ni — para.
Navamaxa — fornos de cremação para corpos mortos.
Nosses — a lua.
Nossinithlon — manicômio; [literalmente, casa para lunáticos].
Nossura — pássaro que imita o canto dos outros.
Pitach — um pico de montanha.
Rai — imperador ou monarca, como *Rai* Gwauxln, pronunciado Wallun.
Raina — um reino, como a *Raina* de Gwauxln-Poseidônis.
Rainu [também *Astiku*] — uma princesa.
Sattamun — deserto ou terra inculta.
Suernota — o continente asiático.
Surada — cantar, ou eu canto.
Teka ou *Teki* — moeda de ouro poseidônica.
Vailx — aeronave.
Ven — uma unidade linear de aproximadamente 1,6 quilômetro.
Xanatithlon — estufa para flores.
Xio ou *Xioq* — ciência.
Xiorain — o conselho de governo de Xioqua.
Xioqene — estudante de ciências.
Ystranavu — estrela da noite; em termos astronômicos, *Phyristunar*.
Zo — pronome possessivo pessoal: meu ou minha.

Palavras do médium

Com a permissão do autor, e para satisfazer as indagações naturais das mentes honestas e perquiridoras — tanto quanto minhas declarações pessoais possam fazê-lo — humildemente venho apresentar-me, para poder relatar resumidamente os principais fatos relativos à escrita deste livro verdadeiramente notável, até para mim.
Sou filho único do dr. e da sra. Oliver, que residiram no Estado da Califórnia durante muitos anos.
Nasci em Washington, D.C., em 1866, e vim para este Estado com meus pais, dois anos depois. Antes de começar a escrever este livro, em 1884, meus estudos tinham sido relativamente limitados, e incluíam um parco conhecimento das questões aqui tratadas.
Meu pai, um médico de renome, morreu alguns anos atrás, e minha mãe sobreviveu a ele. Ambos foram testemunhas diárias da maioria das circunstâncias e fatos que cercaram a escrita deste livro.
Sinto que sou, mental e espiritualmente, apenas um vulto ao lado do autor das grandes questões — profundas, largas e transcendentes — apresentadas nas páginas a seguir; e eu as leio e estudo com tanto interesse e proveito como qualquer outro leitor terá, imagino eu.
Nesta época de dúvidas, materialismo, e até de ateísmo total, preciso de toda a coragem que possuo para afirmar, em termos claros e inequívocos, que a obra **Entre Dois Mundos** é uma revelação; que não acredito ser eu o seu autor, mas sim uma daquelas pessoas misteriosas — se assim os leitores quiserem considerá-lo — adeptas dos arcanos ocultos do Universo, o que será melhor compreendido após a leitura deste livro. Eis a verdade.
O livro foi transmitido a mim, que era apenas um garoto. Não me faltava inclinação para estudar, mas possuindo pouca força de vontade, persistência e energia, obtive pouco sucesso nos estudos, e fui severamente criticado por meu professor como sendo "indiferente, e até mesmo preguiçoso". E foi assim que, pouco depois de

completar dezessete anos de idade, "Phylos, o Esoterista," passou a ocupar-se ativamente de mim, com o propósito de me tornar seu instrumento para revelar-se ao mundo. Esse elevado adepto demonstrou o que me parece uma confiança rara, pois eu não possuía uma sólida educação, como geralmente se considera, não tinha nenhuma tendência religiosa especial, e a meu favor tinha somente a disposição, o amor pelo incomum e uma mente em branco.

Durante um ano o meu preceptor oculto me ensinou por meio de "conversas mentais", e a minha mente ficou tão ocupada pelos muitos pensamentos novos que ele me inspirava, que eu não prestava nenhuma atenção ao ambiente, trabalhava automaticamente; quando trabalhava, não estudava nem lia, e mal ouvia aqueles que se dirigiam aos meus sentidos exteriores. Foi então que o meu pai decidiu pôr fim à minha "quase imbecilidade", como a chamou, pois eu havia evitado explicações, e não havia dito nada sobre as conversas com o meu preceptor místico, o qual só eu mesmo tinha visto poucas vezes. Cedi à pressão de meus pais e contei a eles sobre o que era para mim um segredo divino. Para meu alívio, eles não zombaram de mim, mas após a longa narrativa, ambos expressaram o desejo de ouvir também o misterioso estranho. Isso ele não consentiu, mas permitiu que eu repetisse as suas palavras, conversas e palestras, e com o tempo eu me tornei tão hábil nisso, que conseguia repetir o que ele dizia quase com a mesma velocidade com que falava.

Em 1883/4, diante da visão inspiradora do pico de Monte Shasta, o autor começou a fazer com que eu escrevesse o que ele me dizia, e curiosamente, ditou o capítulo inicial do "Livro Segundo" antes de tudo mais. Outros capítulos, tanto anteriores quanto posteriores, foram dados com intervalos de algumas semanas, ou até meses, às vezes somente uma ou duas folhas, e outras vezes até oitenta folhas tamanho carta preenchidas em algumas horas. Eu era acordado por meu mentor à noite, e escrevia à luz de lamparina, e às vezes sem nenhuma luz, na escuridão. Em 1886, o trabalho principal, que eu me lembre, estava terminado. O trabalho foi revisado duas vezes; por duas vezes ele me fez passar por esse manuscrito escrito tão aleatoriamente, o qual, como já disse, foi na sua maior parte escrito de trás para frente. Foi transmitido de forma tão estranha, que eu quase não tinha idéia do que era, ou do que tratava. O livro foi terminado em 1886.

Durante todo esse tempo, não me foi permitido, nem fui capaz de publicá-lo. Nesse ínterim, muitas coisas mencionadas no livro, relativas a descobertas científicas ou mecânicas, vieram a ser redescobertas. As grandes realizações dos atlantes, perdidas por milhares de anos após a submersão de seu grande continente, foram e estão sendo rapidamente trazidas à luz, tornando-se úteis novamente, corroborando a previsão do autor.

Veja a recente descoberta de Roentgen, dos "raios-x", algo sequer sonhado em 1886 — porém, no livro se acha um longo tratado sobre a "catodicidade" e os poderes surpreendentes do "lado obscuro da natureza", que teve tanta utilidade prática e foi tão bem compreendido pelas pessoas daquela época extraordinária. Veja-se a telegrafia sem fio: ela também está aqui, mencionada e espalhada amplamente por todo o livro, eliminando a possibilidade de uma interpolação posterior. E no que tange à existência de apenas "uma energia" e "uma substância", essa teoria agora está começando a ter adeptos credenciados e aceitação científica geral, deixando de ser vista como uma quimera diante das teorias elementares sustentadas pelos químicos há tanto tempo. Isso também é parte integrante deste livro; embora não faça mais de dois anos apareceu na revista Harper's Magazine um artigo tratando com seriedade sobre essa crença científica do final do século — uma novidade. Esses são apenas alguns exemplos maiores do que foi antecipado por *Um Habitante de Dois Mundos*, em 1886, junto com muitas outras previsões que se cumpriram em seguida, quando o autor redescobriu segredos enterrados com a Atlântida. E prometeu que nós, como atlantes de retorno, iremos além de sua extinta grandeza, e que a passos lentos e firmes chegaremos a superar até aquelas magníficas realizações, pois a mente e a alma do homem, em constante expansão e crescimento, sobem sempre cada vez mais alto nas etapas da evolução.

Quanto à capacidade de os leitores aceitarem esse livro como uma história verdadeira e não como ficção, depende muito da iluminação de suas almas dentro do Caminho.

Ao escrever como seu instrumento, fico sempre consciente da presença que se denomina Phylos,[1] toda vez que ele decide vir até mim, e às vezes eu o vejo tanto quanto ouço, e converso com ele, embora vê-lo seja raro. A clarividência e a clariaudiência são responsáveis por isso. Eu ouço, falo e escrevo o que me é dito, como for orientado. Muitas vezes, após me ser mostrada uma imagem mental, ele me deixa inteiramente livre para expressá-la na minha própria linguagem. Nesses momentos, fico plenamente consciente do ambiente, como em qualquer momento comum, embora me sinta exaltado como na presença do Mestre, e faço com alegria o trabalho de recepção para ele. Se os bons conselhos e o cuidado amoroso que tenho recebido de meu sábio amigo tivessem sido sempre lembrados e seguidos, com fidelidade e persistência, em vez de tão deixados de lado ou esquecidos que quase se apagavam da memória durante as ausências maiores, sem dúvida eu deveria ser um exemplo melhor do que sou das grandes lições que ele expõe neste livro.

F. S. Oliver

---

1 *Philos*, em grego significativamente quer dizer "amigo". N.T.

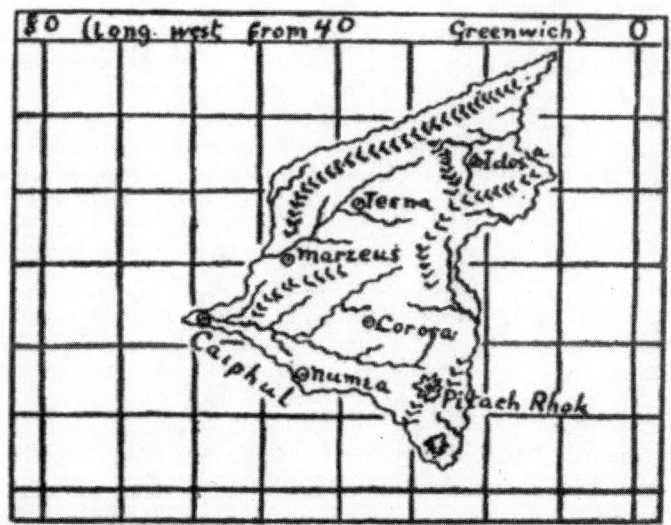

Mapa-múndi da Atlântida (Ilha de Poseidônis)

Mapa da Atlântida – Ilha de Poseidônis

Os contornos em preto representam a geografia do mundo na época do Zailm, 10.173 a.C. As áreas sombreadas representam a Lemúria antes do cataclismo da Atlântida. O Velho Mundo (Europa, Ásia e África) ficava pouco acima do nível do mar. O Novo Mundo estava apenas começando a tomar forma. Esse mapa é apenas uma aproximação, e não deve ser aceito como verdadeiro em todos os detalhes. As discrepâncias são devidas às condições desfavoráveis do ambiente na hora da inspiração.

Livro Primeiro

Capítulo 1
Atlântida, Rainha dos Mares

"Por que não?", perguntei a mim mesmo, parado em meio à neve da montanha, tão alta acima do nível do mar que o Senhor das Tempestades ainda reinava ali, mesmo com o verão lá embaixo. "Não sou um atlante, um filho de Poseidônis, e esse nome não é sinônimo de liberdade, de honra e de poder? Minha terra natal não é a mais gloriosa que existe sob o sol? Sob *Incal*?" E perguntei de novo: "Por que não, ora, por que não lutar para ser um dos mais importantes de meu orgulhoso país?"

"Poseidônis é a rainha do mar, sim, e do mundo também, já que todas as nações nos pagam tributos de louvor e de comércio — todos tentam nos igualar. Reinar em Poseidônis, portanto, não é virtualmente reinar sobre a Terra? Então, eu me empenharei para alcançar esse objetivo, e vou conseguir! E tu, ó lua fria e pálida, sê testemunha da minha decisão!", gritei alto, erguendo as mãos para o céu."E vós também, diamantes reluzentes do céu!".

Geralmente eu costumava atingir qualquer objetivo que me propusesse, sempre que o sucesso dependesse de um esforço decidido. Então, fiz meus votos, ali no alto, acima do mar e da planície que se estendia além para oeste, por trezentos e vinte quilômetros, até Caiphul, a cidade real. Estava tão alto que a meu redor e abaixo tudo eram picos e cadeias de montanhas, imensos, mas que pareciam diminuídos ao pé do ponto culminante onde me achava.

Em torno de mim jaziam neves eternas; mas que me importava? Minha mente estava tão ocupada com a nova decisão – a de tornar-me poderoso na terra onde nascera – que eu não prestava atenção ao frio. Na verdade, mal me dava conta de que o ar em torno de mim era frio, gelado como o das planícies árticas do norte longínquo.

Muitos obstáculos haveria a suplantar para a realização de meu desejo – pois na verdade, quem era eu, então?

Apenas o filho de um montanhês, pobre e sem pai; mas, graças ao destino, não sem mãe! Ao pensar nela, minha mãe, a milhas de distância lá embaixo, meus olhos se umedeceram, porque eu era apenas um garoto, e muitas vezes me entristecia ao lembrar das necessidades que ela passava. Essa idéia só veio reforçar minha determinação de ser e fazer. E outra vez meus pensamentos se detiveram nas dificuldades que iria encontrar em minha luta pelo sucesso, a fama e poder.

A Atlântida, ou Poseidônis, era um império cujos súditos gozavam da liberdade concedida pelo mais limitado dos sistemas monárquicos. A lei geral de sucessão dava a qualquer súdito homem a possibilidade de assumir os cargos do governo. Até o imperador detinha um cargo eletivo, assim como seus ministros, o Conselho dos Noventa, ou príncipes do reino. Se a morte chamasse o ocupante do trono, ou um dos conselheiros, o processo eleitoral entrava em ação, e somente assim, a não ser quando ocorresse destituição do cargo por má conduta – uma penalidade da qual nem o imperador, se nisso incorresse, ficava isento.

O poder de voto era possuído pelos dois grandes grupos sociais que englobavam todas as classes de pessoas, dos dois sexos. Podia-se dizer que o princípio maior que regia o processo político de Poseidônis era "mede-se a instrução do votante, mas não o seu sexo".

Os dois principais estratos sociais eram conhecidos pelos termos distintivos de "*incala*" e "*xioqua*", ou respectivamente o clero e os cientistas.

Meus leitores estarão se perguntando como haveria oportunidade igual para todos os súditos num sistema que excluía os artesãos, comerciantes e militares, se eles não estivessem nessas classes escolhidas? Acontece que qualquer pessoa podia optar por ingressar na Escola de Ciências, ou na de *Incal*, ou em ambas. A raça, cor ou sexo não era considerada para isso; o único pré-requisito era que o candidato devia ter dezesseis anos de idade, e possuir uma boa instrução recebida nas escolas comuns, ou um dos centros de estudo na capital de alguns dos estados de Poseidônis, como Numea, Terna, Idosa, Corosa, ou mesmo da escola inicial de Marzeus, o principal centro de manufatura artística de Atl.

A duração do curso no Grande *Xioquithlon* era de sete anos, dez meses por ano, divididos em dois semestres de cinco meses cada.

Apenas os possuidores de diplomas de primeiro grau poderiam candidatar-se mesmo aos mais simples cargos governamentais. Esses diplomas atestavam um nível de aquisição de conhecimentos tão vasto que é difícil dar noção, a não ser por inferências, à medida que o leitor prossiga. O diploma de segundo grau não conferia prestígio político, exceto pelo fato de que outorgava o direito de voto. Entretanto, se alguém não desejasse um cargo público, nem votar, continuava tendo o direito de instrução gratuita em qualquer ramo da educação. Contudo, aqueles que só aspiravam a uma instrução limitada, com o objetivo de ter mais sucesso em determinados ramos, como conhecimentos de mineralogia para um candidato a mineiro, de agricultura para um fazendeiro, ou de botânica para um jardineiro ambicioso, esses não podiam participar do governo.

De cada doze adultos um possuía pelo menos um diploma secundário, enquanto um terço da população tinha diplomas de primeiro grau. Graças a isso, os eleitores não tinham falta de candidatos para preencher todos os cargos eletivos do governo.

É possível que ainda reste alguma dúvida na mente do leitor a respeito das diferenças entre os eleitores sacerdotes e cientistas. A única diferença essencial era que o currículo do *Incalithlon*, ou escola sacerdotal, incluía também, além de todas as matérias de grau superior ensinadas no *Xioquithlon*, também o estudo de uma extensa gama de fenômenos ocultos, matérias antropológicas e sociológicas, a fim de que os formados nessas ciências pudessem tornar-se aptos a atender a quaisquer necessidades que os homens menos eruditos e com menos compreensão das grandes leis ocultas da vida pudessem vir a ter, em qualquer época ou condição.

O *Incalithlon*, na verdade, era a mais alta e completa instituição de ensino que o mundo então conhecia, ou – perdoem-me o que pode parecer, mas não é, uma presunção atlante – conheceu desde então, e nesse particular irá conhecer, pelos séculos vindouros. Sendo uma instituição de ensino tão elevada, os estudantes que ingressavam em suas salas deviam possuir uma dedicação extra, e uma força de vontade determinada para perseguir e obter um certificado de conclusão da banca de examinadores. Na realidade, poucos tiveram vida tão longa que lhes permitisse obter tal diploma; provavelmente menos de um entre quinhentos que houvessem tido notável êxito no *Xioquithlon* – ela própria uma instituição que não ficava atrás da moderna Universidade de Cornell.

Enquanto eu refletia, lá entre as neves da montanha, decidi não mirar tão alto - mas um *xioqua* eu estava determinado a ser. Obter essa elevada condição exigiria, além de árdua dedicação ao estudo, a posse de amplos recursos pecuniários para garantir meu sustento, e manter, no mais alto grau, uma inabalável energia de realização. De onde poderia eu esperar tudo isso? Acreditava-se que os deuses auxiliavam os necessitados. Se eu, um rapaz que ainda nem completara dezessete verões, com uma mãe dependendo de mim para sustentá-la, e nada que me pudesse ajudar para realizar minhas aspirações a não ser minha energia e força de vontade inatos, não estivesse incluído nessa categoria, então quem poderia estar? Penso que não precisaria de mais provas de minha necessidade, e que de fato seria justo que os deuses dessem uma ajuda.

Repleto de semelhantes conjecturas, subi ainda um pouco mais, na direção do topo daquele pico que parecia tocar o céu, e parei junto ao cume, pois a alvorada não ia demorar muito, e eu precisava estar no ponto mais alto para saudar *Incal* (o sol) quando Ele vencesse *Navaz* (a noite), do contrário, Ele – o maior do símbolos manifestos do grande e único Deus verdadeiro, do qual leva o nome e é o escudo – poderia não receber favoravelmente minhas preces. Não, Ele deveria ver que o jovem suplicante não poupava sacrifícios para honrá-lo, e era com esse único objetivo que eu havia escalado sozinho aquelas solidões onde não havia uma trilha, até aquela escarpa nevada, sob a cúpula estrelada dos céus.

"Existirá", perguntei-me, "mais sublime crença que a dos filhos da minha terra? Não são todos os filhos de Poseidônis adoradores do Grande Deus – a única divindade verdadeira – simbolizado no radioso Sol? Não pode existir nada mais sagrado".

Quando o primeiro raio de luz de Seu escudo atravessou o abismo da noite, atirei-me prostrado na neve do pico, onde permaneci até que o Deus da Luz vencesse totalmente *Navaz*. Quando ele triunfou, finalmente, ergui-me, e fazendo uma profunda reverência final, retornei sobre meus passos, descendo a temível encosta de gelo, neve e rocha estéril, negra e cruelmente afiada, que atravessava com as pontas a camada de gelo, revelando as costelas da montanha, que se erguia – um dos picos inigualáveis do mundo – a 3.900 metros acima do nível do mar.

Durante dois dias todos os meus esforços tinham sido no sentido de alcançar aquele pico gelado e atirar-me, como uma oferenda viva, no seu sublime altar, para assim adorar o meu Deus. Perguntava-me se Ele teria me escutado e visto. Se o tivesse, teria me dado importância? E a ponto de ordenar a seu subordinado, o deus da montanha, que me auxiliasse? Olhei para ela, sem saber por que, esperando, aparentemente com uma cega idiotice, que me revelasse algum tesouro, ou...

O que seria esse brilho fosco de metal dentro da rocha cujo interior a ponte de ferro de meu bastão de alpinista trouxera à luz do sol da manhã? Ouro! Ó *Incal*! Era isso! Dourado, precioso ouro!

"Ó *Incal*", exclamei, repetindo Seu nome, "bendito sejas por responderes tão pronto a teu humilde suplicante!"

Ajoelhei-me na neve, descobrindo a cabeça com gratidão ao Deus de Todas as Vidas, o Altíssimo, cujo escudo, o sol, derramava em torno os magníficos raios. Olhei novamente para o tesouro. Ah, que enorme riqueza havia ali!

Enquanto a rocha de quartzo se estilhaçava sob meus golpes excitados, o precioso metal a mantinha junta, tão estreitamente os veios se uniam a sua matriz. As bordas afiadas da pedra dura cortavam-me as mãos, o sangue brotava de meia dúzia de lugares, e enquanto eu pegava o quartzo gelado que fizera isso, minhas mãos que sangravam iam congelando rapidamente sobre ele – uma mescla de sangue e riqueza. Não importava! Arranquei-as dali, desprezando a dor, tão excitado estava.

"Ó *Incal*", exclamei, "és bondoso para com teu filho, concedendo-lhe tão generosamente o tesouro que permitirá a realização de seu propósito, antes que seu coração se abatesse devido à esperança longamente adiada!"

Coloquei em meus bolsos espaçosos tudo que podia carregar cambaleando, escolhendo os pedaços mais ricos e valiosos do quartzo com ouro. Como iria marcar o lugar, para encontrá-lo novamente? Para um montanhês nato isso não era difícil, e logo estava feito. E então, alegremente me lancei para a frente, para baixo, para casa – com o coração leve, apesar do peso que carregava.

Para dar alguma idéia das dificuldades encontradas para escalar ou descer a montanha gigante, devo lembrar que a última parte da subida só podia ser feita através de uma única trilha tortuosa. Uma garganta estreita, uma simples fissura vulcânica, fornecia um ponto de apoio dos mais precários para os pés. Depois, a fenda terminava numa pequena caverna, um pouco maior que a altura de um homem, e no seu extremo havia um buraco. Ao penetrar nessa fenda, rastejando como as serpentes, o temerário explorador teria que descer por um declive ainda mais acentuado; ao final um túnel, que subia em tortuosas curvas. Nesse trecho, se fazia uma subida de noventa e tantos metros. Essa, leitor, era a única forma de alcançar o topo da mais alta montanha de Poseidônis, ou Atlântida, como chamais a ilha-continente. Embora fosse árdua de atravessar, havia mais do que espaço nessa velha chaminé seca, ou curso de água, o que fosse.

Muitas vezes estivera no lugar onde um golpe casual do meu bastão revelara o dourado tesouro, e nunca encontrara o precioso depósito, até rogar a *Incal*, pressionado pelo peso de minha necessidade. É de se admirar que eu tivesse uma fé absoluta na religião de meu povo?

Era para o interior da escura chaminé que eu precisava ir, quando deixei o pico nevado – longe da luz do sol e do ar fresco, na densa escuridão, numa atmosfera levemente sulfurosa; mas, se deixava a claridade da manhã, também abandonava o frio terrível da atmosfera externa, pois o interior do túnel, embora escuro, era quente. Finalmente, cheguei à pequena caverna na extremidade da fenda. Nesse recinto me detive. Devia retornar para pegar outra carga de rocha aurífera? Ou seguir direto para casa? Finalmente, voltei sobre meus passos. Pelo meio dia, estava novamente junto do lugar do tesouro. Depois, devia descer novamente com a segunda carga, até terminar o pesado trabalho.

Depois de uns momentos de pausa, retomei a curta mas pronunciada subida, e logo tinha apenas uns três metros e meio no máximo a me separar do ar livre. O ar morno me induziu a sentar, ou mais propriamente deitar, naquele ponto, embora não pudesse enxergar, e assim, enquanto descansava, comi um punhado de tâmaras e bebi um pouco da água da neve derretida que tinha em minha bolsa de água. E então me estiquei para dormir na atmosfera tépida.

Quanto dormi não sei, mas o despertar – ó, que terror! Rajadas de ar quente, quase queimando, passavam rápido por mim, carregadas de gases sufocantes, e produzindo um resmungo rouco ao subir velozmente a passagem para o topo. Sons uivantes e gementes subiam do abismo com um sopro ardente, misturados ao som de tremendas explosões e estrondos ensurdecedores. Mais que tudo, causava-me terror o brilho da luz vermelha que vinha da direção da caverna, para dentro da qual vi que podia enxergar livremente, e de cujas profundezas brilhavam clarões vermelhos, verdes e azuis, e de várias outras cores e tons, de gases incendiados. Por algum tempo, o susto me paralisou, e sem poder me mover, permaneci fitando o terrível inferno de elementos ígneos. Sabia que a luz e o calor, ambos aumentando a cada instante, os vapores sufocantes, os ruídos e o gemido da montanha, tudo apontava para uma mesma e única causa – uma erupção vulcânica em curso.

Finalmente, a fascinação que havia paralisado meus sentidos se desfez com a visão de um jorro de lava derretida subindo pela passagem. Então me levantei e fugi – fugi e rastejei com a energia alucinada da urgência pela entrada horizontal, que nunca pareceu tão baixa quanto naquele momento! Tinha esquecido que carregava o ouro nos bolsos, e só me dei conta disso quando senti o peso da preciosa pedra a retardar meu avanço. Mas com o esforço para escapar veio um certo grau de serenidade, e a volta da presença de espírito me ordenava não jogar fora o tesouro. A reflexão me convenceu de que o perigo, embora iminente, provavelmente não era imediato.

Em vista disso, rastejei de novo de volta ao pequeno recinto, e tomando um saco que havia deixado ali, enchi-o com todo o minério que podia carregar. Desatei do cinto uma tira de couro, uma corda de doze metros, e prendendo uma ponta dela a uma saliência de rocha, no extremo mais alto da fenda, desci o saco até a outra ponta da pequena corda, e depois desci atrás dele. Tirando a laçada da rocha acima, repeti a manobra várias vezes, enquanto descia. Dessa forma, alcancei o fundo da ravina com a maior parte das minhas duas cargas de minério. Dali em diante, o caminho seria ao longo do cimo de uma saliência rochosa, não muito larga, mas suficiente para constituir uma trilha fácil.

Mal tinha começado a percorre-la, quando olhei para trás, para o caminho por onde viera. Nesse momento, deu-se um tremor de terra que quase me lançou por terra, e para fora da pequena caverna onde havia dormido projetou-se uma baforada de fumaça, seguida de um fulgor vermelho – lava! Esguichou para baixo, numa cascata ígnea – uma visão magnífica na escuridão reinante, pois o sol ainda não tinha surgido.

Fugi correndo ao longo da saliência, deixando meu saco de ouro e muito do que tinha nos bolsos no lugar mais seguro que pude encontrar, bem alto acima do fundo da garganta, por onde a lava devia escorrer. A uma distância segura, parei para descansar, contemplando a torrente de fogo que se lançava pela garganta, agora a certa distância à minha direita, mas plenamente visível. "Ao menos", pensei, "tenho suficiente rocha com ouro em meus bolsos; mesmo que não pegue o que deixei para trás, tenho uma boa quantidade de riqueza. Portanto, *Incal* seja louvado!" Quão pouco esses sete quilos mais ou menos de quartzo com ouro eram insuficientes para as despesas de sete anos de escola superior – e na capital do país, onde os gastos eram maiores que em qualquer parte – a minha inexperiência não me permitia saber. Mas que era um tesouro maior do que jamais possuíra na vida, ou mesmo que havia contemplado até então, era inegável; portanto, estava contente.

A crença numa Providência soberana é necessária para a maioria, na verdade para todos os seres; a única diferença é que os homens de mais amplo saber necessitam uma divindade cujo poder se aproxime do infinito, mais do que aqueles de menor experiência. Entretanto, quer a divindade adorada seja uma pedra ou um ídolo de madeira, uma forma inanimada ou um Espírito Supremo de natureza andrógina, tem pouca importância. Os Seres que determinam o curso dos acontecimentos, executando a lei cármica do Deus Eterno, olham para a fé existente nos corações dos mortais, e não permitem que essa lei se cumpra com dureza, com ausência de misericórdia. Assim era minha crença em *Incal*, uma crença partilhada por meus concidadãos. E era uma fé nobre, conduzindo a uma elevada moralidade.

Eu corria em frente, tão rápido quando as condições da trilha permitiam. Tinha minha vida e o ouro; por isso, louvava *Incal* enquanto seguia. E o Espírito de Vida foi misericordioso, pois eu não sabia quão pouco para o que eu precisava era meu tesouro.

Por algumas milhas caminhei sobre o fio da navalha que era o dorso da saliência. Eu agradecia a *Incal* que o deus da montanha não se movesse em espasmos enquanto eu estava naquela situação crítica. Depois de quase cinco quilômetros, a trilha levava à beira de um precipício assustador. Só a luz da montanha em fogo guiava-me os passos. Foi quando um choque violento me atirou de joelhos e quase me jogou no precipício. Um instante depois, um estrondo ensurdecedor encheu os ares, e olhei para trás assustado. Um enorme jato de fumaça chamejante se arremessava na direção do céu, misturado com pedras tão grandes que eu podia ver de onde estava. Sob a saliência onde me agarrava, rangidos e estalos horríveis se produziam; a terra tremeu assustadoramente, e repetidos choques me obrigaram a agarrar-me ao rochedo, no temor desesperado de ser jogado da beira do precipício. À frente, a garganta a meus pés margeava outras arestas e espigões do pico. Um instante atrás, eles estavam lá: de repente, haviam desaparecido! Olhei pasmado a cena terrível, confusa e tumultuosa, que o clarão vulcânico apenas deixava entrever. Os montes e rochas sólidos pareciam agitar-se e oscilar como as águas do oceano, erguendo-se e tombando em vagas horripilantes, rangendo e estalando, num legítimo pandemônio. Acima de tudo isso, cinzas vulcânicas pulverizadas num chuva densa e contínua enchiam a atmosfera, pairando como mortalha sobre um mundo que parecia prestes a perecer.

Finalmente o furioso ruído e o movimento estonteante cessaram; apenas o brilho constante da lava ainda escorrendo e um espasmo ocasional do terremoto traziam o recado de Plutão. Mas permaneci deitado na saliência de rocha, fraco e me sentindo mal. Aos poucos a lava deixou de correr, e a luz do dia surgiu; os choques chegavam já em longos intervalos, e uma paz mortal tomou conta de toda a área, enquanto as silenciosas cinzas grisalhas se amontoavam, cobrindo a terra ferida. A escuridão reinava. Devo ter ficado um tempo inconsciente, pois quando me mexi, dei-me conta de uma dor aguda na cabeça; erguendo a mão, senti algo quente e molhado brotando de um lugar que doía quando eu tocava. Tateei ao redor e achei uma pedra pontiaguda que devia ter caído do rochedo acima e me acertado. Movimentando-me, em seguida, verifiquei que o ferimento não era sério, e sentei-me. Estava começando a amanhecer, e, fraco pela dor, a fome e o frio, deitei novamente para esperar o dia claro.

Que cena diferente *Incal* mostrou ao nascer, em lugar daquela da manhã anterior! Quando fitei o orgulhoso pico, a luz avermelhada do sol revelou que uma metade inteira dele tinha se rachado e fora engolida.

Mais perto dali, onde havia outros cumes, não mais existia qualquer pináculo de rocha, nenhum pico, nem rochedo! Em lugar deles, um grande lago de água fumegante, cuja margem oposta achava-se velada pelas cinzas que caiam mansamente e pelas nuvens de vapor que o ar frio condensava numa garoa fina, como o pranto da Terra pela sua recente agonia. Silenciara todo o ruído; aquietara-se o tremor; cessara a corrente de lava fervente.

Aquela parte do cume onde eu estivera deitado tinha escapado da destruição geral. Mas a trilha à frente, que me acostumara a seguir em minhas idas ao pico, tinha desaparecido. Busquei outro caminho, e descobri uma larga fenda no rochedo acima. Desci até chegar ao fundo, e segui por ela, indiferente ao fato de que a qualquer momento novas convulsões do vulcão poderiam fechar a fenda e esmagar-me como numa prensa. Cheguei a pensar nessa possibilidade, mas, como um filho de Poseidônis, pus o medo de lado, refletindo que tinha confiança em *Incal*, que haveria de fazer o que fosse melhor para mim.

O rochedo fendido mostrava, aqui e ali, veios de quartzo com feixes de pórfiro, formando camadas que percorriam a massa de granito. Detive-me, encantado com a idéia de que à minha vista, de ambos os lados, achava-se uma rocha virgem jamais exposta ao olhar humano desde a formação da Terra; e percebi algo que acelerou meu pulso numa intensa alegria. Bem ao meu lado estendia-se um veio de rocha amarelo-ocre no qual se via intrusões de rocha mais clara abundantemente salpicadas de pepitas de ouro e minério de prata!

A debilidade da fome passou, e esqueci temporariamente a dor da cabeça ferida, enquanto erguia um hino de gratidão ao meu Deus. O pico altaneiro se fora; destruíra-se o único caminho de acesso ao topo que pés humanos poderiam trilhar; mas ali, depois da batalha dos fogos subterrâneos, havia um tesouro muito maior, mais perto de casa e mais fácil de alcançar. A emoção da alegria foi uma tensão demasiada para meus nervos ainda fracos, e desmaiei! Mas a juventude é flexível, e a saúde dos que não têm vícios se recompõe maravilhosamente. Logo após recobrei a consciência, e tive o bom-senso de tomar o caminho de casa sem desperdiçar mais as forças, sabendo que meu instinto de montanhês seria um guia infalível para o retorno posterior.

Aconselhando-me com minha mãe, vi que era uma realidade sua opinião de que eu não podia explorar a mina sozinho. Mas em quem poderia confiar para ajudar-me, levando uma parte justa da riqueza obtida?

E não é que encontrei a ajuda necessária? Uns pretensos amigos fizeram parceria comigo, e pelo direito de ficar com o restante, ofereceram-me um terço dos lucros, dispensando-me do trabalho e concordando ainda, com certa relutância, com a exigência de que ninguém, senão eu, teria a propriedade da mina. Fiz com que assinassem um documento para tal, e o selassem com o mais inviolável dos selos possíveis em Poseidônis, isto é, assinar com o próprio sangue. Nós três fizemos isso. Insisti em formalizar tudo por não poder evitar a suspeita de que eles pudessem querer alegar que tinham sido os descobridores do tesouro, e que portanto eu não teria direito nenhum a qualquer coisa. Hoje sei que assim foi. E sei que só o que evitou o roubo projetado foi a cláusula do contrato que declarava que a mina era propriedade inalienável de Zailm Numinos. E a posse, nesse caso, me daria todos os direitos legais. Era o que pensava, em minha ignorância. Meus sócios não eram tão ignorantes. Sabiam que o contrato não tinha valor, porque contrariava a lei. Um dia vim a sabe-lo. Soube – mais tarde – que as leis de Poseidônis faziam de cada mina um tributário do império, e uma mina explorada sem o reconhecimento desse vínculo legal era passível de ser confiscada.

Mas eu não tinha idéia disso tudo, à época, e os outros dois preferiram guardar silêncio Dessa forma, o segredo foi mantido até ser mais tarde revelado.

Com os recursos surgidos, a minha mudança de residência do campo para a cidade do *rai* foi a próxima providência O adeus à velha casa da montanha e nossa instalação em uma nova em Caiphull passarão em silêncio.

Capítulo 2
Caiphul

O povo atlante tinha um regime de governo que era uma monarquia com limitações. O sistema admitia um imperador (posição que era eletiva, jamais hereditária) e seus ministros, que eram conhecidos por um nome que significava "O Conselho dos Noventa" e também "príncipes do reino". Todos eles detinham um mandato vitalício, exceto nos casos de não cumprimento do dever, situação que era estritamente definida em lei, com cláusulas severamente cumpridas; e quando entrasse em ação essa lei, não havia posição, por mais elevada que fosse, capaz de garantir impunidade para os faltosos. Nenhum cargo público era eletivo, com exceção de um posto eclesiástico; os cargos menos graduados do serviço público eram preenchidos por nomeação, e os nomeados, mantidos sob estrita avaliação daquele que os indicara, imperador ou príncipe, os quais, pelo uso desse poder, ficavam responsáveis diante do povo pela conduta dos ocupantes.

Entretanto, não é propósito deste capítulo discorrer sobre a política de Poseidônis, e sim descrever os palácios reais e ministeriais que a nação oferecia a seus servidores eleitos, um para cada príncipe e três para o imperador.

De modo geral, a descrição interna e externa de um desses edifícios exemplifica como eram todos e quaisquer outros — assim como nos EUA e em outros países modernos um prédio público se identifica como tal, por seu aspecto arquitetônico. Por conseguinte, a descrição de um desses palácios servirá a um duplo fim: o de dar uma idéia das residências mais notáveis do grande império atlante, pois irei descrever o principal palácio do imperador; e em segundo lugar, tipificar o estilo dominante da arquitetura de prédios públicos à época em que habitei em Poseidônis.

Imagine, por favor, uma elevação com aproximadamente quatro metros e meio de altura, dez vezes isso de largura, e cinqüenta vezes isso de comprimento. Externamente, em cada um dos quatro lados dessa plataforma, que era feita de blocos entalhados de pórfiro, um lance fácil de escadas conduzia dos gramados ao topo da elevação. Nos lados, esses degraus eram divididos em quinze seções, enquanto no final eram apenas três, cada uma contando quinze metros. Entre as duas seções mais próximas dos cantos, a divisão era feita por um profundo nicho quadrangular, em torno do qual as escadas subiam sem interrupção. A terceira era separada dessas duas laterais por uma serpente esculpida, de enormes dimensões, feita de arenito, e tão fiel à realidade quanto a arte pode ser. As cabeças desses répteis imóveis descansavam no gramado verde à frente das escadas, e os corpos em alto-relevo subiam as escadarias, alcançando o topo da plataforma, enroscando-se nas pesadas colunas que sustentavam os frontões dos pórticos do palácio, erigido sobre essa plataforma. Essas colunas formavam um imponente peristilo entre os vastos pórticos e as escadarias. A divisão seguinte era um quadrado entre os degraus, e a próxima, outra serpente, e assim em torno de todo o edifício.

Espero que essa descrição seja suficientemente clara para dar idéia do imenso paralelogramo rodeado de escadarias e guardado por gigantescos e úteis ornamentos — as formas de serpentes, símbolos religiosos que representavam não só a sabedoria, mas também o aparecimento de uma serpente ígnea nos céus da Terra ancestral, que iniciou o processo da separação do homem de Deus.

Acima, vinha o primeiro andar do palácio propriamente dito, com seu peristilo rodeado de serpentes sustentando em cima amplas coberturas de terraços, onde enormes vasos continham terra que alimentava toda espécie de plantas tropicais, arbustos e muitas variedades de pequenas árvores — um jardim luxuriante que perfumava o ar, refrescado por numerosas fontes correndo em meio dele. Acima do primeiro andar, com seus pórticos floridos, erguia-se outra série de apartamentos, cercados de galerias abertas. A terceira série de apartamentos, bem no alto, não tinha varandas, mas em todos os lados tinha passeios. A mesma composição agreste e luxuriante de flores e folhagens tornava todos os andares igualmente atraentes. Em todos eles, pássaros canoros e de belas plumagens eram visitantes bem-vindos, livres, mas mansos, porque ninguém lhes fazia mal. Criados com zarabatanas para lançar dardos silenciosos, destruíam sem ruído as espécies predatórias, assim como aquelas que, não possuindo dons canoros ou plumagens de cores vivas, ou o hábito útil de devorar insetos, fossem indesejáveis.

Brotando da cobertura principal do palácio, erguiam-se graciosos pináculos e torres, enquanto diversos ressaltos de apartamentos, ângulos e arcos ogivais, contrafortes ondulados, cornijas e múltiplos efeitos arquitetônicos evitavam qualquer aparência pesada ao conjunto.

Em torno da maior das torres estendia-se de alto a baixo uma escada em espiral, levando a um espaço gradeado do topo, trinta metros acima do teto de alumínio — as placas de cobertura do palácio. O palácio de Agacoe era o único a possuir uma torre assim, diferindo de todos os outros prédios do governo. Pode-se acrescentar que a torre tinha sido erguida em memória da partida de uma bela princesa que deixara o amor de seu real esposo pelo *Navazzamin*, a sombria terra das almas que partiam, alguns séculos antes de minha época.

Assim era o palácio de Agacoe. O seu pavimento inferior era usado como um grande museu oficial; o do meio era destinado a gabinetes de funcionários do chefe do governo, enquanto o piso superior era magnificamente decorado e mobiliado para ser a residência particular do imperador.

Embora irrelevante, pode-se acrescentar que as bocas escancaradas das serpentes de pedra descritas serviam como entradas (de tamanho normal) para alguns apartamentos do porão, o que dá uma idéia adequada do enorme tamanho desses répteis de pedra. Os monstros tinham sido feitos com proporção artística; os corpos eram de arenito esculpido cinza, vermelho ou amarelo; os olhos, de sardônica, cornalina, jaspe e outras pedras de sílica coloridas, enquanto as presas das bocas abertas eram de brilhante quartzo branco, colocadas a cada lado da abertura.

Tantas pedras talhadas e lavradas obrigam a mente contemporânea a inquirir se os atlantes obtinham esse produto final com a incessante labuta de escravos, caso em que deveríamos ter sido um povo bárbaro, cuja autonomia política fosse ameaçada continuamente pelas forças do vulcão social que a escravidão sempre cria — ou então devíamos possuir maquinaria de extrema eficiência para talhar pedras. Esta é a suposição correta, pois nosso maquinário para esse fim, tal como uma quase infinita variedade de outros implementos para toda sorte de trabalhos, era nosso orgulho diante de outras nações.

Devo fazer uma afirmação, não para convencê-los, mas para ser entendida à luz dos capítulos posteriores, qual seja a de que se nós, atlantes, não tivéssemos possuído essa ampla variedade de inventos mecânicos e o talento inventivo que nos proporcionava esses triunfos, tampouco vós, nesta época moderna, possuiríeis talento criativo semelhante, nem qualquer dos resultados desse talento. Pode ser que não possas compreender a relação entre as duas épocas e raças ao ler esta declaração, mas quando chegares mais próximo do término desta história, tua mente voltará a ela com plena compreensão.

Acreditando ter tido êxito na tentativa de retratar em palavras o aspecto dos prédios do governo na Atlântida, vamos a seguir dar uma idéia do promontório onde se erguia Caiphul, a cidade real, a maior existente naquela recuada época, dentro de cujos limites vivia uma população de dois milhões de almas, não encerrada em muralhas. Na verdade, nenhuma das cidades daquela época era cingida por muralhas, e a esse respeito diferiam das cidades e povoados conhecidos em épocas posteriores da história. A evocação de minhas memórias desta história da época de Poseidônis não é algo incongruente, pois o que relato nestas páginas é História, provinda dos registros existentes na luz astral.[1] Entretanto, antecede em muitos séculos as histórias transmitidas em manuscritos, papiros e inscrições em pedra, visto que Poseidônis não era mais conhecida no mundo quando as primeiras páginas da História foram registradas pelos historiadores em papiros; não, nem mesmo antes, quando os escultores de obeliscos do Egito e os entalhadores de pedras dos templos talharam histórias ilustradas no granito perene. Não mais se conhecia Poseidônis, pois hoje já faz quase nove mil anos que as águas do oceano engoliram nossa bela terra, e não deixaram nenhum vestígio, como o que ficou daquelas duas cidades[2] ocultas sob a lava e as cinzas, e que durante dezesseis séculos da Era Cristã ninguém soube que haviam existido. As escavações retiraram os escombros de Pompéia, mas de Caiphul ninguém pode retirar as vagas do Atlântico e revelar o que não existe mais, pois o terrível decreto de Deus estendeu-se às águas:

"Cubram a terra, para que o Sol que tudo vê não a enxergue mais, em todo o seu curso."

E assim foi.

Nas páginas anteriores, relatamos que o promontório de Caiphul tinha acesso ao oceano através da planície de Caiphal, e que era visível a grande distância, à noite, devido ao brilho das luzes da capital. A quatrocentos e oitenta quilômetros a oeste de Numea, a península se projetava além da planície, quase igualando-se ao cabo no seu ponto extremo, numa largura de oitenta quilômetros, elevando-se de forma análoga aos rochedos de giz da Inglaterra:[3] diretamente do oceano a uma altura de trinta metros, até um platô quase tão plano como um piso. No extremo dessa grande península situava-se Caiphul, ou "Atlan, rainha das ondas". Linda, tranqüila, com seus imensos e encantadores jardins tropicais,"onde nem uma folha murcha nos silentes bosques floridos e a abelha se nutre de flores o ano inteiro".

E com as largas avenidas sombreadas por árvores enormes, colinas artificiais, as maiores tendo os palácios do governo no alto, atravessadas e cobertas por largas avenidas que se irradiavam do centro como raios de uma roda. Estendiam-se por oitenta quilômetros num sentido, e em ângulo reto com elas alongavam-se as avenidas menores, cruzando toda a extensão da península, que tinha sessenta e quatro quilômetros de largura. Assim se espraiava, como um sonho esplêndido, a mais altaneira das cidades daquele

---
1 Registros akhásicos. N.T.
2 Herculano e Pompéia. N.T.
3 Deve referir-se aos rochedos brancos de Dover, no Canal da Mancha. N.T.

mundo antigo.

    Caiphul distava do oceano nunca menos que oito quilômetros. Embora não possuísse muros, em torno da cidade estendia-se um imenso canal, com a largura de 1,6 quilômetro, com a profundidade média de dezoito metros e preenchido pelas águas do Atlântico. No lado norte, um outro grande canal penetrava nele — um canal em que o curso das águas de um grande rio, o Nomis, criava uma corrente que saía em considerável rapidez. Criava-se assim, naturalmente, uma correnteza que produzia a exaustão de todo o canal circular, no qual as águas do oceano penetravam por uma entrada no lado sul. Dessa forma se tornava possível o despejo no mar de todos os dejetos da ilha artificial circular[4] em que se situava a cidade. Imensas bombas mecânicas impeliam a água do oceano através de grandes canos de pedra e condutos por toda a cidade, limpando os canos e produzindo força motriz para todos os fins necessários, para o fornecimento de eletricidade para várias finalidades.

    Fornecimento de eletricidade? Energia elétrica? Realmente, tínhamos profundo conhecimento dessa força motriz do Universo; e a usávamos para inúmeras finalidades que ainda estão por ser descobertas neste nosso mundo moderno, e outras que estão sendo relembradas cada dia, à medida que homens e mulheres daquela época reencarnam hoje.

    Não é de admirar que fiques incrédulo, meu amigo, quando falo dessas invenções que tinhas considerado como propriedade característica dos dias de hoje; mas eu falo de um conhecimento filho da experiência, visto que vivi naquela época, e vivo nesta; vivi não somente em Poseidônis doze mil anos atrás, mas também nos Estados Unidos, antes, durante e depois da Guerra da Secessão.

    Nós produzíamos energia elétrica em parte das ondas que se quebravam nas costas do oceano, e mais ainda da subida e descida das marés;[5] das torrentes das montanhas e de reações químicas; mas, sobretudo do que pode ser adequadamente chamado de "O Lado Noturno da Natureza".

    Conhecíamos explosivos de alta qualidade, mas o emprego que fazíamos deles era muito mais amplo que o vosso. Se pudesses fazer com que as substâncias entregassem sua imensa energia aprisionada[6] sem receio de uma explosão, pensas que tuas máquinas continuariam por muito tempo movidas por desajeitados, pesados motores elétricos ou a vapor? Se um grande navio a vapor pudesse dispensar seus depósitos de carvão e caldeiras, e em lugar deles ter dinamite, num composto absolutamente seguro, que permitisse a um homem carregar numa maleta energia suficiente para a propulsão do navio da Inglaterra à América, ou para impelir um trem a 965 quilômetros de distância, por quanto tempo verias máquinas a vapor?

---

4 Correspondendo à descrição que Platão fez de Poseidônis. N.T.
5 O que estamos começando a redescobrir e utilizar. N.T.
6 Prenuncia a energia atômica (redescoberta no séc. XX). N.T.

Pois essa era uma energia, então menos valorizada, que nós — eu, certamente, tu possivelmente — conhecemos na vida em Atlântida. Ela voltará novamente para vós, porque nossa raça está voltando novamente do devacan[7] para a Terra.

Mas não tínhamos apenas essa fonte de energia: na verdade, as forças do Lado Noturno eram o que um motor a álcool e a vapor é para vossas máquinas a vapor. As forças do Lado Noturno — o que são? A esta altura, responderei apenas com outra pergunta: as forças da Natureza, da gravitação, do Sol, da luz, de onde vêm? Se me responderes "de Deus", então acrescentarei que, da mesma forma, o homem é o herdeiro do Pai, e tudo que é dEle, é também de Seu filho. Como filho dEle, descobrirá como o Pai faz qualquer coisa, e logo estará fazendo igual, assim como os homens fizeram em Poseidônis. Mas fareis coisas ainda maiores do que essas; estais aqui agora, mas estivestes lá; vós sois filhos de Poseidônis retornando, em um nível mais alto!

O objetivo original que levara à construção do grande canal que circundava a capital fora atingido havia longos séculos. Era voltado exclusivamente à navegação, à época em que navios eram usados para o transporte, antes do uso generalizado de naves aéreas; e servira tão bem a esse propósito que granjeara para Caiphul o orgulhoso título de "rainha dos mares", que permaneceu mesmo quando a finalidade original do canal se tornara só um fato histórico. Quando os meios de transporte mais avançados suplantaram os antigos, os barcos, que durante séculos haviam adornado todos os mares e cursos d'água do mundo, acabaram se deteriorando ou foram adaptados para outros usos. Poucos barcos ainda singravam as águas, barcos de lazer que pertenciam a pessoas amantes de novidades, e assim satisfaziam seu gosto pelo esporte.

Essa mudança radical, contudo, não deu motivo para que se destruísse os molhes de alvenaria de duzentos e vinte quilômetros, mais ou menos, do canal. Isso teria causado a perda de valiosas propriedades, pela invasão das águas descontroladas, assim como a deterioração do sistema sanitário da cidade, além do que teria destruído a beleza do canal e seus arredores. Portanto, nos sete séculos transcorridos desde que cessamos de empregar o transporte marítimo, nunca se havia permitido que qualquer problema ameaçasse essa grande obra de alvenaria.

Um aspecto marcante de Caiphul era a abundância e a rara beleza das árvores e arbustos tropicais, margeando as avenidas, recobrindo as múltiplas colinas coroadas por palácios, muitas delas construídas com até sessenta ou noventa metros acima do nível da planície. Árvores, arbustos e plantas, videiras e flores, anuais e perenes, atapetavam os *canyons*, ravinas, desfiladeiros e planos artificiais que os poseidônios amantes da arte haviam se deleitado em criar. Cobriam os declives, enlaçavam-se nos rochedos em minia-

---

7 Vida após a morte; especificamente, o Plano Mental. N.T.

tura, nas paredes dos edifícios, e encobriam mesmo a maior parte dos degraus que conduziam, por um amplo declive, às margens do canal, revestindo tudo como um magnífico traje verdejante.

Talvez o leitor esteja começando a se perguntar onde o povo vivia. A questão é oportuna, e a resposta, espero, será interessante.

Ao se mudar a configuração da superfície do grande promontório, que era plano, para o aspecto mais belo das colinas, com partes baixas entre elas, o projeto adotado fora o de fazer estruturas encaixadas de pedra, de grande resistência, em forma de terraços, deixando passagens em arco na intersecção das avenidas com essas elevações, preenchendo a parte interna que restasse com um concreto feito de argila, cascalho e cimento cuidadosamente socado. O exterior era depois recoberto com terra fértil, e se construíam terraços para sustentar espécies vegetais de todos os tipos. Essas elevações cobriam muitos quilômetros quadrados da superfície anterior, deixando pouca área plana exceto as avenidas, e nem todas elas, porquanto muitas dessas vias subiam a encosta entre as colinas ou acompanhavam o leito ascendente de algum *canyon* até alcançar o topo dele. Penetravam então pela crista e atravessavam até o lado oposto por uma passagem em arco, onde tubos de cristal totalmente sem ar forneciam uma luz permanente, provinda da energia do Lado Noturno.

Nas faces verticais e nas encostas dos terraços, assim como nos lados dos *canyons*, foram construídos aposentos de várias e amplas dimensões. As entradas e janelas deles eram encobertas por cercas imitando rochas, sobre as quais subiam videiras e plantas que gostam de crescer sobre as pedras, assim ocultando à visão a feiúra rígida do revestimento metálico embaixo. Esses aposentos eram elegantes apartamentos para a acomodação das famílias. O revestimento metálico que os contornava impedia que a umidade penetrasse, e sua posição sob a superfície garantia uma temperatura estável em todas as estações. Como essas residências eram planejadas e construídas pelo governo, a propriedade era dele, e os inquilinos as alugavam do Ministério de Prédios Públicos. O aluguel era apenas simbólico e suficiente só para a manutenção do imóvel, para custear as despesas da iluminação elétrica e do aquecimento, do fornecimento de água, e para os salários dos funcionários que trabalhavam nisso. Esse valor não era maior do que o correspondente a dez ou quinze por cento do salário de um mecânico de nível comum. Deve-se perdoar a menção de tantos detalhes, porque se fossem omitidos, o leitor só teria uma noção vaga e insatisfatória da vida nessa época antediluviana.

O grande atrativo dessas residências estava no fato de que eram recuadas (dentro das estruturas), o que evitava a visão deprimente de massas de casas quadradas, um efeito de extrema feiúra que se encontra na época moderna, mas raramente, ou nunca, em nossas cidades atlantes. O resultado desse sistema era que, para um observador que a contemplasse de qualquer ponto elevado, a cidade seria admirável, para alguém acostumado às atrocidades modernas de pedra, tijolo ou madeira, especialmente pela ausência de blocos de arranha-céus separados por túneis estreitos, escuros, sem árvores e com freqüência imundos, que são apelidados de ruas.

Aqui uma colina, outra lá, e outra ainda, até que o olhar identificasse um grande número delas — havia cento e dezenove ao todo. Aqui um lago, ali um rochedo com um lago ou um parque arborizado ao pé; ravinas imitando as naturais; pequenas florestas, regularmente irregulares; cascatas e torrentes alimentadas pelo inexaurível suprimento de água doce da cidade, com as encostas e margens cobertas de plantas, árvores e arbustos que gostam de viver próximo da água. Assim, caros amigos, seria a visão que se ofereceria a vossos olhos, se pudésseis ter contemplado Caiphul como eu; quem sabe o tenhais feito.

Entretanto, Caiphul não era destituída de casas em estilo aproximado das modernas, pois a permissão para construir caprichadas mansões aqui e ali, em locais e estilos planejados para aumentar a beleza do cenário, era uma prerrogativa de que qualquer um que tivesse condições poderia valer-se, mediante aprovação oficial. Muitos o faziam. Museus de arte, prédios para espetáculos teatrais e outras estruturas não destinadas à habitação existiam em quantidade apreciável.

Percebi, percorrendo a cidade, que as avenidas, em alguns casos, terminavam de repente em uma gruta, em cujo interior pendiam do teto estalactites. Nesses lugares, lâmpadas cilíndricas de alta tensão e de vácuo projetavam um brilho suave no interior, dando um efeito de luar muito agradável para quem viesse da claridade do Sol.

Embora, na maioria dos casos, fôssemos consumados cavaleiros, essa forma de deslocamento não era usada a não ser para a cultura física e a elegância, pois o transporte elétrico era fornecido pelo governo. Na verdade, os reformadores sociais de hoje, século dezenove da Era Cristã, estariam no mundo ideal se vivessem em Caiphul, porque o governo seguia tão sistematicamente os princípios estatizantes, que se investira na posse de toda a terra, dos meios de transporte público e comunicações — em suma, todas as propriedades. Era um sistema altamente benéfico, que nenhum poseidônio desejaria ver substituído ou acrescentado de nenhum outro. Se um cidadão desejasse um *vailx* (aeronave) para qualquer uso, solicitava aos funcionários responsáveis, que trabalhavam nos inúmeros estacionamentos dos *vailx* da cidade. Ou, para cultivar a terra, solicitaria ao departamento de Solos e Agricultura. Poderia querer fabricar algum produto: havia maquinaria para alugar, a um preço simbólico, só o necessário para cobrir os custos do trabalho e o salário dos funcionários que supervisionavam esse setor da propriedade pública.

Que bastem esses exemplos. Não existe, nesta época moderna, nenhuma ordem política que se compare àquela que resultava desse estatismo mantido por nossos dirigentes eleitos. O estatismo governamental é olhado com desconfiança e um quase alarme pelas repúblicas modernas.[8] Mas hoje ele é de um tipo diferente do que era então. O nosso era um estatismo estreitamente vigiado e exaustivamente controlado pelos eleitores do país, cuja vida era essencialmente um expoente dos verdadeiros princípios socialistas.

Até agora não dei detalhes precisos que expliquem muitas das relações peculiares que havia entre o "pai estatal" e seus filhos, ou entre o capital e o trabalho. E nem poderei fazê-lo adequadamente nestas páginas, em qualquer grau, porque não se trata de uma argumentação para que se adote de novo, na época atual, os métodos utilizados naquela remota era. Contudo, posso dizer isto, sem ficar deslocado: que em Poseidônis, à minha época, não havia esse aborrecimento moderno, e, no entanto, muito antigo, das greves trabalhistas, que paralisam o capital e a empresa, matando de fome o trabalhador e causando mais sofrimento para o pobre do que jamais irá atingir as portas do rico. O segredo dessa ausência não era difícil de encontrar em uma nação cujo governo era exercido pelos que tinham instrução suficiente para usar o poder com cidadania. E isso sem distinção de sexo, porque inerente à nossa vida nacional estava o princípio: "Mede-se a educação do eleitor; o sexo não importa".

Num país assim, e com um governo desses, seria de estranhar realmente que conflitos trabalhistas pudessem perturbar a comunidade. O claro princípio de eqüidade entre empregador e empregado dominava em Poseidônis. Não importava o que uma pessoa fizesse para outra, a equação se baseava nesta questão: algum serviço foi prestado por uma pessoa para outra? Se assim fosse, o fato de o serviço ter sido feito ou não mediante trabalho físico não importava. Mereceria retribuição, quer fosse um trabalho braçal ou puramente intelectual; e não importava se o empregador fosse um ou diversos indivíduos, e o empregado uma ou mais pessoas.

Nossa legislação sobre justiça do trabalho era completa e bastante volumosa. Embora não deseje dar em detalhes a reprodução do que pode se denominar de leis trabalhistas, alguns excertos merecem citação. Será bom precedê-los de um breve relato sobre como foram aprovadas, mostrando assim como, naqueles tempos tão antigos, questões trabalhistas muito parecidas com as de qualquer indústria moderna — e igualmente ameaçadoras da paz e da ordem — eram finalmente decididas com eqüidade.

Na "Pedra Maxin", que os códigos legais citavam literalmente, onde coubesse, encontrava-se esta base fundamental de conciliação para as temíveis ameaças que envolviam o trabalho e o capital, a saber:

---

8   À época, o socialismo começava a atrair as consciências mais progressistas, inquietando os conservadores. N.T.

"Quando aqueles que trabalham por um salário forem oprimidos, e se erguerem em cólera para destruir o opressor — olhai! Que sua mão se detenha, e Me obedeçam. Eu lhes digo: não causai dano à pessoa ou à propriedade de nenhum homem, mesmo que por ele sejais oprimidos. Pois não sois todos irmãos e irmãs? Não sois todos filhos de um só Pai, o Criador inominado? Mas isto ordeno: que acabem com a opressão. Iriam as coisas, que são menos que os homens, reinar sobre eles e tiranizar os seus senhores?"

Os estudiosos de ética interpretaram essa ordem como significando que as classes trabalhadoras oprimidas não deviam causar dano aos capitalistas que os oprimissem ou às suas propriedades. As classes ricas talvez fossem tão vítimas das circunstâncias quanto os mais pobres; a solução estava, não na anarquia cega, mas na erradicação das más condições. Isso seria fácil, se tentado de forma adequada. Os oprimidos eram na proporção de cem para cada um dos opressores. A maioria deles detinha o poder de voto, e estava definido que, como o governo era o servidor do povo, o método adequado seria resolver o problema nas eleições, e não empregando violência contra os ricos. Então espalhou-se entre o povo um clamor para que se votasse a adoção de um código de regulamentação do trabalho e que fosse submetido ao *rai*. De seus muitos artigos e seções, irei inserir os que são pertinentes à época e aos problemas modernos; portanto, se as partes selecionadas não estiverem ordenadas em seqüência, a razão é óbvia.

Excertos das leis trabalhistas de Poseidônis

"Nenhum empregador exigirá de qualquer empregado nenhum serviço fora das horas legais de trabalho sem remuneração extra."

"Seção 4 – Essas horas não serão menos nem mais que em número de nove no período de vinte e quatro horas, para trabalho físico; nem menos ou mais que oito horas para trabalho sedentário que requeira principalmente esforço intelectual."

Essa lei permitia às duas partes de um contrato de trabalho acordarem um termo que lhes servisse, quanto ao horário de início e fim do trabalho, tomando como base a primeira hora do dia, isto é, o meio-dia moderno. No que se refere à questão dos salários, a lei era muito clara. Declarava que, como a humanidade era egoísta por natureza — isto é, por sua natureza inferior — ela funcionaria na base de autoproveito, a moderna doutrina de *"laissez-nous faire"*. Por isso, se alguém não fosse levado pelo sentido do dever para com os semelhantes a tratar corretamente o outro, não sendo o direito imposto pela força, então a lei devia obrigá-lo a ser justo. É nisso que o moderno mundo anglo-saxão, que é a reencarnação de Poseidônis (e Suern), mostra um sinal da lenta, mas segura evolução produzida pelo tempo, o que prova que embora o homem caminhe, como tudo mais — sensato ou insensato — em círculo, esse círculo é como uma espiral, sempre dando voltas, mas cada vez movendo-se num plano mais alto. Poseidônis tinha que ser compelida por suas mentes mais avançadas a fazer o que era justo para com os mais fracos. A América e a Europa estão crescendo e se dispondo a agir corretamente e com justiça porque isso é nosso dever. E assim vemos empregadores de hoje, muitas vezes, fazendo por vontade própria o que os antigos poseidônios faziam por causa da lei, ou seja, dividir os lucros com seus empregados.

Depois da lei estar nas mãos dos legisladores, os eleitores determinaram que o governo devia criar um Departamento de Intendência, cujo dever seria o de coletar todos os dados estatísticos relativos ao comércio de gêneros alimentícios, e também os produtos têxteis para o vestuário, e em suma, a todos os artigos necessários à manutenção condigna dos indivíduos. Nesse levantamento estatístico seria baseada uma estimativa do custo de todos esses produtos, entre os quais os livros, considerados alimento para a mente. A partir dessa avaliação, o salário de um dia era calculado dividindo-se o custo anual pelo número de dias. Esse valor era recalculado a cada noventa dias, pois sabia-se que o custo dos produtos flutuava, portanto, o índice não era totalmente estável, e os salários de qualquer trimestre provavelmente iriam diferir dos anteriores.

Permitam-me citar:

"Seção VII – Art. V – Os empregadores dividirão o lucro bruto das transações comerciais de acordo com o seguinte esquema: o rendimento, salário ou remuneração de cada empregado será pago de acordo com o valor indicado pela estimativa trimestral do custo de vida indicado pelo Departamento de Intendência. Do restante, será separado o valor de seis por cento do capital investido. Esse lucro será o ganho líquido do empregador. Do restante, serão deduzidas as despesas correntes, e de qualquer valor ainda restante, metade será investida para garantir uma renda anual para os doentes e deficientes, ou assistência para os dependentes de empregados enfermos. A outra metade será distribuída periodicamente entre os empregados, em proporção a seus rendimentos."

"Seção VIII – Art. V – O salário de um conjunto de empregados será igual ao do superintendente deles. O superintendente equivale a todos os subordinados. Portanto, os empregadores, quando não forem eles próprios os gerentes, pagarão a estes um salário equivalente à soma dos salários dos subordinados."

Realmente, essas leis trabalhistas e outros tópicos têm um aspecto moderno. Mas a civilização, em todas as épocas e nações, costuma manifestar-se em formas que, se usarmos a linguagem atual para descrever, parecerão quase idênticas. Assim, na antiga Atl e na América de hoje o termo "greve" pode ser usado adequadamente para descrever uma revolta trabalhista; o mesmo princípio vale para todos os outros aspectos, pois de época a época o mundo faz apenas um lento progresso, e hoje, não está tão avançado no atual subciclo, nem tão civilizado, como estava na antiga Poseidônis. Isso pode ser uma afirmação difícil de aceitar, porém mais adiante será entendida.

Eram assim, pois, essencialmente, os aspectos principais do mundo do trabalho em Poseidônis. As greves e agitações de antigamente, das quais emergiram estas leis, desapareceram, e a paz se instalou. A mudança foi benéfica, sem dúvida; contudo, os mais fortes sempre procuravam um jeito de esquivar-se da lei, e embora não conseguissem causar maiores danos, no entanto, a intenção pesou no seu carma. Assim, quando a época atual da Era Cristã chegou aos séculos dezoito e dezenove, especialmente este, começou a reencarnação da época de Poseidônis, e por algum tempo a tendência à opressão predominou de novo. Mas, sobrepujando essa tendência, agora começa a aparecer de leve uma disposição de fazer o que é justo por amor do justo, o que, nas questões do trabalho, tem se manifestado só nos últimos e mais recentes anos — um sinal do crepúsculo do dia derradeiro, agora já chegando à última hora — de uma era que termina. Refiro-me especificamente a uma tendência maior dos homens de tratar o semelhante corretamente, sem serem forçados a isso por disposições legais.

Na verdade, até agora, isso tem sido feito porque traz compensações — mas nunca se saberia isso se a noção do que é correto não tivesse, por meio da reencarnação, vindo induzir a esses ensaios de distribuição de renda, na expectativa de extinguir a injustiça das greves, com a idéia de harmonizar a sociedade fazendo-a agir como gostaria que fosse feito a ela. E por fim, por estranho e paradoxal que possa parecer, esse progresso é filho dos velhos direitos obtidos pela força em Poseidônis, e hoje ressurgidos a partir dos opressores reencarnados.

Louvado seja nosso Pai, porque Seus filhos, lenta, mas seguramente, estão ascendendo, por caminhos tortuosos, até Sua perfeição; muitas são as quedas, mas eles se erguem novamente, não deixando triunfar o inimigo.

Pode parecer uma intrusão inoportuna, mas preciso descrever brevemente aqui o sistema eletroódico de trânsito de Caiphul e das outras cidades, vilas e povoados espalhados pelo império e suas colônias. A descrição será apenas dos veículos locais (de Caiphul).

Dos dois lados de cada avenida, havia uma larga calçada de mosaicos para os pedestres. Uma fila de enormes vasos sem fundo, em que floresciam arbustos ornamentais e folhagens, erguia-se junto ao meio-fio, e de cada lado havia um trilho, colocado a uma altura de 2,74 metros, e sustentado por turcos similares aos que se usa para erguer embarcações. A espaços regulares, outros trilhos atravessavam as vias principais, trilhos que podiam ser erguidos e abaixados, formando um cruzamento para manobrar, operado por uma simples alavanca. Esses trilhos serviam de cruzamentos, existindo poucas ruas pavimentadas sob os trilhos, a não ser nas avenidas radiais. Nos mapas do Departamento Municipal de Trânsito, esses trilhos principais e secundários pareciam uma teia de aranha. Para cada distrito de trânsito havia uma infinidade de veículos, com mecanismos auto-ódicos com os quais se deslocavam a tremendas velocidades com seus passageiros; mas não podia haver colisões, pois os mecanismos transportadores formavam um sistema de duas mãos.

Capítulo 3
A fé também é conhecimento, e move montanhas

Existe uma expressão, cuja origem se perdeu com a passagem do tempo, que diz: "Conhecimento é poder". Dentro de certos limites, isso é verdade. Se por trás do conhecimento existe a energia necessária para realizar o que ele contém de bom, então, e só então, a expressão é verdadeira.

A fim de exercer domínio sobre a Natureza e suas forças, o candidato a operador deve possuir perfeita compreensão das leis naturais envolvidas. É o grau de posse desse conhecimento que determina a maior ou menor habilidade do executante, e os que adquiriram a mais profunda compreensão da Lei Maior (*Lex Magnum*) são mestres cujos poderes são maravilhosos, a ponto de parecerem mágicos. As mentes não-iniciadas ficam absolutamente alarmadas por essas incompreensíveis manifestações.

Quando cheguei de meu lar na montanha para residir na cidade, por toda parte a meu redor encontrei maravilhas inexplicáveis, mas minha dignidade natural me impediu de parecer ignorante. Pouco a pouco fui adquirindo familiaridade com o que me cercava, e o conhecimento das coisas de que me haviam falado desde que comentei a troca da vida no campo pelo ambiente da cidade.

Mas a conquista do domínio sobre a Natureza exige um curso especial. Esse roteiro de estudos eu ainda não tinha definido antes de minha chegada à cidade, pois me parecia que seria mais sábio concentrar minhas energias em especializar-me, e não desperdiçá-las buscando generalidades. Para esse fim, decidi-me permanecer por um período mais ou menos longo sem tentar a admissão no *Xioquithlon*, e decidi devotar-me nesse ínterim a fazer observações.

Eu tinha sido um intensivo leitor de livros que obtinha na biblioteca pública do distrito onde se situava minha casa na montanha. Com eles havia obtido uma compreensão razoável da estrutura do governo. O fato de que existiam apenas noventa e um cargos eletivos oferecidos ao povo, enquanto havia quase trezentos milhões de poseidônios em Atl e suas colônias, e, de acordo com o último censo que eu vira, trinta e sete, quase trinta e oito milhões de eleitores que possuíam diplomas de primeiro grau, que os habilitavam a exercer cargos eletivos, fez-me pensar que seria extremamente improvável que uma posição tão elevada jamais me estivesse destinada. Mas, se eu mal podia sonhar com um cargo no ministério, sentia, contudo, que poderia, se me qualificasse para isso obtendo um diploma superior, atingir um alto nível na política e obter uma nomeação, e alguns cargos eram quase tão honrosos como os do conselho.

Em que assuntos específicos deveria me concentrar? A pesquisa geológica me atraía muito, e seus numerosos ramos ofereciam amplos e fascinantes campos de oportunidades. A filologia, quase tanto quanto; e minha habilidade para aprender línguas estrangeiras não era de desprezar, como eu tinha descoberto estudando um pequeno volume que descrevia uma terra conhecida como Suern, um país estranho, de cuja língua eram dados vários exemplos; eu os tinha aprendido perfeitamente, sem esforço, à primeira leitura.

Alguns meses de residência na cidade me encontraram determinado a adquirir todo o conhecimento geológico que pudesse, pois era um estudo para o qual eu acreditava que *Incal* me havia direcionado, assim como o conhecimento de minas e mineralogia prática. Como habilidade paralela, me dispus a iniciar-me na literatura sintética e analítica, não apenas de minha terra natal, Poseidônis, mas também das línguas dos suerni e dos necropans. Essas eram as três maiores nações da época. Uma dessas nações foi varrida da face da Terra, mas as outras duas sobreviveram até hoje, depois de terríveis vicissitudes; falarei delas mais tarde.

As razões que me levaram a escolher o currículo mencionado foram o fato de que como geólogo e cientista dessa área eu esperava fazer novas descobertas de valor, e divulgá-las em forma de livros para o mundo — pelo menos para os povos de Poseidônis, que se consideravam os melhores do mundo — um objetivo dificilmente alcançável fora dessa área de estudo. A importância que eu esperava obter com essas publicações poderia levar-me a me tornar Superintendente Geral de Minas, um cargo político que não ficava atrás de nenhum outro de nomeação. Certamente me seriam exigidos outros estudos se me lançasse à obtenção de um diploma, mas esses mencionados eram os mais agradáveis e constituiriam minha principal aspiração. Paralelamente, posso dizer que esses estudos que escolhi então e em que me tornei perito depois, levaram-me a assumir uma inclinação que resultou, não muitos anos atrás, em me tornar um proprietário de minas no Estado da Califórnia — e bem-sucedido. E consolidaram tanto minha propensão lingüística que, quando cidadão dos EUA, eu fui perito não só em minha língua natal, mas também em treze outras línguas modernas, como francês, alemão e espanhol, chinês, alguns dialetos do hindi, e sânscrito, como uma espécie de diversão mental. Não veja, por favor, essa confissão como uma expressão de orgulho, não é. Faço-a simplesmente para mostrar-te, meu amigo, que tuas próprias capacidades não são resultantes só da hereditariedade, mas a recordação de aquisições de uma, ou todas, as tuas vidas passadas; e também para dar-te uma sugestão proveitosa, a saber: que os estudos que empreenderes hoje, não importa quanto próximo do crepúsculo de teus dias, certamente darão frutos, não só em tua presente vida, mas também em tuas futuras encarnações. Nós vemos com tudo o que já vimos, agimos com tudo o que já fizemos, e pensamos com tudo o que já pensamos. *Verbum sat sapienti.*

No próximo capítulo desejo reservar algumas páginas para tratar da ciência física, tal como era entendida em Poseidônis; especificamente, irei aludir aos princípios básicos em que se baseava, porquanto se descuidasse disso, teria necessidade de fazer muitas afirmações *ex-cathedra*.[1]

---

[1] Baseadas só na autoridade de quem diz, sem justificativa. N.T.

Capítulo 4
"Axte Incal, axtuce mun"

Estudando as leis naturais, os filósofos de Poseidônis chegaram à hipótese definitiva e à teoria operacional de que o universo material não é uma entidade complexa, mas em sua essência, extremamente simples. Era evidente para eles a magnífica verdade *"Incal malixetho"*, isto é, *"Incal* (Deus) está imanente na Natureza". E acrescentavam: *"Axte Incal, axtuce mun"* — "Conhecer a Deus é conhecer todos os mundos". Após séculos de experimentação, registros de fenômenos, deduções, análise e síntese, esses estudiosos chegaram à conclusão final de que o Universo — sem nos estendermos sobre seus extraordinários conhecimentos astronômicos — com todos os seus diversos fenômenos, era criado e mantido em atividade permanente por dois princípios e forças primordiais. Resumindo, esses princípios básicos eram: que a matéria e a energia dinâmica (que eram *Incal* manifestado externamente) poderiam ser a causa de todas as coisas. Essa concepção afirmava que só existe uma Substância Única e uma Energia Única, sendo a primeira, *Incal* exteriorizado e a segunda, Sua Vida em ação no Seu Corpo. Essa Substância Única assumia muitas formas, sob a ação da energia dinâmica em seus variados graus. Como ela era o princípio básico de todos os fenômenos naturais e psíquicos — embora não dos espirituais — admitamos aqui um postulado com o qual muitos dos amigos estarão pelo menos em parte familiarizados, e quem sabe inteiramente.

Comecemos com a energia dinâmica como ela se manifesta inicialmente de forma sensível, no exemplo que oferece a simples vibração. A visão de Poseidônis pode ser colocada como segue: um grau muito baixo de vibração pode ser sentido; um grau maior, ouvido. Por exemplo: nós inicialmente sentimos a vibração de uma corda de harpa, e se o grau de vibração aumenta, ouvimos o som. Substâncias de outros tipos, capazes de sofrer maiores impulsos vibratórios, reagirão de forma mais intensa, resultando daí o som, em seguida calor, depois luz. A luz varia nas cores. A primeira cor produzida é o vermelho, e após, pelo aumento constante da energia vibratória, laranja, amarelo, verde, azul, índigo e violeta, e cada faixa do espectro resulta de um aumento exato e definido do número de vibrações. Depois do violeta, um aumento ainda maior dá o branco puro, depois o cinza, e depois desaparece a luz, sendo substituída pela eletricidade, e assim por diante, com uma freqüência sempre mais alta, até chegar ao nível da energia vital ou psíquica.[1]

Na verdade, pode-se considerar que isso leva, desde as manifestações externas da Natureza, do Criador, para o interior. Um pouco de estudo te demonstrará que as leis do mundo físico continuam no mundo interno, até sua fonte espiritual; que são, na verdade, a continuação um do outro. Porém, antes de penetrar no reino das vibrações, cujo pórtico é o som, vemos que a Substância Única vibra em graus de dinamismo diversos, mas definidos, e em conseqüência surgem todas e cada uma das formas materiais.

Em resumo, a diferença entre quaisquer substâncias, como ouro e prata, ferro e chumbo, açúcar e areia, não está na matéria, mas unicamente no seu grau de dinamismo.

Deixei-te cansado, meu amigo? Tolera um pouco mais, peço-te, porque é algo importante.

Nessa tendência dinâmica, a freqüência não significa um vago limite, pois se o grau vibratório tiver uma pequena variação, maior ou menor que a de qualquer matéria específica, o resultado será diferente na aparência e na natureza química. Assim, em substâncias definidas, se imprimirmos considerável número de vibrações por segundo, e a substância resultante for, digamos, a luz vermelha (pois a luz é uma substância material), uma oitava acima será laranja, e se for maior ou menor, o resultado será inevitavelmente um laranja avermelhado, ou amarelado, respectivamente. Por conseguinte, parece que existem certos níveis tão definidos como marcas de quilometragem, e que os níveis principais são absolutos. Em outros termos, a Substância Única não se mantém tão facilmente entre esses níveis principais como dentro deles, fato que explica a tendência dos compostos, ou intermediários, de se decomporem em elementos simples, definidos; os compostos químicos não são tão estáveis quanto os elementos químicos. A moderna "teoria ondulatória", que diz ser o som, o calor, a luz e correlatos apenas formas diversas de energia, está só parcialmente correta; eles são isso, mas são ainda mais. São, em resumo, aspectos da Substância Única, resultantes de graus específicos da Energia Única, e exceto pelo fato

1 Trata-se da escala das ondas eletromagnéticas, que hoje se sabe incluir, em ordem crescente de freqüência: ondas de rádio, de TV, microondas, infravermelho, luz visível, ultravioleta, raios-x e raios gama. Além destes, passa-se para o nível etérico do plano físico; e posteriormente, para o astral; e assim sucessivamente, sem hiatos reais, dentro do princípio de unidade da substância. N.T.

de que o grau desta é muitíssimo maior no caso da eletricidade do que no do chumbo ou do ouro, não existe diferença entre essas coisas aparentemente tão diversas. Essa é a energia que os rosacruzes chamam de "fogo", e que permite a entrada no misterioso reino da Natureza onde só ingressam os taumaturgos, os magos.

Podes chamar esses estudiosos, a cuja vontade toda a Natureza obedece, por qualquer nome que te agrade, tendo em mente apenas que o verdadeiro mago nunca fala de si ou de seus feitos, e não deixa sua condição ser conhecida pelos outros, salvo quando algum acidente revele seu segredo. A essa irmandade pertencia Aquele a cuja ordem os ventos e as ondas se acalmaram na tempestade da Galiléia. Mas Ele não falava de si. Dessa sublime irmandade irei falar bastante, em breve.

Não é preciso maior prova de que todas as diversas manifestações são apenas variações da força ódica, o "fogo" dos rosacruzes, do que esta: oferece resistência a uma corrente elétrica, com isso reduzindo-a ou desviando-a com uma força contrária, e terás luz; coloca uma obstrução a essa luz, com um combustível, e resulta uma chama. Assim poderás prosseguir até a descoberta, que mais adiante será feita pela ciência, de que a luz, qualquer luz, a do Sol ou de qualquer fonte, pode produzir som. Dessa descoberta dependem algumas assombrosas invenções com que tua época jamais sonhou em suas visões. Mas a descoberta fundamental nessa maravilhosa cadeia, a primeira da seqüência, será a maior de todas, e como tal será anunciada. Isso é certo, pois o fato de que será uma redescoberta do passado não diminuirá sua importância para a humanidade, ou o mérito de seu redescobridor. Em suma, as verdades do reino do Pai são eternas; sempre o foram, sempre o serão; e apenas para os que as descobrem novamente é que são novas, e o fato em si não é novo, nem o é para o mundo, mas apenas para a sua época.

Poseidônis sabia que a luz produz som quando se coloca uma resistência adequada. Sabia que o magnetismo produz eletricidade da mesma forma, e pela mesma razão. Assim, a magnetita possui magnetismo; fazendo-a girar no campo de um dínamo e cortando a corrente, pressionando-a contra si mesma, por assim dizer, a eletricidade aparece. Da mesma forma, criando resistência à eletricidade, a luz aparece; e fazendo resistência a esta, surge o calor; criando a resistência adequada a este, aparece o som; e em seguida a energia aparece como movimento vibratório. Mas esses vários processos podem sofrer um "curto-circuito" e todos os fenômenos intermediários podem ser eliminados.

Tornei-me cansativo com essa explicação? Se fui — e suspeito que assim ocorreu — a compensação não tarda.

Os poseidônios descobriram que nos reinos além do magnetismo existem ainda outras energias, superiores e de vibração mais intensa, forças dirigidas pela mente. E a Mente é a do Pai, e é a fonte criadora permanente de todas as coisas. Se a perpétua energia da criação divina cessasse por um instante, nesse instante o Universo deixaria de existir. Agora podes ver a sublime beleza do postulado atlante há pouco citado: *"Incal malxetho. Axte Incal, axtuce mun"*. Pois descendo de Sua altura, e marcando a descida com "quedas de força" como um rio marca os declives do seu leito com cataratas, baixa a força suprema: até bem longe, ah, muito longe, em seu curso para baixo, até as cascatas do magnetismo, da eletricidade, da luz, do calor, do som, do movimento — e lá longe, onde o leito dessa Divina corrente fica quase nivelado, existem essas pequenas ondulações de diversidade material que denominais elementos químicos, insistindo em que são sessenta e três, quando só existe um.

Desse conhecimento resultaram todas as incríveis conquistas daquela época antiga, e uma a uma estão emergindo de novo hoje, depois do longo esquecimento, até que amanhã despertem em massa, e pressionem para serem redescobertas, três e quatro de uma vez, depois em pelotões e companhias e legiões, até que todos os tesouros de Poseidônis estejam outra vez na terra, no ar e no mar. Ó, luminoso amanhã, e feliz de ti que abrirás os olhos para vê-lo com suas maravilhas! Todavia, convém que temperes tudo com o lado espiritual, e não deixes a competição pelas descobertas materiais sobrepujar a evolução da alma. Ah, triste será o dia em que o homem se aproximar do tesouro secreto de seu Pai, só com a cegueira do olhar físico; pois, se com isso ganhar o mundo inteiro, que adiantará, se com isso perder a sua alma?

Tendo assim adquirido noções de uma outra dimensão, embora nova para ti, perguntarei e responderás: como explicas estes dois grandes fenômenos, o calor e a luz? Não são fáceis de explicar; o frio e a escuridão não são apenas a ausência do calor e da luz.

Tendo estabelecido as suas bases, agora apontarei uma nova filosofia.

Afirmei que os atlantes reconheciam a Natureza como um todo, como a Deidade exteriorizada. Sua filosofia asseverava que a energia se movia, não em linha reta, mas em círculos, retornando sempre. Se o dinamismo que age no Universo atua em progressão circular, conclui-se que um aumento infinito das vibrações possíveis da Substância Única seria uma concepção insustentável. Deve existir um ponto do círculo onde os extremos se toquem e voltem a percorrê-lo de novo, e vemos isso entre a catodicidade e o magnetismo. Assim como a vibração leva a substância ao reino da luz, deve retirá-la dali. E o faz. Transporta-a para o que em Poseidônis se denominava "*Navaz*, o Lado Noturno da Natureza", onde se manifesta a dualidade, o frio se opondo ao calor; a escuridão, à luz; e onde a polaridade positiva se opõe à negativa, todas as coisas são antípodas. O frio é tanto uma entidade com substância quanto o calor, e a escuridão quanto a luz. Há um prisma de sete cores em cada raio de luz branca; há também um prisma sétuplo de componentes do preto na mais negra escuridão — a noite é tão fecunda quanto o dia.

O investigador de Poseidônis ficava, dessa forma, cônscio de maravilhosas forças da Natureza que podia submeter para uso da humanidade. O segredo estava desvendado, e a revelação era que a atração da gravidade, a lei do peso, tinha contra si a "repulsão pela levitação"; que a primeira pertencia ao Lado Diurno da Natureza, e a segunda, a *Navaz*, o Lado Noturno; que a vibração governava a escuridão e o frio. Assim, Poseidônis, como o velho Jó, conhecia o caminho para a morada da escuridão e os tesouros do frio. Com esse conhecimento, a Atlântida pôde equilibrar o peso (aspecto positivo) com a ausência de peso (aspecto negativo) tão exatamente que não houve nenhum "cabo-de-guerra". Essa conquista significou muito. Significou navegação aérea sem asas e incontroláveis reservatórios de gás, aproveitando a repulsão por levitação, a força antagônica à atração da gravidade.[2] Descobrir que a vibração da Substância Única governava e constituía todos os reinos resolveu o problema da transmissão de imagens luminosas, figuras de objetos, assim como do som e do calor, tal como o telefone que conheceis tão bem conduz o som; apenas, em Poseidônis não eram necessários fios ou outras conexões materiais para qualquer distância, fosse para telefones ou telefotos, ou para a condução do calor.

Fazendo uma pequena digressão, é o emprego dessas energias e de outras ainda mais elevadas do Lado Diurno que feitos de aparência mágica dos adeptos ocultos, do Homem de Nazaré ao menor dos iogues, foram possíveis.

E agora, terminarei o capítulo dizendo que quando a ciência moderna encontrar o caminho para a aceitação do conhecimento de Poseidônis aqui esboçado, a Natureza física não terá mais recessos ocultos, nenhum santuário para o investigador científico. Nem a terra, nem o ar, a profundeza dos mares ou do espaço interestelar guardarão segredos ao homem que se aproximar deles de forma religiosa, como em Poseidônis. Não estou dizendo que Atl sabia absolutamente tudo; sabia mais do que esta época já descobriu, mas não tudo. Não obstante, a busca iniciada por eles pode ser continuada agora por vós, da América, meu povo, pois fostes da Atlântida. De ambos posso dizer: "Meu país é o vosso".

---

2 Em *A Vida no Planeta Marte e os Discos Voadores*, Ramatís, Editora do Conhecimento, capítulo "Aeronaves, Espaçonaves, Discos Voadores", é descrito o mesmo sistema de vôo, por meio de campos magnéticos de atração e repulsão. N.T.

Capítulo 5
A vida em Caiphul

A nova vida apresentava muitas novidades para minha mãe e para mim, chegados das montanhas, para o meio urbano tão recentemente.

Depois de aprender mais sobre seus confortos, adaptei-me prontamente às novas exigências. Alterei meus trajes para adequar-me ao estilo urbano; embora minhas maneiras fossem reservadas, eu era capaz de portar-me em público de um modo que melhorava sempre, pelo fato de que aumentava muito meu autocontrole.

A vida de estudante em ambiente fechado, depois que me matriculei para freqüentar o *Xioquithlon*, revelou-se tão enervante para alguém acostumado à liberdade sem limites, que me vi obrigado a buscar algum esquema que me oferecesse o exercício de que precisava.

Depois de certa reflexão, junto com algumas informações fortuitas que obtivera, fui ao Superintendente Distrital do Departamento de Solos e Cultivos e solicitei ao funcionário que me indicasse alguma área de terra que eu pudesse cultivar, não necessariamente para obter lucro, mas por exercício, e disse-lhe que era estudante.

O Superintendente, com indiferença oficial, colocou-me à frente um mapa das terras adjacentes a Caiphul.

A propósito de distâncias, pensando na conveniência de meus leitores, usei como medidas pés, jardas, milhas e assim por diante. Menciono isso agora lembrando que nosso sistema de medidas era baseado num princípio similar ao moderno sistema métrico. Porém, sua unidade não era a décima-milionésima parte do meridiano terrestre. Em vez disso, originou-se no grande *rai* das Leis Maxin.

Como mencionado anteriormente, esse monarca havia introduzido todas as reformas que se possa imaginar, e entre outras a de substituir por um sistema de medidas uniforme o desajeitado, embora não totalmente anticientífico método utilizado antes. Tinha servido de base para ele a circunferência da Terra no equador, tal como determinada pelos astrônomos, assim como no moderno sistema métrico uma fração do meridiano terrestre, que vai do pólo norte ao pólo sul, faz o mesmo efeito. Mas esse padrão não era visto com total confiança; temia-se que algum erro houvesse se introduzido no cálculo original, e embora a haste de ouro usada como padrão servisse para todos os fins, não podendo ser alterada, contudo, tal é o anseio humano de ser tão perfeito quanto possível, que, como disse, o receio de um possível erro anulava a confiança no sistema. Qualquer um que quisesse inventava um padrão particular, baseado em qualquer esquema que lhe conviesse, e esse estado de coisas levava a deploráveis fraudes no império.

O *rai* do Maxin instituiu um sistema tão admirável, que foi imediatamente aceito como autoridade absoluta, especialmente porque ninguém duvidava que tivesse provindo de *Incal*.

O *rai* mandou construir um vaso de um material que resistia à menor contração ou expansão detectáveis, sob o efeito do frio ou do calor. Esse vaso era interiormente um perfeito cubo vazio, do tamanho exato da Pedra Maxin. Foi feito também um tubo da mesma substância, medindo umas quatro polegadas de diâmetro interno. No vaso cúbico despejou-se água destilada, a uma temperatura de 5° C, na quantidade exata para enchê-lo, sem deixar bolhas de ar dentro. Essa água foi então retirada por meio de uma torneira, para o interior do vaso tubular, mantendo-se cuidadosamente aquela baixa temperatura. A altura exata da água foi então marcada numa haste do mesmo metal dos vasos. O próximo passo foi aquecer a água até 99° C, sendo tanto este como o outro procedimento realizados ao nível do mar, num dia de verão de temperatura uniforme. Sob a ação do calor, a água se expandiu consideravelmente, e o ponto quase de ebulição foi marcado como da outra vez, e a diferença na haste entre as duas linhas marcadas tornou-se a unidade linear de medida, da qual derivaram todas as outras, sendo a medida de massa o peso do cubo cheio de água a 5° **C**. Utilizo a escala termométrica de Celsius porque para vós a escala de Poseidônis seria incompreensível.

Perdoai esta digressão, já que revela outra das facetas da vida naquela época remota.

Voltando ao gabinete do superintendente e tendo ele colocado à minha frente um mapa das áreas que não estavam arrendadas — recorde-se que não havia proprietários de terra fora do governo — voltou a seus afazeres, deixando-me a estudar o mapa à vontade. Passando os olhos sobre as descrições impressas, achei um lote de cerca de 20.235 metros quadrados, onde havia um velho pomar com várias espécies de árvores frutíferas, localizado a uma distância de uns oito *"vens"* (mais ou menos 12,8 quilômetros) da cidade, porém mais acima na península. O ocupante anterior o havia arrendado por um período de cinco anos, mas em razão de sua morte a propriedade ficara vaga, e novamente disponível.

O fato de que os estudantes com freqüência tinham sérias dificuldades para obter meios de sobrevivência era levado em conta pelo governo, que em todas as transações com eles oferecia condições melhores que as definidas para qualquer outra classe.

A propriedade em questão atraiu-me pela descrição: "Uma área de aproximadamente oito *ven-nines* (20.235 metros quadrados) com uma moradia de quatro aposentos, água de fonte canalizada para a casa; um *ven-nine* destinado ao cultivo de flores, e seis a árvores frutíferas com quinze anos de idade. Condições (com todas as facilidades) para estudantes: metade da colheita de frutas e todas as flores com perfume que brotassem seriam entregues ao agente do Departamento de Solos e Culturas. Para outras pessoas não estudantes, quatro *tekas* por mês (dez dólares e vinte e três centavos). Não pode ser alugado por menos de um ano".

Decidi alugar o local, pois soube que aquele *"todas as facilidades"* significava transporte de *vailx*, serviço telefônico (*naim*) e um aparelho calorífico que depois pouparia combustível, energia para produzir calor para cozinhar e outras finalidades, transmitidas pela *"Navaza"*, um conjunto de forças naturais chamadas nesta época moderna de "correntes telúricas", mas que incluíam também as etéricas, um conjunto que descobrireis e utilizareis como o fez Atl; pois não sois filhos de Poseidônis que voltaram? Eu o disse, antes. Vivestes lá e viveis agora. Usastes essas forças lá; ireis usá-las todas outras vez, em breve.

Tendo decidido ficar com a propriedade, declarei-o ao funcionário, com o que ele me passou um contrato com espaços em branco, ajudando-me a preenchê-lo corretamente. Como um olhar rápido penetrando naquela época há muito desaparecida, transcrevo esse contrato:

> "Eu, ..., com ...... anos de idade, do sexo .... e de profissão ...., estipulo com o Departamento de Solos alugar o lote .... do distrito .... com a seguinte descrição: .... Concordo em alugá-lo por .... anos, sendo do agrado do Altíssimo *Incal*!"

Arrendei o lote por um prazo de oito anos, esperando ser morador de Caiphul pelo menos durante esse período, como estudante do *Xioquithlon*.

Não era pouca coisa o fato de ter transporte de *vailx* da propriedade para o *Xioquithlon*, e com isso desfrutar de uma viagem aérea todo dia. Os *vailx*, como os táxis modernos, podiam ser chamados por telefone, e atendiam em curto espaço de tempo.

Era hábito dos recém-chegados à cidade fazer uma visita ao palácio de Agacoe e seus jardins assim que fosse possível depois da chegada. Duas horas por semana o *rai* (imperador) sentava-se na sala de recepção, e durante esse tempo os visitantes enchiam os corredores e passavam em fila dupla diante do trono. Depois dessa cerimônia, os que quisessem podiam passear livremente pelos jardins, visitar o zoológico, em que havia todas as espécies conhecidas de animais, ou percorrer o grande museu ou a biblioteca real. Para muitos, era um hábito periódico agradável passar o dia em Agacoe, e nessas ocasiões traziam lanches e faziam um piquenique tranqüilo sob as imensas árvores, junto às fontes, lagos e cachoeiras.

Devo retornar agora àquela época em que minha mãe e eu não tínhamos nenhuma familiaridade com os hábitos da cidade, para que o leitor possa acompanhar-nos nas cenas de novas descobertas. Comecemos com a visita a Agacoe.

Um conhecido que fizemos naquele momento guiou-nos até o palácio, levando-nos com ele num carro. Naquela época, esses carros eram uma novidade para mim, e por conseguinte o seu manejo era objeto de meu interesse.

Nosso amigo tirou uma pequena moeda da bolsa e colocou-a numa abertura em uma caixa com frente de vidro, situada numa extremidade do carro. A moeda caiu e depositou-se no fundo de um cilindro de vidro, um pouco maior que o diâmetro dela. Havia nessa extremidade do cilindro duas pontas de metal, separadas por cerca de seis milímetros. Quando a moeda caiu ali, uma campainha soou, e nosso amigo então ergueu uma alavanca do carro, que tivera uma tranca sobre ela até o soar da campainha. Quando o circuito se fechou com a moeda, a tranca automaticamente se ergueu, ao mesmo tempo acionando a campainha, liberando a alavanca. Ao ser esta erguida, o carro moveu-se imediata e facilmente para fora da estação. Oscilava num trilho do qual pendia, e apenas as bordas das grandes rodas de suspensão eram visíveis, ocultas quase totalmente por uma longa cápsula de metal que se estendia de uma roda a outra, e dentro da qual se ouvia um zumbido baixo, o som produzido pelo mecanismo do motor.

A idéia de fazer o passageiro atuar como maquinista e condutor era boa, tendo em vista que o processo necessitava tão pouco conhecimento e esforço. Quando deixamos o carro na estação da entrada principal sob o terraço de Agacoe, nosso amigo recolocou a alavanca no lugar, a campainha soou novamente, a moeda desapareceu num cofre abaixo, e o veículo estava pronto para outros passageiros.

Na entrada principal, um pórtico que era uma maravilha de beleza arquitetônica, nosso amigo nos disse adeus, entrou num carro suspenso noutro trilho e desapareceu em alta velocidade rumo a algum destino ainda mais distante. Olhando para a placa pendurada sobre aquela linha, vi que trazia o letreiro, em caracteres de Poseidônis: *"Aagak mnoiinc sus"*, ou seja: "Frente da cidade e Grande Canal", numa tradução livre.

Desejando informar-me sobre nosso gentil guia, perguntei a alguém que havia contemplado com interesse a chegada de nosso pequeno grupo quem era o cavalheiro. A resposta foi:

"Um grande pregador, que prediz a destruição deste continente, e conclama os homens a viverem de forma a não temerem o encontro com Alguém que, diz ele, é o Filho de *Incal*, e que virá à Terra em época ainda distante. Ele diz que esse Filho de Deus será o Salvador da humanidade, mas que os homens não O conhecerão até que Ele seja morto. Doze o reconhecerão, mas um deles O negará no momento do maior perigo. É, sem dúvida, um assunto de enorme interesse, embora eu não o compreenda muito bem. Mas, como o *rai* Gwauxln — Deus esteja com ele! — mostrou seu favor a esse pregador, e disse "Ele fala a verdade", todos o recebem com atenções."

Leitor, mesmo naquela distante época do passado, a verdade raiava, e, ao alvorecer deste ciclo, esse era um primeiro raio do Sol do cristianismo, o astro que até agora ainda não se ergueu na plenitude de seu esplendor. Eu tinha, naquela manhã, andado no mesmo veículo com o primeiro profeta que anunciou a vinda de Nosso Senhor Jesus Cristo, exortando seus ouvintes a viverem de forma que suas almas fossem como a terra virgem para o raiar do Sol da verdade, e assim estivessem prontas para receber o Mestre quando, depois da morte dos corpos físicos que então possuíam, tivessem retornado do devacan para a Terra, reencarnando. Semeando a semente pelas beiras! Também em mim ela caiu, quando, um tempo depois, ouvi o profeta falar com impressionante eloqüência para os estudantes reunidos especialmente no *Xioquithlon*. Sei que caiu em solo fértil, quando comparo minha vida de hoje com as passadas; no entanto, por muito tempo a semente ficou adormecida, e enquanto isso as amargas experiências de erro e pecado brotaram e varreram minha vida ostensivamente com uma onda de fogo ardente, que exigiu outra encarnação para curar as cicatrizes que deixou.

Enquanto estávamos parados sob o pórtico da entrada principal de Agacoe, nós, montanheses simplórios, não poderíamos adivinhar, quando um guia uniformizado se acercou de nós, que o imperador, em seu trono a quase um quilômetro de distância, estava naquele exato momento tendo conhecimento de nossa aparência e das palavras exatas que proferíamos, e de sua entonação.

Disse-me o soldado:

— E tu, de onde vieste, e qual é teu nome?

— Chamo-me Zailm Numinos, e venho de Querdno Aru.

— Esta visita é tua primeira, ou já estiveste aqui antes?

— Não, até agora; nem eu nem minha mãe.

— Vou providenciar um guia para ti. Tu o encontrarás no portão à frente. Mais uma pergunta, por favor: qual é vosso objetivo em Caiphul?

— Vim estudar *xioq* no *Inithlon*; minha mãe, cuidar de nossa casa.

— Bem. Podes ir.

Esse diálogo aconteceu no pórtico principal que dava acesso ao terraço acima. A sentinela estava sentada atrás de um portão de bronze e ouro ricamente trabalhado, bastante fino, mas suficiente para barrar avanços indesejáveis.

Nessa parte de trás havia um grande espelho, no pesado arco do portal. Esse espelho era suspenso por duas rodas de cobre polidas, que evitavam que tocasse os lados do nicho. Se eu tivesse olhado para trás dele, teria visto um sistema de cordas metálicas muito parecidas com as de um piano, junto com muitos outros mecanismos, que naquele momento não significariam nada para minha mente inculta. Como poderia suspeitar que aquela lâmina brilhante de metal polido, na qual, como num lago tranqüilo, todo o interior do pórtico se refletia, fosse um engenhoso aparelho transmissor automático? E que uma das miríades de cordas atrás dele vibrava a cada possível inflexão de voz, ou a qualquer som que fosse, e que quando eu falava, cada som, mesmo o menor, era transmitido rapidamente ao longo das correntes telúricas naturais que obedeciam ao controle do homem, sendo ouvidas pelo *rai* em seu trono? Nem sonhava que, junto com isso, simultaneamente, nossa imagem era levada da mesma forma à sua augusta presença. Mas assim era.

Alguns degraus nos conduziram a um portão interno feito de placas de ferro com aberturas, o qual, apertando-se um botão ao lado, erguia-se entre os suportes para permitir a passagem. Nesse ponto encontramos o guia que o guarda indicara. Tomei seu silêncio como sinal de grosseria, sem saber que recebera ordens de, quando o encontrássemos, nos conduzir à presença real, e que não precisava que comunicássemos nossas intenções. Sua tranqüila resposta, *"Entendo"*, quando comecei a dizer-lhe o que desejávamos, cortou qualquer outra frase de minha parte; sua reserva, tão diferente da franqueza de meus conterrâneos, despertou-me um sentimento de orgulho ferido; e havia tantas dessas arrogantes criaturas na cidade! Decidi dar uma lição a esse homem, e pensava em qual seria o melhor jeito de dizer-lhe que considerava suas maneiras arrogantemente incompatíveis com sua posição. Não imaginava que ele já possuía todas as informações a nosso respeito, pois, embora a distância de seu posto ao outro portão não fosse grande, era obviamente longe demais para permitir que nossas vozes em tom baixo tivessem sido ouvidas. O espelho insuspeito funcionara também aqui, embora não o soubéssemos.

— Vem — disse o sujeito arrogante — vou conduzir tu e tua mãe.

"Mãe!" — pensei... "Como esse sujeito sabe disso, se minha mãe parece tão jovem? Poderia ser minha irmã ou até minha esposa; como poderia ele saber?" A suposta presunção do homem irritou-me, porque eu me orgulhava não apenas da aparência jovem de minha mãe, mas também da própria aparência amadurecida que me atribuía com empenho. Ouvira, com freqüência, que eu parecia sete ou oito anos mais velho do que era. Se me confrontassem com franqueza com a tolice que era esse orgulho de minha aparência, em vez de sentir-me mal por ser pretencioso, eu riria do absurdo, descartando-o como indigno de alguém com tão altos propósitos. Assim sendo, resultou um comportamento frio de minha parte, como retaliação pela suposta arrogância do outro, e, para meu mal, me fez alhear-me de aspectos do ambiente que devia ter observado naquele momento. Embora eu não pudesse rir disso tudo na ocasião, pela visão obtusa de minha ignorância, ri depois, ao contemplar o registro do passado. Com tantos milhares de anos escoados, pode parecer um riso distante, mas aqui vale o "antes tarde do que nunca".

Sentamo-nos, como nos foi indicado, num carro de aparência mais leve que aqueles usados nas vias públicas, e de tamanho diferente. Só quando estava em movimento dei-me conta de quão absolutamente diversos eram sua estrutura e sistema de propulsão. Querendo parecer bem familiarizado com essas coisas novas, olhei de relance quando o condutor tocou uma alavanca e o veículo ergueu-se no ar como um bolha de sabão, estabilizou-se, e arremessou-se para o alto do plano inclinado, dirigindo-se ao canto do piso térreo do palácio. Ali deixamos o carro em forma de charuto e entramos noutro que andava sobre trilhos.

Ao nos movermos de novo, circulamos a metade do edifício e então nos lançamos, atravessando o platô, diretamente dentro da boca escura e escancarada de uma das grandes serpentes de pedra. Em vez de subir no mesmo ângulo que o corpo do réptil, nosso carro deslizou num plano horizontal. Ao entrarmos, uma iluminação instantânea clareou a escuridão, ali onde um momento antes só havia trevas. Depois dessa agradável surpresa, minha atenção foi atraída para o brilho das paredes ao redor de nós, que pareciam cintilar em vermelho, azul, verde, amarelo e todos os lampejos coloridos do fogo, e não posso achar uma comparação mais adequada para isso que o orvalho iluminado pelo sol, em miríades de teias de aranha, num jardim ao amanhecer. Esqueci minha própria altivez e indaguei da causa daquele efeito deslumbrante; e tive como resposta que o acabamento das paredes era feito com uma argamassa misturada com partículas de vidro colorido.

Em meio de nossa admiração, terminou o trajeto horizontal, e constatei que estávamos no fundo de uma espécie de poço, e o veículo serpenteou para cima em espiral, em torno da parede, até que pareceu deter-se bem embaixo de um teto vagamente distinguível com a luz projetada acima por nós, à medida que circulávamos rapidamente pelo poço. Quando chegamos exatamente embaixo do teto, uma campainha suave soou duas vezes, e imediatamente após o teto deslocou-se para o lado sem ruído, permitindo que nosso veículo atravessasse. O poço fechou-se de novo automaticamente atrás de nós, e encontramo-nos num esplêndido recinto, de que não se podia perceber o tamanho, por causa das muitas telas que balançavam, de seda carmesim, a cor real, assim como folhagens que compunham miniaturas de cenários silvestres. As flores e pássaros canoros, as fontes, o ar perfumado, a sombra fresca depois do calor de fora — pois não havíamos ficado no poço de subida o suficiente para nos refrescar — tudo fazia parecer um paraíso, ali.

O teto desse amplo recinto era visível só aqui ou ali, sendo na maior parte oculto por caprichosas videiras. Junto com essa cena harmoniosa, tremulando no ar, acima, abaixo, ao redor, soavam encantadoras melodias, às quais, como inspirando-se, os pássaros respondiam, rivalizando em coro com elas. E através desse cenário edênico de cor, som e perfume, e uma variedade de estátuas e delicadas, graciosas fontes, nosso carro deslizava velozmente em silêncio, o que, somado a seu deslocamento uniforme, criava a ilusão de que estávamos imóveis e que todo o cenário encantador girava em torno de nós. Ali casavam-se arte e ciência: dessa união brotara esse sonho encantado, um triunfo da habilidade e do conhecimento humanos!

Por todas as direções havia carros indo e vindo, ou parados, com pessoas em trajes de gala, e as variadas cores de turbantes que distinguiam as classes sociais. Poseidônis, como outras nações de então e depois, possuía suas classes sociais, como a política, a dos literatos, a eclesiástica, a dos artesãos, uma — restrita — dos militares que atuavam como polícia e equipe sanitária, e assim por diante, a lista usual. O vestuário de todas as classes seguia o mesmo estilo geral — até chegar à cabeça. Todas as pessoas usavam turbantes, e essa peça de vestuário diferia na cor de acordo com a casta. Assim, o turbante do soberano era de seda de pura cor carmesim; o dos conselheiros era cor de vinho, o dos funcionários menos graduados, rosa pálido. Os turbantes dos militares eram: laranja carregado para os soldados, e cor de limão para os oficiais. O branco puro distinguia o sacerdócio, e o cinza as classes dos cientistas, literatos e artistas. O azul indicava os artesãos, mecânicos e operários, enquanto o verde marcava aqueles que por algum motivo, fosse pela idade ou falta de instrução, não gozavam do direito de voto. Não obstante o fato de que esses indicadores de classes eram estritamente seguidos, acabavam sendo antes bons do que maus, pois não havia preconceitos de classe por parte dos que usavam cores outras que não o verde, já que a dignidade do trabalho era um sentimento tão forte, que não existia competição de uma classe com outra. Quanto aos que usavam o verde, os que o faziam por não terem atingido a maioridade, cresceriam e deixariam de usá-lo, enquanto aqueles que não possuíam instrução suficiente para candidatar-se a outra cor, sentiam o estigma próprio de seu nível como um motivo para esforços extras, para atingirem uma situação mais honrosa na vida.

Enquanto eu estudava os vários aspectos aqui descritos, nosso carro desviou-se habilmente para evitar a colisão com o de uma dama que chegara com pressa, aparentemente sem prestar atenção ao trajeto, enquanto arranjava uma ponta solta de seu turbante cinza, e ao fazê-lo exibia as cintilações de um rubi nele existente — uma pedra que somente a realeza podia usar. Nosso carro entrou num cortejo de veículos e em seguida ingressou noutro recinto. Mas a real jovem de turbante cinza com rubi — meus pensamentos seguiram com ela! Que radiosa beleza! Foi minha primeira visão da princesa Anzimee; mas, não devo antecipar nada.

O recinto em que estávamos agora era menor que o outro que deixáramos, mas de não pouca extensão. Tudo aqui era carmesim de brilho cintilante, exceto uma elevação no centro da sala. Era feita de degraus circulares de mármore negro, como pequenos terraços; no topo, a uns três metros e meio de altura, havia um trono sobre um estrado de madeira escura, estofado de veludo preto.

Deve-se lembrar que o preto era uma cor que representava algo, e incluía o simbolismo de todas as cores, indicando assim, ao ser usado no trono, que aquele que ali sentava pertencia a todas as classes. E era um fato, porque o *rai* Gwauxln não era apenas o soberano e o comandante do exército, um alto sacerdote, um literato, cientista, artista e musicista, mas também familiarizado com as atividades dos artesãos e operadores de máquinas.

Defronte da grade prateada que circundava o trono, nosso veículo desviou-se para uma das laterais da fila em movimento e parou, obedecendo a um gesto do imperador. O guia convidou-nos a descer, e abrindo um pequeno portão, nos fez subir as escadas do estrado até os pés do *rai*. Meu coração batia célere enquanto obedecia, e embora pálido com o tremor infundado, mantinha-me com suficiente autocontrole para oferecer o braço à minha mãe, e acho que nunca caminhei tão orgulhosamente ereto em minha vida. No topo da escadaria, ajoelhamos e esperamos ordem para erguer-nos, o que não tardou.

Quando nos levantamos, o *rai* Gwauxln disse calmamente:

— Zailm, és jovem, para um estudante tão ambicioso como sei que és.

— Se vos apraz julgar-me assim, fico feliz, repliquei.

— Já aprendeste o que as escolas primárias para os jovens têm a ensinar? Pois isso deve vir antes que possas ser admitido no *Inithlon*.

— Assim fiz, *rai*.

— Gostarias, Zailm, de confiar-me quais os estudos principais que vais escolher?

— *Zo rai,* para mim é uma grande honra falar. Não escolhi nenhum estudo por meu próprio gosto. No entanto, não tenho dúvida de que *Incal* decidiu Ele próprio a minha preferência, indicando-me a geologia acima de tudo. Deu-me também uma inclinação natural que me indica que estude línguas e literatura. Ainda não me decidi, mas penso nesses dois ramos do *xioq*. Porém, Ele apontou-me a geologia por meio de uma extraordinária experiência.

— Tu me interessas, jovem. Porém, este momento é dos deveres oficiais, e não devo negligenciar meu povo, que veio até mim para apresentar respeitos a seu monarca. Toma, pois, este passe, e à hora quarta retorna ao portal pelo qual entraste em Agacoe. Sê bem-vindo.

Tomei o oferecido e, ao descer a escadaria do estrado de mármore, vi que trazia a inscrição: "À presença do *rai*. Permissão ao portador".

Tínhamos um pacote de tâmaras e pastéis, e, portanto, não havia necessidade de deixar os jardins para almoçar. Nosso guia tomou conta de nós e, ao saber que desejávamos ficar na área próxima ao palácio, conduziu-nos outra vez através do labirinto do prédio, e descemos do veículo ao lado de uma das colunas do peristilo. Desse ponto, onde nos separamos do guia, olhei em torno para ter certeza da direção da entrada principal, e vendo que ficava a leste, levei minha mãe a sentar sob um gigantesco *deodar*, ou, como é chamado séculos após, "cedro do Líbano". Em um galho acima, pousava um pássaro imitador,[1] ou, como o chamávamos, um *nossuri*, significando "cantor do luar", por referência ao hábito desses encantadores pássaros vestidos de cinza de encher a atmosfera serena das noites de luar com suas magníficas melodias. Não que eles não cantassem de dia; na verdade, aquele estava cantando então; mas a denominação de *nossuri*, de *nosses* (a lua) e *surada* (eu canto) era um termo ornitológico específico de Poseidônis.

À hora aprazada, fomos ao local indicado e, apresentando o passe, fizeram-nos entrar em um veículo, e após subir novamente para os altos do palácio, o guia introduziu-nos em um pequeno aposento luxuosamente mobiliado. A uma mesa quase escondida embaixo de livros sentava-se o *rai*, escutando uma voz bem modulada que relatava as últimas notícias do dia, mas cujo dono não era visível. Quando o porteiro nos anunciou, o *rai* voltou-se, dispensou o servidor, e desejou-nos um bom fim de tarde. Voltou-se então para uma caixa de tamanho aproximado do daquele agradável instrumento, a moderna caixa de música, e nela girou uma chave, com um estalido suave. Instantaneamente, a voz do falante invisível se deteve no meio de uma palavra, e compreendi, enquanto atendíamos ao pedido de nosso monarca para sentarmos, que eu havia escutado pela primeira vez um dos gravadores de notícias com voz sobre os quais havia lido muitas vezes.

Durante a hora que se seguiu, relatei a história de minha vida,

---
1 Pássaro canoro da América do Norte (mockingbird), que imita os trinados de outras aves. N.T.

suas esperanças, tristezas, conquistas e ambições, respondendo às perguntas do amável (embora não aparentasse) ancião a quem qualquer um poderia render homenagem sem perder a dignidade, porque sua régia cortesia demonstrava quão humano pode ser um rei, e quão nobre pode ser um homem.

Contei como cada acontecimento apenas havia aumentado minha fome de mais conhecimento. Narrei então as experiências de minha ida ao cume do Rhok, relato que foi interrompido quando mencionei o nome da montanha.

— Rhok! — exclamou o real ouvinte —, queres dizer que subiste até esse tremendo cume, à noite, sozinho, uma montanha que todos os nossos mapas asseveram ser inacessível, a não ser de *vailx*?

— Talvez, *zo rai*, o único caminho seja conhecido só por alguns de nós, montanheses; eu li que ela era considerada inacessível, mas... — hesitei, e o *rai* disse rápido:

— Sim, fala! Foi para avaliar-te que escutei o teu relato, pois já sabia tudo que me disseste. Poderia ter te contado antes de falares, e posso dizer tudo o que vais falar. Quis ouvir-te para te julgar. Tua história, eu fiquei sabendo desde que te vi pela primeira vez. Eu sou um Filho da Solidão — acrescentou.

Silenciei, porque me confundia a idéia de que ele já soubesse de tudo. Vendo isso, ele disse:

— Continua, meu filho. Dize-me tudo; desejo ouvir de teus lábios, porque estou interessado em ti por ti mesmo.

Em vista disso, retomei a narrativa interrompida e descrevi a reverência feita a *Incal* e o pedido de ajuda a Ele; sua pronta resposta à minha prece; e a erupção do vulcão e o perigo que passara. O *rai* observou:

— Então foste testemunha ocular dessa erupção das forças terrestres? Sei que produziu grandes alterações, e que existe agora um lago de grande extensão onde antes não havia nenhum, ao sopé do Rhok, e que mede nove *vens*.

A ingenuidade que ainda possuía me levava a sentir não só curiosidade de saber como o *rai* teria visto a erupção, já que eu não entendia o que significava ser um Filho da Solidão, como também de como teria conhecimento de todas as minhas aventuras; embora eu não duvidasse disso, achei que era devido a alguma avaliação aguda de possibilidades por parte dele. Com a mesma simplicidade, perguntei ao *rai* se ele tinha visto tudo isso.

— Ó inocência da juventude! — disse o monarca, sorrindo.

— É raro encontrar uma franqueza assim! És de fato um filho das montanhas! Mas não ficarás assim por muito tempo, receio, no meio em que estás vivendo agora. Vou responder à tua pergunta da mesma forma que a fizeste. Fica sabendo, pois, que não há nenhuma grande convulsão natural que não seja registrada de imediato, automaticamente, como o local e a extensão dela; e a qualquer momento pode ser feita uma exibição fótica de cada parte da região afetada. Para ver essa cena, eu só tive que ir à repartição competente, que fica neste prédio, e lá a cena inteira ficou diante de mim, tão vívida quanto foi para ti, pois pude ver a erupção e ouvi-la, por meio do *naim*. Na verdade, faltou uma coisa, que sem dúvida a fez um pouco mais intensa para ti que para mim: o perigo físico. Mas, como para mim isso nada significaria — um dia saberás por que — por conseguinte, a cena para mim não teve falta de nada que a presença física pudesse acrescentar.

Fiquei maravilhado com essa aparelhagem que o *rai* Gwauxln mencionara, e pensei com prazer na possibilidade de que um dia eu também a pudesse conhecer pessoalmente e ter acesso a ela.

O *rai* continuou:

— Disseste que havias encontrado um tesouro de ouro nativo em dois lugares diferentes. Tentaste alguma vez recuperar aquele que achaste antes da erupção começar? Não? Pouco importa. Zailm, é dito que a ignorância da lei não é uma desculpa válida para infringi-la.

A atitude do *rai* tornou-se grave.

— Contudo, estou convencido de que não sabias nada sobre a violação das leis, quando deixaste de registrar o achado da mina. Portanto, não vou punir-te. Mas... — e aqui o imperador fez uma pausa, perdido em seus pensamentos, enquanto eu, que até então não sabia que tinha feito algo de errado em relação à lei, empalideci tão visivelmente com a preocupação, que Gwauxln sorriu de leve e disse:

— Mas esses que agora trabalham na mina, e que recolhem o ouro em pó e o minério, não escaparão. Da parte deles é um crime consciente, mais grave porque eles não só conhecem a lei como também estão te espoliando. De ti, a única reparação que peço é que digas os seus nomes.

Tive que obedecer, necessariamente; contudo, lamentando pelas mulheres e filhos dos culpados, que eram inocentes; teriam que sofrer o mesmo que os verdadeiros transgressores? O *rai* parece que leu meu pensamento; ou se não, falou de acordo com ele, perguntando:

— Esses homens têm mulheres, famílias?

— Sim, de fato! — repliquei, tão prontamente que de novo o monarca sorriu, e eu, encorajado com isso, supliquei-lhe que fosse clemente com os inocentes.

— Conheces alguma coisa de nosso sistema penal, Zailm?

— Muito pouco, *zo rai*; ouvi dizer que nenhum malfeitor sai das mãos da justiça sem estar melhorado; mas imagino que o tratamento deve ser severo.

— Quanto à severidade, não. Quanto ao resto, se os que erraram se tornam melhores, não serão capazes de errar de novo; e isso não resultará em benefício para as famílias deles? Farei com que esses homens sejam levados ao tribunal competente, e verás o processo de sua recuperação. Creio que depois disso desejarás aprender anatomia e a ciência das penas de recuperação, junto com teus outros estudos no *Xio*. Além disso, eu te asseguro que de qualquer modo não sofrerás o confisco daquela mina, e conservarás a posse dela; e se desejares entregá-la ao tesouro nacional, enquanto fores estudante nunca terás falta de dinheiro. Mais tarde, quando os anos de estudo tiverem passado por ti, se tiveres êxito nos estudos, olha: far-te-ei superintendente dessa mina. E se te mostrares fiel nas pequenas coisas, eu te farei mestre de muitas outras. É o que tinha a dizer.

O *rai* Gwauxln tocou um botão de chamada, e em seguida entrou um servidor a quem ele confiou a mim e minha mãe para que nos guiasse, desejando: — Que a paz de *Incal* esteja convosco!

Assim terminou a audiência que influiu no curso de meus dias e modelou o curso de minha vida, fazendo-me ter, com orgulho, a consciência de possuir a confiança de um venerável amigo, algo que sempre provou ser um privilégio neste mundo de provas e tentações.

Capítulo 6
Nada que é bom perece

Antes do reinado do *rai* Gwauxln, houve um período de tempo que chama a atenção, que se estendeu por quatro mil, trezentos e quarenta anos, e que inclui os principais acontecimentos da história de Poseidônis. Esse período, apesar de sua longa duração, foi singularmente livre de guerras destruidoras, e embora não deixasse totalmente de ter episódios bélicos, foi sem dúvida mais pacífico que qualquer outro período mundial de duração equivalente, dentro dos cento e vinte séculos em que se situam os fatos desta história.

No início do período em questão, os poseidônios, uma vigorosa raça de montanheses, numerosos e quando muito semicivilizados, mas de esplêndido físico, havia arrasado selvagemente e conquistado, em muitos conflitos sanguinários, os povos de pastores das planícies, os atlantes. A guerra foi longa e feroz, e durou anos. O notável valor das tribos das montanhas achou um adversário à altura na coragem desesperada de seus primitivos adversários. Um dos grupos lutava por suas vidas e, como os sabinos, para proteger suas mulheres das tribos que buscavam companheiras, enquanto o outro queria conquistar, e, como os romanos, conseguir esposas. A estratégia superior deu finalmente a vitória às hostes dos poseidônios.

Com o passar do tempo, a mistura racial anulou as diferenças, e assim a união acabou produzindo a maior nação da Terra.

Guerras civis inconseqüentes alteraram seguidas vezes a estrutura política, e Poseidônis, em conseqüência, se viu governada por autocratas absolutos, por oligarquias e por leis teocráticas, por regentes masculinos e femininos, e finalmente por um sistema republicano-monárquico do qual o *rai* Gwauxln era o cabeça, quando vivi como Zailm na Atlântida. Gwauxln provinha de uma longa linhagem de honrados ancestrais, e sua casa tinha por várias vezes oferecido candidatos vitoriosos que o povo havia colocado no trono, nos sete séculos que já durava o presente sistema político.

Este é o resumo da história de Poseidônis que eu recolhi de um volume retirado na biblioteca de Agacoe.

Poderia relatar outras cenas, outros aspectos desse período histórico, e mostrar como Poseidônis fundou grandes colônias nas Américas do Norte e do Sul, e nos três grandes remanescentes da Lemúria, dos quais a Austrália é apenas o terço que sobrou, no planeta, após aquele cataclismo que afundou a Atlântida; e também como a Atlântida fundou grandes colônias na Europa ocidental, numa época em que não existia a Europa oriental, assim como em lugares da Ásia e da África. Mas não vou fazer isso aqui, embora vá fazer referências ocasionais a nossas colônias umauranas, quando isso for relevante para o tema central desta história.

Fatigado que estava com as últimas leituras daquela história absorvente, levantei-me e saí para a tranqüila ravina em que se situava nossa morada, e meus olhos cansados pousaram sobre uma cena que, sob o esplêndido luar, tinha uma beleza mágica.

No leito da ravina, bem próximo, havia um lago em miniatura; parecia um lago, embora fosse de fato apenas um açude de bom tamanho. As margens desciam em declive, cobertas de flores; o canto do *nossuri* e o chamado de vários outros pássaros e animais noturnos misturavam-se ao suave rumorejar da água que caía, a voz da cascata que alimentava aquela jóia líquida. De algum lugar da noite vinha o som de flautas, harpas e cordas em harmonia, elevando-se numa cadência crescente ou descendo com languidez sonhadora, quando a brisa leve aumentava ou diminuía. Sobre tudo, brilhavam os raios prateados de *Nosses*, redonda como um escudo de suave luminosidade, e ó, tão bela! Meu olhar deixou o lago e contemplou a ravina ao longo da qual algumas pessoas ainda andavam, apesar da hora tardia — a décima-quarta desde o início do dia no meridiano (meio-dia). Aqui e ali viam-se as cintilações brancas das luzes das casas, clareando de cima abaixo os beirais, revelando formas de fantásticas janelas ou portas. Mas também não me detive muito a olhá-las. Não poderia, com o maravilhoso Maxt, a maior torre do mundo construída pelo homem, erguendo-se no horizonte. Parecia erguer-se bem no fim do *canyon*, e não havia nada entre ela e mim para tolher a visão. Embora parecesse perto, estava em realidade a cerca de 1,6 quilômetro.

Neste ano de 1886 d.C., os químicos consideram de alto custo o processo para produzir o metal alumínio. Naquela época, as forças do Lado Noturno tornavam barata a produção de qualquer metal que se encontrasse na natureza, fosse puro ou em forma de minério. Isso poderia ser feito hoje, se soubésseis como, e não está longe o dia em que havereis de recuperar esse conhecimento. Naquela época, pois, nós transmutávamos a argila, primeiro acelerando a velocidade atômica até que se transformasse numa luz branca pálida, e depois reduzindo-a até chegar à, por assim dizer, "marca de quilometragem" do alumínio, e isso a um custo menor do que atualmente é necessário para obter o ferro de uma jazida. As minas de metais puros, como ouro, prata, cobre etc., eram valiosas então como hoje, não requerendo nenhum processo além da fusão. Mas um metal que podia ser obtido de qualquer camada de ardósia, ou de um leito de argila, era tão barato, que podia ser o metal básico mais importante em uso.

Era feita de alumínio a gigantesca torre Maxt. De onde estava eu podia contemplar a sua base, um gigantesco cubo de alvenaria, depois a superestrutura, a coluna arredondada de metal sólido da torre propriamente dita, uma coluna cônica, de um branco fosco, iluminada pelos raios do luar. Meu olhar passeou de baixo para cima até pousar no topo, um ponto extremo a cerca de noventa metros de altura. Extasiado pelo encanto máximo da cena, contemplei a torre, que parecia tocar o céu, sentinela da cidade-jardim, que desviava os raios quando o senhor do trovão estivesse ativo; e toda a minha mente se voltava para a sua grandeza, sua majestosa beleza.

"Quantas vezes, ó, quantas vezes em dias que se foram", eu parei e contemplei assim alguma cena encantadora ou sublime, obra de Deus ou do homem — de Deus dentro do homem! E ao contemplá-la, minha alma entoou um canto de louvor, e a inspiração me tomou. Sempre, com essas experiências, a alma, seja a do homem ou do animal, avança um passo à frente. Não importa o quanto uma alma esteja imersa no pecado ou na miséria, que são sinônimos, um momento inspirado rompe isso, e leva embora um pouco de sua sordidez, um pouco de sua dor.

Portanto, as glórias e belezas da grande Atlântida não foram em vão. Tu e eu, meu leitor, vivemos ali, e antes dali. As glórias desses séculos passados que contemplamos ficaram entesouradas em nossas almas e fizeram muito, sim, a maior parte do que somos; influenciaram nossas ações, confortaram-nos com sua beleza. Por que, então, supor que as formas do obscuro e misterioso passado foram destruídas e não existem a não ser nos registros da alma, esse grande livro da vida? Sua influência permanece para sempre.

Não devemos nos esforçar, então, para que nossas ações se enobreçam e sejam contempladas por nós e por outros, como eu aqui contemplo os registros de meu passado extinto, mas sempre vivo? É uma grande satisfação ter atingido o patamar espiritual que me permite esquadrinhar a história de vidas que deixei pela porta do sepulcro; vidas às quais agora retorno para contemplar com os olhos de uma personalidade diferente, de uma seqüência de personalidades, a maior de uma cadeia, como pérolas num fio, ensinando-me que EU SOU EU! São escuras, algumas dessas pérolas; outras são negras, brancas ou rosadas, e algumas até vermelhas! Se pudesse somar minhas lágrimas a elas, teria mais, ó, muitas mais, pois as brancas são tão poucas, e as escuras, negras ou vermelhas, tantas. Mas minha pérola de alto preço é minha última existência. É branca, e meu mestre a talhou em forma de cruz. Quando ele a entregou a mim, disse: "Está terminado". Em verdade é assim! Ela marca o encontro da finitude com a infinitude.

Capítulo 7
Contém a ti mesmo

Foi à época das férias escolares anuais que se deu minha chegada à capital. Tanto o *Xioqua* como o *Incala* tinham férias, e a maioria dos estudantes ia primeiro para casa, por algum tempo, mas geralmente retornava em seguida para a capital, para poder desfrutar dos prazeres especiais das férias. Mas alguns cruzavam o oceano para Umaur, ou Incalia — isto é, para as Américas do Norte e do Sul, respectivamente; outros iam apenas para as províncias mais distantes da própria Atl.

A esta altura, o leitor já esteve imaginando que espécie de religião seria o culto de *Incal*; pode ter deduzido que os poseidônios eram politeístas, por minhas referências aos vários deuses desse ou daquele nome, classe ou grau. Na verdade, eu disse que acreditávamos em *Incal*, e o simbolizávamos como o Deus-Sol. Mas o Sol ele mesmo era uma representação. Afirmar que nós, apesar de nosso conhecimento, adorávamos o astro do dia, seria tão absurdo como dizer que os cristãos adoram a cruz por si própria; em ambos os casos é o significado contido neles que faz com que o Sol e a cruz sejam venerados.

Os atlantes eram dados a personificar os princípios da natureza e os objetos da terra, dos mares e dós céus; mas isso era simplesmente o resultado do seu amor pela poesia, e pode ser atribuído principalmente à predileção que a opinião pública tinha por uma história épica de Poseidônis, em que homens e mulheres importantes eram os heróis e heroínas. As forças da natureza, como o vento, a chuva, o raio, o calor e o frio e todos os fenômenos semelhantes, eram deuses de vários níveis, enquanto os princípios geradores da vida, o da destruição, a morte, e o do mistério maior, a vida, eram caracterizados como deuses maiores; mas todos e cada um eram apenas expressões do Altíssimo *Incal*. Era um épico narrado em métrica e rima, um poema em que cada linha tinha o toque de mestre da genialidade. Sua autoria perdia-se na noite dos tempos. Mas supunha-se que era obra de um Filho da Solidão. Havia um apêndice com eventos e épocas posteriores, mas era uma obra nitidamente inferior, e não era tão altamente valorizada como o corpo do poema.

Na verdade, a adoração de *Incal* nunca significou outra coisa senão a adoração a Deus como um ente espiritual, e os "deuses" não tinham lugar nos cultos religiosos que se realizavam nos dois domingos de cada semana, que eram o primeiro e o décimo-primeiro, pois em Poseidônis a semana tinha onze dias, e o mês compreendia três semanas, e o ano onze meses, com um ou mais dias "bissextos" no final, conforme exigisse o calendário solar; esses dias eram feriados periódicos regulares, como o dia do Ano-Novo hoje. O fato de tantos deuses e deusas serem venerados devia-se à influência nacional da história épica mencionada, e era apenas um hábito mental falar-se neles.

Nosso monoteísmo diferia pouco da religião dominante da civilização hebraica: não se admitia uma trindade divina, nenhum Cristo, e nada que nos salvasse exceto o esforço de fazer o melhor que se pudesse aos olhos de *Incal*. Considerávamos toda a humanidade como filhos de Deus, e não uma única pessoa concebida misteriosamente como seu único filho. Milagre era uma coisa impossível, porque considerávamos que todas as coisas eram atribuíveis de forma racional à Lei que não pode ser transgredida. Mas os poseidônios acreditavam que *Incal* tinha vivido uma vez em forma humana sobre a Terra, e abandonara o pesado corpo material para assumir o de espírito livre. Nessa época, ele tinha criado a humanidade e, como os poseidônios eram evolucionistas, esse termo, "humanidade", incluía todos os animais inferiores. Com o passar do tempo, entes do gênero *homo* evoluíram — um homem e uma mulher — e então *Incal* colocou a mulher em posição espiritualmente mais elevada e acima do homem, posição que ela perdeu numa tentativa de saborear um fruto que crescia na Árvore da Vida, no jardim do Paraíso. Ao fazê-lo, de acordo com a lenda, ela tinha desobedecido a *Incal*, que dissera que seus filhos mais nobres e evoluídos não deviam provar esse fruto, e quem quer que o fizesse por certo morreria, pois nenhum ser mortal podia ter a vida eterna e também reproduzir a sua espécie. A lenda dizia: "Eu disse a minhas criaturas: atingi a perfeição e estudai-a sempre, e esta é a vida eterna. Mas quem provar desta árvore, não poderá conter-se".

O tipo de punição aplicada foi racional, já que a tentativa da mulher fora a de obter prazeres proibidos e não conseguira, por não saber como. Sua mão escorregou ao pegar o fruto, ele se rompeu, e as sementes caíram na terra e transformaram-se em pedras, enquanto o fruto continuou preso à árvore e assumiu o aspecto de uma grande serpente de fogo, cujo hálito chamuscou as mãos da culpada. Com a dor, ela largou a Árvore da Vida, caindo de bruços no chão, e nunca se recuperou totalmente do ferimento. Com isso, o homem tornou-se o ser superior, com o desenvolvimento de sua natureza, pela necessidade que teve de preservar a si e sua companheira do frio e outras condições adversas semelhantes (da última Era Glacial). Tendo recaído nessas condições materiais, a reprodução da espécie tornou-se uma necessidade novamente, e a lei da continência supostamente ordenada por *Incal* se quebrou. Assim, a morte passou a integrar de novo a condição humana, e até que a Palavra seja cumprida, nenhum homem pode fugir a ela. CONTÉM A TI MESMO! Disso depende todo o conhecimento; nenhuma lei oculta é tão grande quanto essa. Usai todas as coisas deste mundo sem abusar de nenhuma (I Coríntios VII-31).

Assim era a crença popular a respeito da criação do homem por *Incal*. Os altos sacerdotes seguiam uma religião que era virtualmente a essênia, embora, por razões óbvias, o povo não tivesse noção disso. A data dessa história mitológica era colocada, teologicamente, no mínimo nove mil séculos antes, e alguns a colocavam ainda mais longe.

Não se imaginava que *Incal*, o autor da vida, punisse os Seus filhos; apenas, Ele fizera leis da natureza que eram auto-aplicáveis: era a Sua vontade imanente. E se alguém as transgredisse, era inexoravelmente punido pela natureza, sendo impossível desencadear uma causa sem o efeito conseqüente; se a causa fosse boa, assim seria a conseqüência. E nisso estavam inquestionavelmente certos: nenhum mediador pode evitar para nós os resultados de nossas más ações. O povo de Poseidônis acreditava num céu constituído de bons efeitos para aqueles que tivessem produzido boas causas, e existia uma região repleta de maus efeitos para os maus; os dois lugares eram adjacentes, e aqueles que não eram nem totalmente bons nem inteiramente maus ficariam numa região média, por assim dizer. Mas os dois tipos de vida após a morte faziam parte do País das Sombras, assim como a palavra "Navazzamin" pode se traduzir, literalmente, como "O país das almas que partiram".

Embora a religião de *Incal* fosse baseada em causa e efeito, contudo uma leve inconsistência aparecia, na crença mais ou menos disseminada de que Ele premiava os muito bons.

Hoje, meu amigo, vós achais no limiar de uma nova revelação. A religião atual ainda está tingida por esse conceito de um criador onipotente, mas antropomórfico, herança de um passado extinto. Mas estais vivendo os derradeiros anos de um velho ciclo humano, o sexto. Embora no momento eu prefira não explicar o que isso significa, o farei antes de te deixar na paz de Deus. Mas direi que a nova concepção humana da Causa Eterna será mais elevada, mais sublime, mais pura, mais ampla e mais próxima da infinitude do que os éons de tempos passados jamais sonharam. Cristo de fato ergueu-se e veio para os seus, que em breve O conhecerão como nenhum homem exotérico jamais O conheceu. E conhecendo-O, conhecerão as coisas do Pai e as farão, porque está escrito: "Eu vou para meu Pai".[1]

A fé em breve será conhecimento. A crença será irmã gêmea da ciência, e a Palavra resplandecerá como um sol de novo e magnífico significado, pois a verdadeira religião significa "eu religo".

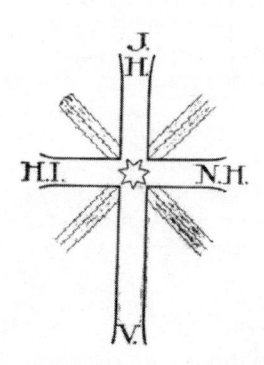

"Não fechem as pontas de Minha cruz."

A Igreja exotérica fechou as pontas de Sua cruz. Por isso são exotéricos, e nunca serão esotéricos até que abram as pontas da Senda de Quatro Lados. Abre teus olhos e teus ouvidos.

---

[1] "Vós também fareis as obras que eu faço, e as fareis maiores do que estas; porque eu vou para meu Pai." (Jesus). N.T.

Capítulo 8
Uma grave profecia

Era perto da primeira hora do primeiro dia do quinto mês que tinha se escoado desde que eu começara a freqüentar o *Xioquithlon*, e era a semana de *Bazix*; era, portanto, a trigésima semana do ano, e próximo do fim dele, restando apenas três semanas daquele ano de 11.160 a.C.

Em Poseidônis, o dia, como o leitor já viu, começava no meridiano, e do meio-dia às treze horas era a primeira hora. A partir dessa hora, no último dia de cada semana, até o fim da vigésima-quarta hora do seguinte, ou primeiro dia da próxima semana, todo o trabalho era suspenso, e o tempo era dedicado ao culto religioso; essa prática era sustentada pela mais rígida de todas as leis — a tradição. Hoje, 1886 d.C, há quem argumente que, se o homem se dedica a semana inteira ao trabalho sedentário, no domingo ele deve divertir-se praticando com dedicação esportes ou fazer um passeio fatigante. Porém, eu lembro que se o corpo é a manifestação da alma, então como for a alma será ele também. Portanto, se a alma pertence a Deus, então voltar-se para o Pai tanto quanto possível é recrear-se, descansar ou refazer-se. Talvez não dentro de casa; não, de preferência no meio de Sua criação, mas sempre tendo, acima de tudo, pensamentos naturais e espontaneamente voltados para Ele. Por conseguinte, não sou hoje menos a favor da observância do Sabbath (dia de descanso), quer seja no sétimo ou em qualquer outro dos sete dias da semana, como é agora, ou no décimo-primeiro e primeiro, como era em Atl. Não discutirei minhas preferências; apenas reafirmarei o bem conhecido princípio fisiológico de que um dia periódico de descanso é necessário para a saúde, a felicidade e a espiritualidade.

Em Atl qualquer um era livre para empregar as horas da manhã do décimo-primeiro dia da forma que lhe fosse mais agradável, fosse no trabalho ou na recreação. Porém, à primeira hora, um imenso e bem modulado sino repicava com um som reverberante; dois toques, um pausa, e mais quatro toques. Dali em diante cessavam todas as atividades, e começava o culto religioso. No dia seguinte o grande sino soava novamente, e em toda a extensão do grande continente outros sinos repicavam em sincronia. O mesmo ocorria também nas populosas colônias de Umaur e Incalia, sendo a diferença de horário calculada por alguém que, no grande tempo de *Incal* em Caiphul, se ocupava desse solene e leve encargo.

Depois, o momento devocional terminava, e o restante do *Inclut* (primeiro dia) era dedicado à recreação. Não se deve imaginar que esse culto fosse sombrio ou austero; não, nem perdurava depois que as luzes, que permaneciam acesas durante a noite, assumissem um tom carmesim, ao graduar a velocidade atômica da força ódica, com os componentes da luz e do estrôncio combinados, o que era feito nos depósitos da força ódica.

Cerca da terceira hora após o término do dia de domingo, teve lugar um acontecimento singular da minha vida em Poseidônis. Quando eu caminhava vagarosamente para casa, não tendo chamado ainda um *vailx*, e continuava sob a influência da tranqüilidade cismadora produzida pela música de um excelente concerto oferecido ao público nos jardins de Agacoe, deparei com um nobre ancião, também a pé. Já o tinha encontrado várias vezes em outras ocasiões, e pelo seu turbante cor de vinho, sabia ser um príncipe. Ao encontrá-lo agora, o curso de meus pensamentos se modificou, e decidi não ir para casa de imediato, e permanecer um pouco na cidade, talvez a noite toda. Exatamente quando tomei essa decisão, o homem mais velho sorriu, mas, sem deter-se, continuou seu caminho. Notei então que, embora ele se parecesse com o príncipe que eu supusera, não era a mesma pessoa; devia ter sido uma ilusão minha, porque o turbante deste homem era branco puro, e não colorido. Senti de alguma forma que ele desejaria falar-me, mas por alguma razão não o fizera. Se acontecesse de eu estar por ali mais tarde nesse mesmo dia, eu poderia encontrá-lo de novo e saber o que tinha a dizer-me.

Refletindo sobre isso, entrei num café num dos túneis-gruta, onde uma avenida atravessava uma colina, e depois de pedir um lanche, esperei que fosse servido. Enquanto a refeição era preparada, um *xioqene*, ou estudante, com quem fizera amizade, entrou, e optou por pedir a mesma coisa. Terminado o repasto, continuamos até o canal, onde tomamos um barco a vela, que era alugado por um pobre homem que ganhava a vida com o aluguel desse barco para aqueles que apreciavam aquele prazer pouco usual; o meio de transporte comum era o *vailx*. Como a brisa estava moderadamente forte, velejamos para o mar através do canal de escoamento do Nomis, o grande rio que circundava completamente a cidade, atravessando o canal e desaguando no oceano.

Em razão desse longo passeio, não consegui voltar à avenida

antes do cair da noite. Quando me aproximei, desta vez de carro, do lugar onde se dera o encontro com o estranho de turbante branco, cuidando para não andar muito rápido, percebi sua figura imponente parada, perfeitamente visível à claridade da lua tropical. Como já esperasse encontrá-lo, dessa vez inclinei a cabeça num gesto de reconhecimento cortês. Quando fiz isso, o estranho falou:
— Espera! Gostaria de falar-te, jovem, a sós.

Quase mecanicamente, detive o carro, obedecendo a seu gesto para que descesse. Fixei a alavanca do carro de forma a fazê-lo andar em marcha lenta, e deixei-o continuar, sabendo que se ninguém aproveitasse a viagem já paga do veículo, em seguida ele chegaria a uma estação e se deteria automaticamente.

Quando parei defronte ao sacerdote, como eu o julgava, disse ele:
— Teu nome, creio, é Zailm Numinos?
— Sim, de fato.
— Tenho te visto várias vezes, e estou informado a teu respeito. Ainda és um rapaz, mas estás a caminho do sucesso em tua vida adulta, como o sucesso é geralmente entendido. Hoje és um jovem consciente e visto com benevolência por nosso soberano. Terás sucesso, e alcançarás posições de grande honra e proveito, e serás considerado por teus concidadãos. No entanto, não viverás por todo o tempo destinado ao homem sobre a Terra. Em tua vida, que será mais curta, conhecerás o amor. Irás experimentar o afeto mais puro que um homem é capaz de sentir por uma mulher. Contudo, apesar disso, teu amor não terá realização nesta existência. E irás amar novamente, e será motivo de lágrimas para ti. Realizarás algum bem neste mundo, mas, ai de ti! muito mal também. E devido a um destino sombrio, muito sofrimento terás. Profunda dor causarás a outros, e ao fim terás que pagar por isso, e não te libertarás enquanto não o fizeres. Contudo, não penses que muito te será exigido nesta vida. Quando menos estiveres esperando errar, teus pés tropeçarão e cometerás um erro que se transformará para ti num destino implacável, inexorável. Mesmo agora, nos dias de tua inocência, estás seguindo os passos de teu destino. E assim é. Por uma vez estiveste próximo da morte, e a morte é o que de menos te sucederá; mas despertaste e fugiste das cavernas da montanha em chamas, e te salvaste. Mas um dia irás para Navazzamin, o mundo das almas que partem, e digo-te que irás morrer numa caverna. E a mim, a mim mesmo, irás contemplar como o último ser vivo sobre o qual teus olhos desta vida em Poseidônis irão pousar. Mas não terei o mesmo aspecto de agora, e não me conhecerás na figura daquele que condenará o malfeitor que te atrairá para a perdição. É o que eu tinha a dizer. Que a paz esteja contigo.

De início, surpreendi-me bastante ao escutar essas palavras, imaginando que talvez o meu interlocutor fosse alguém escapado do Nossinithlon (literalmente, "casa dos lunáticos"), apesar das circunstâncias anteriores de nosso encontro. Mas, à medida que prosseguia, vi que estava errado. E por fim, estupefato, baixei a cabeça, não sabendo o que pensar, e tomado por um medo indefinível. Quando ele terminou de falar, desejando-me paz, ergui os olhos para mirar-lhe a face, e descobri, para meu espanto, que não havia ninguém ali, e que eu estava sozinho na enorme praça onde um chafariz erguia ao luar um jato de prata líquida. Confuso, olhei para todos os lados. Teria sonhado? Não, certamente. As palavras do misterioso estranho seriam verdadeiras ou não? O tempo satisfará tua curiosidade, leitor, como fez comigo.

Capítulo 9
A cura do crime

Ao longo dos quatro anos que se seguiram ao estranho encontro com o ancião alto, ereto e grisalho que profetizou o meu futuro, um após outro, os fatos encaixaram-se nas suas previsões. Durante esse período, nunca mais nos encontramos; no entanto, eu o vi ainda uma vez antes de minha morte.

Antes de continuar, preciso trazer novamente, e depois dispensar de cena, os sócios de minha mina de ouro e o que comprava o ouro, sabendo que isso era ilegal.

Alguns meses haviam se passado desde a entrevista com o *rai* Gwauxln em seus aposentos, quando um jovem, usando um turbante laranja com uma granada engastada em ouro à frente, indicando que era um guarda imperial, entrou na sala de geologia do *Xioquithlon*, e dirigindo-se ao instrutor-chefe, falou em voz baixa. Batendo na mesa para chamar a atenção dos noventa ou mais estudantes da classe de estudos mineralógicos, o instrutor indagou se um estudante chamado Zailm Numinos se encontrava presente.

Levantei-me do lugar em resposta.

— Aproxima-te.

Os outros xioqene olharam com interesse quando me levantei, não sem certo tremor, pois sabia a quem o mensageiro representava, e me pareceu que havia certa severidade nada agradável no tom do instrutor.

— Esse mensageiro deseja que o acompanhes à presença do *rai*, que assim determinou. Ele está no tribunal da Corte Penal, e és chamado como testemunha.

Recordando o que dissera o *rai*, tranqüilizei-me com o teor das palavras e, sem mais apreensão, fui como solicitado. Chegando ao tribunal, vi meus sócios da mina sob guarda, junto com o comprador do ouro. O juiz do tribunal sentava-se na cadeira de magistrado, em uma plataforma alta, e ao seu lado, com dignidade natural, Gwauxln, *rai* da maior nação da Terra; e apesar disso, era um observador atento do caso, que o juiz, por isso mesmo, colocou com primazia na corte. Alguns assistentes sentavam-se nos bancos destinados ao público.

Só podia haver um veredicto para os malfeitores: "Culpados, conforme a acusação". A sentença foi dada sem delongas, e os acusados concordaram que era justa. Imediatamente, um funcionário conduziu os prisioneiros para outra parte do prédio, onde um aposento bem iluminado guardava vários aparelhos, portáteis ou não. Todos os presentes os acompanharam.

No centro da sala havia uma cadeira com um apoio para prender a cabeça, e outros apoios, presilhas e correias para os membros e o corpo do ocupante. Um dos guardas sentou um dos prisioneiros na cadeira e prendeu-o com firmeza. Depois, um *xioqa* aproximou-se, trazendo nas mãos um pequeno instrumento que, pela aparência geral, concluí ser magnético. Colocou os dois pólos do instrumento nas mãos do condenado, e após breve manipulação, o aparelho emitiu um leve ronronar. De imediato, os olhos do prisioneiro se cerraram e todo seu aspecto indicou profundo estupor; na verdade, estava anestesiado magneticamente. A seguir, o operador inclinou-se cuidadosamente sobre a cabeça do homem inconsciente, e ao concluir o exame, ordenou ao assistente que raspasse todo o crânio. Quando isso terminou, o operador fez uma marca azul sobre a superfície raspada, à frente e acima das orelhas. Perscrutando um pouco mais, marcou o numeral de Poseidônis ⚚ ou dois, acima e um pouco atrás de cada orelha. Concluídas essas operações, voltou sua atenção para os espectadores; ia começar a falar, mas, a uma observação do *rai* Gwauxln, deteve-se e chamou-me, de fora da balaustrada onde eu estava, para seu lado.

Então falou:

— Vejo que no prisioneiro as faculdades predominantes, mais ativas, são as que marquei com os números um e dois. São elas: número um, o desejo ávido de adquirir posses, e uma disposição para fazer tudo em segredo, como se pode ver da excessiva predominância dos órgãos respectivos. Como o crânio não é muito alto, mas no ponto dois é muito largo, entre as orelhas, concluí que temos aqui um indivíduo muito ganancioso, com falta de consciência e espiritualidade, e portanto quase inteiramente falho de natureza moral. Como possui também um temperamento muito destrutivo, temos um caráter muito perigoso, e eu me admiro que tenha conseguido até agora evitar apresentar-se a este setor para ser corrigido. Causa-me espanto o fato de que alguém hesite em submeter-se, mesmo voluntariamente, ao tratamento corretivo. Só pode ser explicado, penso, pela hipótese de que alguém com o baixo nível moral deste pobre indivíduo é incapaz de perceber a vantagem de estar em um nível mais alto, sendo, porém, capaz de ver as vantagens imediatas que resultam de agir de forma condenável. Em síntese, é um homem que não hesitaria em cometer um homicídio, se visse uma vantagem imediata nisso, tendo certeza de não sofrer as conseqüências. É verdade, *zo rai*?

— Assim é, replicou o imperador.

— Já que o meu diagnóstico — continuou o *xioqa* — foi confirmado por tão alta autoridade, agora passo a aplicar a cura.

Chamou um atendente que aproximou outro aparelho magnético colocado dentro de uma pesada caixa de metal. Depois de colocá-lo em condições de funcionar, o *xioqa* aplicou o pólo positivo na cabeça do paciente, onde estava marcado o número um, e o outro pólo atrás do pescoço. Então, tomando seu relógio, colocou-o na caixa metálica do instrumento, perto de um mostrador cujo ponteiro ajustou. Durante a meia hora seguinte, tudo ficou em silêncio, exceto pela conversação em voz baixa, em diversos pontos da peça.

Ao final desse tempo, o *xioqa* levantou-se e trocou o pólo positivo para o outro lado da cabeça, onde a mesma figura estava marcada. Outra meia hora em silêncio, quebrado apenas pela saída de alguns espectadores e pela entrada de outros. Quando se escoou novamente o tempo, o operador mudou o pólo para o lugar marcado com o "dois". Dessa vez, só meia hora foi dada para ambos os lados da cabeça. O imperador tinha-me dito que permanecesse ali. Ele mesmo só ficou alguns instantes após o início da operação, que não apresentava novidade para ele. Ao final da aplicação no primeiro homem, ele foi retirado da anestesia magnética simplesmente revertendo os pólos do aparelho que a produzira, numa segunda aplicação.

O *xioqa* fez uma explanação sobre o tema da operação, enquanto o primeiro paciente era removido. Diante da considerável audiência que a essa altura estava reunida, explicou:

— Acabam de ver o tratamento das qualidades mentais que, por serem predominantes, tendiam a distorcer a natureza moral dele, só parcialmente desenvolvida. O processo consistiu, em parte, em atrofiar os vasos sangüíneos que alimentam a parte do cérebro onde se localizam as áreas da avidez e da destruição. Porém, guardem bem isto, além de tudo que se diga: a alma é superior ao cérebro físico, e à alma, à natureza do homem, é que pertencem essas tendências criminosas, sendo o cérebro e outros órgãos o instrumento da expressão psíquica — o escritório executivo, por assim dizer. Assim, simplesmente hipnotizando mecanicamente esse indivíduo não atingiríamos o objetivo. A hipnose atua de fora para dentro; os vasos sangüíneos do cérebro se contraem e ficam parcialmente sem suprimento de sangue; na verdade, podem esvaziar-se de forma fatal; essa é uma arte muito perigosa. O contrário acontece com o afaísmo (o equivalente poseidônio do moderno "mesmerismo"). O cérebro permanece irrigado pelo sangue, e a reversão do instrumento faz cessar o processo hipnótico e iniciar o do afaísmo. É nesse momento que a mente do operador pode assumir o controle da mente do paciente, e sugerir à alma faltosa que cesse de errar. Esse homem foi tratado assim; duplamente tratado, porque não só foi parcialmente cortada a circulação sangüínea que irrigava aquelas áreas onde se localizava sua fraqueza, mas também, com minha vontade, imprimi em sua alma a tendência de não errar mais, e indiquei-lhe um trabalho para executar, que terá um efeito contrário. Ele poderá ficar ligeiramente adoentado durante alguns dias, mas suas tendências errôneas terão desaparecido. Para fazer um malfeitor bem-sucedido, se requer uma mente superior, que já tenha atuado mal em diversas direções; onde a natureza mais baixa predomina, sobretudo uma natureza sexual pervertida, aí encontraremos o criminoso. Atl não tem devassos porque se alguém demonstra tal disposição, o Estado toma conta do perverso e atua nos órgãos necessários. Mas não é preciso que me alongue mais sobre este assunto.

Depois que o primeiro homem foi levado para receber uma cuidadosa assistência, o segundo de meus antigos sócios foi colocado na cadeira. O exame do cérebro revelou que ele era mais fraco do que mau; um pecador contumaz, de tendências libertinas, cujo crânio se acentuava atrás e sobre as orelhas. Não preciso deter-me na descrição de seu tratamento; seguiu os passos do outro, e a sugestão mesmérica foi a principal forma de cura.

Ao dirigir-me para casa naquela noite, decidi adicionar ao meu currículo de estudos a ciência das penas profiláticas. E assim fiz. Utilizando o conhecimento do ser humano assim adquirido, interferi no carma de não poucos indivíduos, mas, como os resultados mostraram, essa interferência nunca foi prejudicial, portanto hoje não tenho que responder por nenhum dano que tenha provocado.

Às vezes desejei ter me submetido eu mesmo ao tratamento às mãos do Estado, pois teria ao menos evitado que cometesse erros que provocaram muitos males para mim e para outros. Que não o tenha feito é conseqüência não só do princípio de que no reino do Pai tudo que existe é pelo melhor, mas também porque ninguém pode, seja como for, fugir das responsabilidades impressas no caráter pelo carma de todas as encarnações anteriores. Submeter-me à correção teria sido uma fuga da provação, uma espécie de tentativa covarde parecida com o gesto de quem se mata, querendo evitar o sofrimento na Terra, e jamais escapa de coisa alguma, nem de um jota ou um til da lei de Deus. Em vez disso, torna ainda mais altas as montanhas de suas misérias e penas acumuladas, e prolonga sua angústia, em face do carma inexorável, por outras encarnações terrestres. Assim acontece com os que morrem se autodestruindo. Dessa forma, os culpados de Poseidônis, que não podiam evitar o tratamento, eram beneficiados, enquanto no meu caso, a submissão voluntária teria semeado dentes de dragão em meu caminho.

Capítulo 10
Realização

O governo costumava acompanhar sistematicamente os mais destacados dos *xioqenes*, os estudantes a quem dava ensino gratuito, mas essa supervisão não era tediosa; aliás, mal era sentida pelos que ficavam sob tal vigilância paternal. Aqueles que, além de inteligentes e estudiosos, se aproximavam dos últimos anos do currículo de sete, eram admitidos nas sessões do Conselho dos Noventa que não tivessem caráter secreto ou executivo. Havia alguns preferidos que, ligados a votos estritos, não eram excluídos de qualquer reunião dos conselheiros. Nem um só dos milhares de estudantes deixaria de considerar isso um privilégio, pois além da honra que conferia, as lições de política eram de valor inestimável.

Na segunda metade de meu quarto ano de curso fui procurado pelo príncipe Menax, que desejava saber se eu aceitaria a função de Secretário dos Registros, a qual dava oportunidade de se familiarizar com todos os detalhes do governo de Poseidônis. Disse-me ele:

— É um cargo de confiança muito importante, realmente, mas tenho prazer de oferecer-te porque és capaz de exercê-lo de forma satisfatória para o conselho. Terás estreito contato com o *rai* e todos os príncipes; e também irá te conferir um certo grau de autoridade. O que dizes?

— Príncipe Menax, tenho consciência de que se trata de uma honra muito grande. Porém, posso perguntar-vos por que ofereceis tão grande oportunidade a alguém que se considera quase um estranho para vós?

— Porque, Zailm Numinos, eu te achei digno; e vou dar-te todas as oportunidades de prová-lo. Não és um estranho para mim, embora eu o seja para ti; sinto confiança em ti; desejas provar que ela é merecida?

— Sim.

— Então, ergue tua mão direita ao resplandecente *Incal*, e diante desse símbolo sagrado promete que jamais revelarás nada do que venha a acontecer nas sessões secretas, nenhum dos atos do Tribunal das Leis.

Fiz esse voto, e ao fazê-lo, fiquei ligado a um juramento inviolável aos olhos de todos os poseidônios. Assim, tornei-me um dos sete secretários não-oficiais juramentados, aos quais se confiava a redação de relatórios especiais e o cuidado de muitos documentos oficiais importantes. Não era pequena a distinção a ser conferida a alguém entre nove mil xioqenes, e a um homem que, até então, não se destacara entre os trezentos milhões de habitantes do país. Se de qualquer forma isso se devesse a meus méritos, contudo, não o mereceria mais do que uma centena de colegas meus.

Devia-se também, em igual medida, ao fato de ser benquisto pelos poderes de então, o que não aconteceria se não houvesse sempre demonstrado a mesma sólida determinação que guiara meus atos no cume solitário do Rhok, a grande montanha.

O príncipe Menax continuou:

— Gostaria que fosses a meu palácio esta noite, se puderes, pois tenho algo a dizer-te. Vou provar-te que erras ao acreditar que me és estranho, apenas porque és um entre um grande número de *xioqenes*, todos buscando o conhecimento. Eu te conheço, e não é, como sempre imaginaste, de teu *xioql* (preceptor-chefe) que veio o convite para assistires às sessões ordinárias do conselho. Os *astiki* (príncipes do reino) sempre se interessam muito pelos *xioqenes* que têm mérito; essa é a razão das muitas pequenas tarefas que tens recebido para executar. No momento, porém, nada mais direi, para não atrapalhar teus estudos. Lembra-te, pois: às oito horas.

Menax detinha o mais alto posto do ministério, entre todos os *astiki*, sendo o primeiro-ministro e, em suma, o principal conselheiro do *rai*. Minha opinião sobre mim mesmo subiu de nível quando me dei conta de que era tido nessa alta conta; mas isso me encheu de gratidão, e não de presunção; era auto-estima, não vaidade.

Embora aquela não fosse minha primeira visita ao palácio do príncipe, não poderia de forma alguma pretender que tivesse familiaridade com o interior do *astikithlon* (palácio do príncipe).

Envolvendo a cabeça com meu melhor turbante de seda verde, e pregando nele um broche de quartzo cinza raiado de cobre verde, evidenciando assim minha posição social, chamei um *vailx* urbano, pelo *naim*, como chamarias um táxi. O veículo veio em seguida; embora pequeno, era amplo o suficiente para transportar dois, ou até quatro passageiros. Desejando boa-noite à minha mãe, logo estava rapidamente a caminho; como o condutor me deixou entregue a mim mesmo, fiquei sentado escutando o tamborilar furioso da chuva torrencial que tornava inclemente ao extremo o tempo naquela noite.

O palácio de Menax não ficava distante do cais interno do canal, a uma distância de menos de 16 quilômetros de minha moradia suburbana, e, portanto, a viagem aérea levou apenas uns dez minutos, até que a superfície inferior do *vailx* raspasse de leve o piso de mármore do pátio de estacionamento, anunciando a chegada ao meu destino.

Uma sentinela veio indagar-me a que viera, e sendo informado, chamou um serviçal para acompanhar-me à presença de Menax.

Um grupo de funcionários do príncipe se encontrava no grande aposento, intensamente ocupados em não fazer nada, no que eram auxiliados por algumas damas residentes no palácio. O príncipe Menax estava estendido em um divã colocado defronte de uma grade cheia de peças de uma substância refratária, aquecida pela força universal.

Quando o servidor me conduziu à presença do príncipe, e antes que me anunciasse, tive tempo de reparar num grupo de funcionários e senhoras, reunidos em torno de uma mulher de tão extraordiniária beleza e graça, que mesmo a tristeza e aflição que evidenciava, somadas a distância do canto em que estava sentada, não conseguiam ofuscar. Seu traje, suas feições e tez denunciavam não ser ela filha de Poseidônis, porquanto não possuía os olhos e cabelos negros, e a pele clara, mas inconfundivelmente avermelhada que caracterizavam nossa raça. Essa dama triste e aflita era o contrário de tudo isso, tanto quanto meu rápido olhar pôde discernir, com a distância que nos separava.

Menax disse, em saudação:

— Sê bem-vindo. Senta-te. A noite está tempestuosa, mas conheço-te bem: já que prometeste, vieste.

Silenciou por alguns instantes, e olhou fixamente para a grade, e depois disse:

— Zailm, pretendes participar da prova de *xio* (conhecimentos) nos nove dias destinados aos exames anuais dos *xioqenes* (estudantes)?

— Tenho essa intenção, meu príncipe.

— Terias a possibilidade de deixar o exame para o último dos sete anos.

— De fato é assim.

— Aprovo enfaticamente a tua decisão. Eu também fiz isso, quando era estudante. Espero que passes, que te rejubiles com teu sucesso, embora isso não diminua teus anos de estudo. Mas, depois do exame, terás um mês para fazeres o que desejares. Quisera eu ter trinta e três dias de folga de meus deveres! — Menax fez uma pausa, meditando, e continuou:

— Zailm, tens algum plano determinado para ocupar essas férias?

— Nenhum, meu príncipe.

— Nenhum? Está bem. Seria de teu agrado me prestares um serviço e viajar para um país distante, para desempenhá-lo? Uma vez cumprido esse rápido dever, poderás permanecer ali o tempo que desejares, ou ir aonde te chamar a fantasia.

Eu não tinha objeções a fazer o que ele desejava, e como esse encargo me levaria a uma terra apenas mencionada até aqui, o relato de minha viagem do passado pode ser antecedido por uma descrição de Suern, que hoje se chama Hindustão (Índia) e Necropan ou Egito, as nações mais civilizadas de então, que não estavam sob o domínio de Poseidônis.

Quando as nações tentam colocar a religião em posição absolutamente dominante em seus negócios de Estado, o resultado certamente será desastroso. A política teocrática dos israelitas foi um exemplo, e, como o leitor irá perceber sem demora, Suern e Necropan foram exemplos ainda mais antigos, na história do mundo. A razão é, não que a religião seja uma falha — este relato de minha vida deve transmitir esta verdade, que eu acredito que nada é melhor que a religião pura, não desvirtuada. Não, a razão pela qual uma teocracia de sucesso não pode durar permanentemente é que a atenção dos que a mantêm deve ser dirigida a coisas espirituais, para que o espiritual tenha êxito, e as coisas do reino de Deus não podem jamais ser as da Terra. Pelo menos, não até que o homem tenha desenvolvido plenamente seu sexto princípio, o psíquico, e tenha sido purificado pelo fogo do espírito de todo o traço de animalidade.

Suern e Necropan tinham uma civilização que, eu agora percebo, se equivalia à nossa, embora tão diferente. Mas, porque não tinha quase aspectos objetivos em comum com Poseidônis, nosso povo as encarava com certo desdém, quando falava nelas. Não obstante, mantinham muito respeito em seu comportamento para com esses povos, pelas razões que seguem.

As diferenças entre essas duas civilizações contemporâneas residem no fato de que enquanto Poseidônis se voltava para o cultivo das habilidades mecânicas, para as ciências dirigidas às coisas materiais, e se contentava em aceitar sem discussão a religião de seus ancestrais, Suern e Necropan davam pouca atenção a tudo que não fosse essencialmente oculto e com um sentido religioso — leis ocultas com efeitos materiais. E ao mesmo tempo eram desprovidos de coisas materiais, exceto as que se destinavam à manutenção da vida. Sua regra de vida se resumia no princípio de não dar atenção à existência material, e desprezando o presente, buscavam o futuro. O princípio existencial de Poseidônis era expandir o seu domínio sobre as coisas materiais. Havia alguns que filosofavam sobre o espírito da época, teóricos de Poseidônis, que traçavam prognósticos sobre o destino de Atlântida. Salientavam o fato de que nossas esplêndidas conquistas materiais, nossas artes e ciências, nosso progresso, dependiam inteiramente da utilização da força oculta do Lado Noturno da natureza. Isso era comparado com o fato de que os misteriosos poderes dos suernis e dos necropans derivavam do mesmo reino oculto, e a conclusão era de que com o tempo nós também nos tornaríamos indiferentes ao progresso material e devotaríamos nossas energias aos estudos ocultos. Em razão disso, seus prognósticos eram extremamente sombrios; contudo, embora o povo os escutasse com respeito, como esses profetas não conseguiam propor uma solução, isso fez com que se tornassem objetos de disfarçado desdém. Qualquer pessoa que achar defeitos em algum estado de coisas e se confesse incapaz de substituí-lo por um melhor, certamente merecerá o descrédito público.

Nós, de Poseidônis, sabíamos que aquelas misteriosas nações além das águas possuíam habilidades que virtualmente diminuíam as nossas realizações, como nossa capacidade de atingir a profundeza dos mares e dos ares, nossos veículos velozes, nossos navios que andavam sob a superfície dos mares. Não, eles não ostentavam tais comodidades, mas não necessitavam delas para suas vidas, e, portanto, não tinham, como supúnhamos, nenhum desejo de possuir tais engenhos. Talvez nosso desdém fosse mais afetado que real, pois em nossa avaliação mais sensata, reconhecíamos, com não pouca admiração, a supremacia deles.

Quem imaginaria que nós pudéssemos falar, ver e ouvir, e ser vistos por aqueles com quem desejávamos nos comunicar, e a qualquer distância, e sem fios, através das correntes magnéticas do globo? Na verdade, nunca sentíamos a angústia da separação de nossos amigos; podíamos atender às necessidades do comércio e transportar nossos exércitos em época de guerra, fazendo a volta ao mundo em um só dia; e tudo isso só dispondo de nossos aparelhos mecânicos e elétricos. Mas de que serviam todas essas esplêndidas habilidades? Se colocássemos um dos nossos mais ilustrados cientistas num calabouço, todo seu conhecimento não serviria de nada; desprovido de instrumentos e meios, não conseguiria ver, ouvir ou escapar sem ajuda externa. Suas maravilhosas capacidades dependiam das criações do intelecto. Com os suernis e os necropans não acontecia isso. Como neutralizar um deles, nenhum poseidônio sabia. Preso numa masmorra, ele se ergueria e sairia, como Saulo de Tarso; poderia ver a qualquer distância, e sem o *naim*; e, ouvir, também sem ele; andar no meio dos inimigos sem ser visto por eles.

O que valeriam, pois, nossas conquistas, comparadas com as dos suernis e necropans? De que serviriam nossos artefatos de guerra contra esses povos, quando um único homem deles, em cujo olhar brilhava a luz terrível da força de vontade empregada para atrair as forças invisíveis do Lado Noturno, poderia fazer os inimigos murcharem como folhas verdes ante o sopro quente do fogo? Adiantariam projéteis? Teriam algum efeito, quando a pessoa a quem se destinassem pudesse interromper sua trajetória e fazê-los cair como paina a seus pés? De que valeriam explosivos mais terríveis que a nitroglicerina, despejados dos *vailx* estacionados quilômetros acima, na abóbada azul do céu? De nada, pois com sua visão antecipada e perfeito controle de forças do Lado Noturno que nós não conhecíamos, o inimigo poderia deter a destruição, e, ao invés de sofrer danos, poderia aniquilar essa aeronave e sua tripulação. Uma criança queimada teme o fogo, e em épocas passadas nós havíamos tentado conquistar essas nações e falhado desastrosamente. Só o que quiseram foi repelir-nos, e ao consegui-lo, deixaram-nos partir em paz.

À medida que os anos se transformaram em séculos, nossa atitude também se tornou somente defensiva, não mais ofensiva, e graças a essa mudança por parte de Poseidônis, estabeleceram-se relações amistosas entre as três nações.

Atl finalmente havia descoberto tanto do oculto, que conseguia manejar as forças magnéticas para a destruição dos inimigos, dispensando projéteis e explosivos como instrumentos de defesa. Mas o conhecimento dos suernis era ainda maior. Isso porque as nossas armas magnéticas espalhavam a morte apenas em áreas restritas, próximas do operador; as deles atingiam qualquer ponto desejado, mesmo distante. As nossas fulminavam indiscriminadamente tudo o que houvesse na região visada, seres animados e inanimados, amigos ou inimigos, animais, árvores — todos eram condenados. As deles agiam sob controle, e atingiam o coração do exército inimigo, sem destruir vidas desnecessariamente, nem mesmo outros inimigos além dos generais e líderes dos exércitos.

Todos esses fatos sobre os suernis eu já sabia havia muito tempo.

O príncipe Menax declarou que se sentia grato por eu aceitar a missão junto daquele povo. Eu nunca estivera na terra dos suernis, e como tivesse desejo de fazê-lo, sentia-me satisfeito. Depois de concordar com o solicitado, indaguei do príncipe sobre a missão:

— Se *zo astika* puder explicar do que se trata, satisfará uma grande curiosidade.

— Assim farei — respondeu o príncipe.

— É necessário enviar ao *rai* de Suern um presente, em reconhecimento por certas dádivas que enviou ao *rai* Gwauxln.

Embora não haja muitas dúvidas de que essas dádivas foram enviadas para convencer-nos a aceitar um grupo de sete mulheres prisioneiras de guerra, que parecem estar incomodando o *rai* Ernon de Suern, todavia não achamos necessário desperdiçar a oferta; e as mulheres terão permissão para ficar aqui, ou ir para onde desejarem, desde que não seja onde os suernis proibiram; e decidimos considerar a oferta de pedras preciosas e ouro como um presente, e retribuí-lo adequadamente. Assim decidiu o conselho. Parece que essas mulheres pertencem a um exército poderoso de tolos invasores, cujo país fica a oeste e distante de Suern. Esse povo, muito insensatamente, declarou guerra aos terríveis suernis. Nunca haviam experimentado, ou visto em ação, os meios de retaliação que *Incal* deu a seus filhos de Suern, e que ceifaram seus inimigos como a foice do segador abate a grama. Ernon tinha um país fértil, e esses selvagens ignorantes ambicionaram possuí-lo, e para isso enviaram ao *rai* de Suern uma declaração de guerra. Ernon replicou que não lutaria; que aqueles que o buscassem com lanças e arcos, e viessem prontos para a batalha com armaduras, o encontrariam e se arrependeriam, pois Jeová, como os suernis gostam de chamar Aquele que nós denominamos *Incal*, o protegeria e a seu povo, sem luta e sem derramamento de sangue. A isso os bárbaros responderam com palavras zombeteiras, e declararam que iriam tomar sua terra e destruir seu povo pela espada. Reuniram um numeroso exército, dez mil homens em armas, e muitos outros para o apoio tático, e liderados por um príncipe corajoso, investiram na direção do leste pelo sul, para devastar o reino de Suern. Mas, espera: existe aqui alguém que, sem dúvida, pode dizer mais do que eu, e melhor — Mailzis! — disse, dirigindo-se a seu camareiro — conduz aqui a bela estrangeira.

Mailzis obedeceu, e a estrangeira que eu tinha visto ao entrar nos aposentos do príncipe ergueu-se ágil e graciosamente, despertando minha admiração. Ajeitando as vestes absolutamente sem pressa — bem ao contrário, aliás, de alguém que obedecesse a um superior — aproximou-se de Menax. Erguendo-se com deferência, o príncipe disse:

— Senhora, desejaríeis contar-me novamente aquilo que dissestes a meu soberano? Sei que vosso relato é extremamente interessante.

Enquanto ele dizia isso, a estrangeira olhava, não para o príncipe, mas para mim. Seus olhos se fixaram em meu rosto, não de forma audaciosa, mas intencional, embora, obviamente, não percebesse a fixidez de seu olhar. No entanto, havia tanto magnetismo nele, que fui forçado a desviar o meu, estranhamente embaraçado, mas sentindo que seus olhos me seguiam, embora não a fitasse. Ocorreu-me que o fato de a resposta da dama ter sido dada na língua de Poseidônis indicava que ela possuía uma boa educação.

— Se for do vosso agrado, *astika* — disse ela, — que o faça, será um prazer para mim. Será também um prazer repeti-lo para o jovem a quem distinguis.

— Gostaria, porém, que essa jovem, tua filha, não estivesse aqui — acrescentou em voz baixa, com um olhar de antagonismo para Anzimee, sentada próxima a nós, ocupada aparentemente em ler com atenção um livro, mas não em realidade, como constatei. Esse meiotom ciumento não foi ouvido por Menax, mas Anzimee ouviu, e em seguida levantou-se e deixou o aposento. Lamentei isso e fiquei ressentido com a causadora do fato, o que a dama de Sald percebeu de imediato, e mordeu os lábios, vexada.

— Não é agradável ficar em pé, poderíeis sentar aqui, à minha direita, e tu, Zailm, mudar de lugar e ficar à minha esquerda? — disse Menax, tornando a sentar-se no divã.

Depois de fazermos isso, estávamos prontos para escutar o relato. Nesse momento, o criado, Mailzis, aproximou-se respeitosamente, e ao lhe ser inquirido o que desejava, disse:

— É desejo de vossos funcionários e das senhoras do palácio escutarem também a narrativa.

— Seu desejo será realizado; traz o *naim* e coloca-o perto de nós, para que o redator dos registros possa tomar conhecimento também.

Aproveitando a permissão, os solicitantes agruparam-se sem demora em torno de nós, alguns em assentos baixos, outros, altos funcionários e mais próximos do príncipe, estenderam-se defronte de Menax, apoiados de lado e nos cotovelos, sobre os ricos tapetes de veludo que cobriam o piso de mármore.

Capítulo 11
O relato

— Mailzis — disse o príncipe — vinho aromático para nós. Enquanto saboreávamos essa bebida realmente refrescante, porque não fermentada, escutamos a emocionante narrativa:
— Estais, penso eu, familiarizados com meu país natal, pois tendes mantido relações comerciais com a nação de Sald. Todos aqui também ouviram como nosso soberano enviou um grande exército contra os terríveis suernis. Ah! Quão pouco sabíamos deles! — exclamou ela, torcendo as mãos pequenas e aristocráticas na agonia do terrível retrospecto.
— Oito mil guerreiros tinha meu pai, o chefe, sob seu comando. Outros quatro mil mais os apoiavam no acampamento. Nossa cavalaria era nosso orgulho, com veteranos experimentados e leais, e, ah, tão sedentos de sangue! Tínhamos tão esplêndidas armas, brilhantes espadas e lanças — oh! Um esplêndido exército de homens valentes!
Diante desse elogio de tão primitivas armas, os ouvintes foram incapazes de conter um leve sorriso. Isso pareceu desconcertar a princesa por um instante, mas não por muito tempo, pois continuou:
— Dessa forma esplêndida e forte — ah, como adoro a força! — viemos, saqueando, enquanto prosseguíamos na direção da cidade de Suern.
Quando nos aproximamos dela, depois de muitos dias, não pudemos enxergá-la, porque se situava numa planície. Mas tivemos certeza de que seria uma vitória fácil, pois os cativos que fizemos nos informaram que não existiam muralhas ou defesas, e que nenhum exército se preparara para nos enfrentar. De fato, até então não havíamos encontrado cidades com muralhas em toda Suern, nem resistência, portanto, não havíamos derramado sangue, contentando-nos em torturar os prisioneiros para divertir-nos, e

deixando-os ir depois.

— Horrível! — murmurou Menax, sufocado — Bárbaros sem coração!

— O que dissestes, senhor? — perguntou a jovem, de imediato.

— Nada, senhora, nada! Estava pensando no esplêndido avanço do exército de Sald.

Embora parecendo duvidar um pouco da veracidade dessa observação, a filha de Sald, entretanto, continuou seu relato:

— Ao chegarmos, como disse, nos detivemos na borda de um desfiladeiro raso, mas extenso, onde o *rai*, com pouco tino marcial e sensatez, situara sua capital, e enviamos um mensageiro para apresentar nossa declaração de guerra. Em resposta, chegou com nosso enviado um velho, sozinho e desarmado. Idoso é a palavra exata. Era alto, ereto como um soldado, e a dignidade tornava seu semblante magnífico. Sim, ele parecia a própria encarnação do poder! Eu deveria odiá-lo, mas era tão poderoso, que não pude evitar gostar dele. Se fosse mais jovem, eu o cortejaria para ser meu companheiro.

Essa observação inesperada fez com que fitássemos a bela narradora com puro espanto, enquanto o príncipe Menax indagava:

— Astiku (princesa), terei ouvido bem? Cortejar um homem? É costume entre teu povo que as mulheres façam a corte aos homens? Pensei que fosse versada nos costumes de todas as nações, antigas e atuais, mas não sabia disso. Porém, pode-se esperar coisas estranhas de... bem, um povo que só é conhecido pelos poseidônios por seu número.

— Por que não ser sincero, *zo astika*? Por que não dizer o que pensaste, que povos civilizados como o teu consideram uma raça como a dos sald tão inferior à sua, que seus costumes são quase desconhecidos para vós?

O príncipe Menax enrubesceu intensamente, confuso e envergonhado, pois não tinha o hábito de mentir, e replicou:

— A franqueza é melhor, concordo; mas quis evitar ferir teus sentimentos, *astika*.

Com um riso sonoro e divertido, a princesa retrucou:

— *Zo astika,* permite-me dizer que em Sald ambos os sexos são livres para cortejar a quem escolherem. Por que não? Penso que é justo. Seguirei nosso costume nesse particular, se tiver oportunidade. Meu escolhido deverá ser agradável à vista, e corajoso como o leão do deserto. Sim, se tiver oportunidade! — repetiu, com um pequeno suspiro.

Por fim, em tom cansado e triste, recomeçou:

— O príncipe, meu pai, comandante de nosso exército, indagou a esse nobre ancião:

— O que disse teu soberano?

— Disse: ordena a esse estrangeiro que parta, antes que a minha cólera desperte, pois eu o castigarei se não obedecer! Terrível será a minha ira.

— Ah, ah! E seu exército? Não vi nenhum! — disse meu pai, com a risada de um soldado veterano diante de uma resistência desprezível.

— Chefe — disse o enviado em tom baixo e sério — é melhor que partas. Eu sou o *rai* e também o seu exército. Abandona esta terra agora; logo não o poderás mais fazer. Vai, eu te imploro!

— Tu, o *rai*? Homem temerário! Pois digo-te que quando o Sol tornar a nascer, tua coragem não te salvará, a não ser que retornes agora e juntes teu exército. Do contrário, enviarei tua cabeça para o teu povo. Só tens essa alternativa. Depois disso, atacarei e saquearei tua cidade. Não, não temas por tua segurança agora; não posso atacar um adversário desarmado! Vai em paz, e de manhã eu te atacarei e ao teu exército. Preciso de um inimigo poderoso.

— Em mim o tens. Nunca ouviste falar dos suern? Sim. E não acreditaste! Mas é verdade! Parte, eu te rogo, enquanto ainda podes fazê-lo em segurança!

— Homem tolo! — disse o chefe — isso é um ultimato? Então que assim seja! Afasta-te! Não vou partir, mas avançar! — então chamou os capitães das legiões, e comandou:

— Avante! Marchem para vencer!

— Suspende essa ordem por um momento; queria fazer-te uma pergunta — disse o *rai*.

Atendendo ao pedido, nossos homens, que tinham saltado para seus postos à voz de comando, pararam e abaixaram as armas. Nas primeiras fileiras do exército de Sald, em forma sobre uma pequena elevação que dominava a capital de Suern e o grande rio que passava perto, estava a fina flor de nossas hostes. Eram soldados veteranos, experimentados e fiéis, homens de gigantesca estatura, dois mil poderosos guerreiros que lideravam os menos experientes. Nunca esquecerei quão magnífico era esse esquadrão; não, nunca. Tão fortes eram! Como a juba de nossa força de leão. Cada um deles poderia carregar nas costas um boi. O Sol brilhava em suas lanças, em magníficas chamas de luz. Olhando para eles, o suerni disse:

— *Astika*, esses são teus melhores homens?

— Sim.

— São esses que, segundo me disseram, torturaram meu povo só por diversão? E os chamaram de covardes, dizendo que homens que não opunham resistência mereciam morrer, e de fato mataram alguns de meus súditos?

— Não o nego — disse meu pai.

— Pensas que isso foi certo, *astika*? Homens que se gloriam de derramar sangue não merecem a morte?

— É possível, mas que importa? Acaso queres que eu os puna por isso? — disse meu pai, ironicamente.

— Exatamente, *astika*. E depois partirias?

Entre Dois Mundos 87

— É um bom gracejo, mas estou sem disposição para brincadeiras.
— E não partirás, embora eu te diga que ficar significa a morte?
— Não! Chega de tolices! Estou cansado disso!
— *Astika*, lamento, mas seja como queres. Foste avisado de que devias partir. Ouviste falar do poder de Suern, e não acreditaste! Agora, vais senti-lo!

Com essas palavras, o *rai* estendeu o dedo indicador apontando para onde se encontrava o orgulho de nosso exército — os dois mil magníficos guerreiros. Seus lábios se moveram e eu mal escutei as palavras em tom baixo:

— Jeová, sustenta minha fraqueza. Que pereçam os culpados e teimosos.

O que sucedeu então encheu de tal forma de horror supersticioso os que assistiram, que durante cinco minutos inteiros após, nenhum som se ouviu. Ao gesto do suerni, as cabeças dos guerreiros descaíram, deixaram tombar as lanças, e caíram ao chão como embriagados. Nenhum som se ouviu, exceto o de sua queda; nenhuma luta; a morte chegou para eles como chega para aqueles cujos corações param de bater. Ah, que terrível poder tendes vós, suernis!

"Pois o anjo da morte estendeu suas asas no vento. E soprou na face do inimigo que passava!"

Senaqueribe[1] não era conhecido então; a princesa de Sald não conhecia o poema; mas nós, sim, leitor, tu e eu; isso basta.

Enquanto descrevia a atuação do *rai* de Suern, a princesa tinha se erguido de seu lugar ao lado do príncipe Menax, imitando ao mesmo tempo o gesto fatal de Ernon de Suern. Tão bem o fez, que o grupo de ouvintes à nossa esquerda se encolheu involuntariamente quando o braço dela se estendeu sobre suas cabeças. A filha de Sald percebeu isso, e seus lábios se torceram de escárnio.

— Covardes! — murmurou.

Um poseidônio entreouviu, e suas faces enrubesceram ao dizer:
— Não, *astiku*, covardes não! Considera nosso gesto involuntário como um elogio a tuas qualidades narrativas.

Ela sorriu e disse:
— Pode ser — e então, exausta depois da apóstrofe ao temível poder de Jeová invocado por Ernon, um poder que até a orgulhosa Atl temia, ela caiu de novo sobre o assento, em lágrimas.

Um pouco de vinho restabeleceu-a, e pôde retomar a narração.
— Depois do espantoso silêncio que caiu sobre todos que presenciaram o terrível gesto, as mulheres, esposas e filhas dos oficiais começaram a gritar, amedrontadas. Muitos dos nossos homens, assim que perceberam que as histórias que tinham ouvido, sem acreditar, não eram conversas vãs, caíram ao chão num acesso de terror lacrimoso. Ah! Podia-se ouvir, então, súplicas a todos os deuses,

---

1 Um dos últimos reis da Assíria (705-680 a.C.), enérgico e cruel.

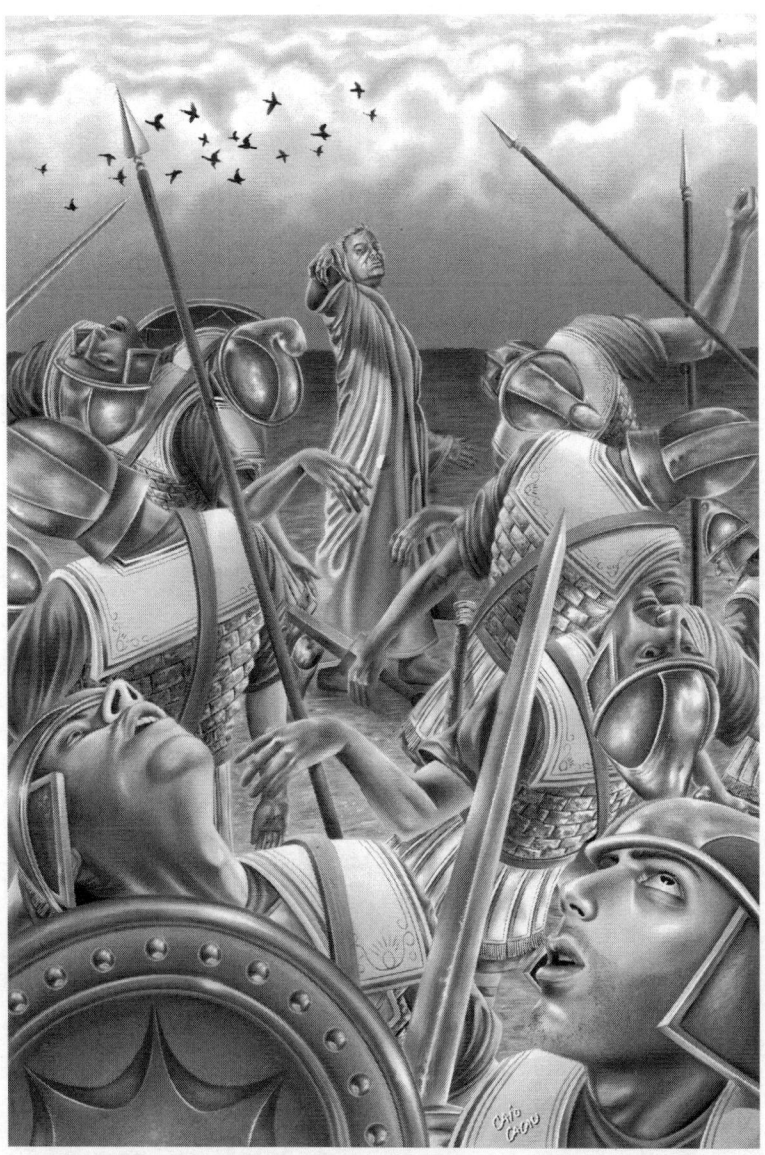

Com essas palavras, o *rai* estendeu o dedo indicador apontando para onde se encontrava o orgulho de nosso exército — os dois mil magníficos guerreiros. Seus lábios se moveram e eu mal escutei as palavras em tom baixo:
— Jeová, sustenta minha fraqueza. Que pereçam os culpados e teimosos.

grandes e pequenos, em que nosso povo acreditava. Ah,ah! — riu a princesa, amarga e desdenhosamente — pedir aos deuses de madeira e metal proteção contra um poder tão terrível! Vergonha! Já que não posso viver em Suern, de onde fui banida, não viverei mais na terra onde nasci! Nada mais quero com um povo que idolatra objetos inanimados, e desprezo-os. Não, *astika* — disse em resposta a uma indagação de Menax — nunca adorei ídolos; a maioria do meu povo, sim; mas nem todos. Não me defino como apóstata. Mas adoro o poder. Eu devia odiar Ernon de Suern, mas não. Na verdade, se pudesse, eu viveria junto dele e idolatraria sua incrível força que destrói os inimigos. Como isso não me é permitido, prefiro ficar com teu povo, que é bom, e mesmo não sendo igual aos suernis, contudo é melhor e mais poderoso que o meu — ah, muito mais!

Meu pai não iria imaginar que aquilo fosse algum truque de gente astuciosa; sabia agora, depois dessa amarga lição, que a reputação dos suernis, que lhes era atribuída pelos viajantes, não era uma invenção de vendedores de mentiras. Mas ele não se encolheu de medo diante do *rai*; era orgulhoso demais para isso.

Enquanto estupefatos nós fitávamos a horrível cena de morte, outra coisa não menos assustadora e mais terrível aconteceu. Todos nós, os vivos, todo nosso exército, exceto aqueles dois mil, estávamos parados entre nossos mortos e o rio a oeste da cidade. O *rai* Ernon baixou a cabeça e orou — que tremendo sobressalto isso causou à nossa gente! — e eu o ouvi dizer:

— Senhor, faz isso por teu servo, eu te imploro!

Então, enquanto fitava as vítimas, eu as vi levantarem-se uma a uma, e juntar suas espadas, escudos e elmos. E a seguir, em pequenos esquadrões irregulares, marcharam em nossa direção, em minha direção — ó meu Deus! — e passaram em direção ao rio. Quando passaram, vi que seus olhos estavam semifechados e vidrados pela morte; o movimento de suas pernas era mecânico, andavam como se suspensos por um fio, e sua armadura retinia e ressoava com um som metálico, horrível como um escárnio. À medida que cada esquadrão chegava ao rio, eles entravam nele, indo cada vez mais fundo, até que as águas se fechassem sobre suas cabeças; e foram-se para sempre, foram alimentar os crocodilos, que já grunhiam sobre as presas, ao longo da corrente do Ganges. Ninguém os guiava, nem carregava; cada um andava como se estivesse vivo, e no entanto estavam mortos, essa terrível procissão que se dirigia ao rio, a uns mil passos de distância. Isso intensificou tanto o tremendo medo que sentiam, que um terror desesperado tomou o imenso exército, e eles fugiram, deixando tudo para trás. Em breve, apenas uns poucos soldados fiéis permaneciam à vista; ficaram com seu comandante e os oficiais, prontos a partilhar com ele a morte que imaginavam iria ao encontro de todos os que ficassem. As mulheres, também, não fugiram todas. Então falou o *rai* Ernon, dizendo:

— Não te disse que partisses, ou serias castigado? Irás agora?

Olha teu exército em fuga! Sua derrota não terminou; milhares nunca mais verão a terra de Sald, porque perecerão à beira do caminho; contudo, muitos ainda chegarão ao lar. Mas tu nunca mais retornarás; nem tu nem tuas mulheres. Porém, elas não ficarão em meu país, e sim numa terra estrangeira.

O altivo, mas agora humilhado guerreiro, meu pai, pousou um joelho em terra diante do *rai* e disse:

— Poderoso *rai*, o que quererias com mulheres inocentes? Disseste que meus solados eram culpados; eu admito que eram, e não me excluo disso. Mas minhas mulheres não fizeram mal a ninguém. Tuas palavras me fazem crer que te guias pelo princípio da justiça; teus atos também, pois poderias ter nos destruído a todos, e no entanto apenas destes o exemplo com alguns culpados. Imploro-te, então, que tenhas misericórdia de minhas mulheres; se possível, de meus oficiais também.

— De teus oficiais, sim; eles foram leais a ti, embora só esperassem a morte em conseqüência. Deixa que partam com o que sobrou do teu exército. Eles não estão habituados a cuidar das necessidades materiais, e, portanto, morrerão todos, a não ser que eu os socorra. Tenho poder e o usarei com misericórdia. Nenhum deles perecerá à margem do caminho; nem um deles terá fome, nem sede, ou adoecerá, ó Jeová! até chegar à casa, nem se perderá, embora nenhum tenha o que comer durante a viagem. As feras rugirão para eles, mas embora nenhum tenha armas, nenhum animal lhes fará mal, pois o espírito de Jeová irá com eles e será seu escudo e proteção. E mais, Ele há de fazer, pois descerá sobre suas almas, e eles, que são hoje guerreiros, serão daí em diante Seus profetas, e levantarão o seu povo, e farão o seu nome conhecido através das idades; serão uma raça famosa, de homens ilustrados, e astrólogos, e falarão de Deus por meio de Suas obras no céu. Contudo, virá um dia, no futuro, daqui a uns seiscentos anos, em que os homens da Caldéia tentarão novamente vencer o meu povo, e fracassarão outra vez, como agora. Mas tu estarás há muito com teus antepassados, desperto depois de uma outra vida, e depois dessa segunda oportunidade, salvo por Aquele em cujo nome eu faço estas coisas.

Chamaste de inocentes mulheres que vieram, por sua vontade, com toda a insolência de um pretenso poder e invencibilidade, matar o meu povo? Inocentes, quando vieram assistir ao saque de minhas cidades, e divertir-se com o sofrimento de minha gente? Inocentes? Não, não o são! Portanto, eu vou reter junto contigo essas viúvas e donzelas. Olha: disse-te que daqui não irás adiante; nem essas mulheres; mas tu, nunca mais sairás daqui. Vou colocar-te numa prisão que não tem grades nem muros; e, no entanto, não esperes poder sair dela.

— Queres dizer que vamos morrer todos, *zo rai*? — perguntou meu pai em voz baixa e triste.

— Não é assim; reflete, *zo astika*. Se eu condeno o homicídio, iria cometê-lo sem necessidade? Não. Disse que não poderás deixar Suern, e não o poderás daqui em diante, embora não fiques atrás de grades, e ninguém te vigie ou guarde.

Foi penoso ver as despedidas entre os que deviam partir e os que iam ficar. Mas assim são os azares da guerra, e os fracos devem obedecer aos fortes. Eu me deleitava com nossa força ilusória, e não me importei com os que foram destruídos por ela. Poder, sim, poder! Penso, até, que experimentei uma satisfação cruel ao ver-te, ó Poder, meu Deus, efetuar essa destruição instantânea!

Pensativa, a princesa disse estas últimas palavras parecendo desligada do ambiente, sentada ali, com as mãos cerradas, a admiração refletida em seu belo rosto e um olhar distante nos magníficos olhos azuis, mas, ah, tão cruel e sem coração! Hoje como então, o mundo julgaria ter a princesa Lolix um porte de rainha, uma personalidade dominadora e bela, maravilhosamente bela; na verdade, guardava uma tremenda semelhança com vossas belas mulheres americanas. Estas, porém, não são exatamente como ela. Ela, como uma leoa, ficava sempre ao lado dos vencedores. E as verdadeiras americanas, solidárias, fiéis como o aço, suaves como uma rosa recém-desabrochada, são semelhantes a Lolix nesses três últimos traços, mas aí termina toda semelhança, porque a mulher de hoje apega-se ao pai, ao irmão, ao amado, haja sol ou tempestade, sucesso ou adversidade, fiel até a morte. Recebem sua recompensa.

Chegou o dia em que Lolix se transformou também em tudo aquilo que são as belas jovens de hoje. Mas não antes de muitos anos. Há certas espécies de rosas que, quando em botão, parecem só ter espinhos; mas que maravilhosa beleza ostentam quando finalmente abrem o coração ao sol e ao orvalho!

Parecia que o príncipe Menax não tinha até então escutado todo o relato de Lolix, e havia, por alguma razão, aguardado até que eu pudesse ouvi-lo também. Em conseqüência, era uma revelação para ele ouvir alguém tão formosa, e mesmo tão doce, demonstrar uma natureza tão impiedosa como a que ela exibira em seu discurso, que era, da parte dela, tanto uma reflexão retrospectiva quanto uma narração. Decorridos alguns momentos, Menax disse:

— *Astiku*, relataste que o soberano de Suern não agiu contigo e tuas companheiras como havias previsto, julgando pelos costumes de teu povo de entregar as mulheres prisioneiras de guerra ao desejo e à realização das baixas paixões dos homens.

— *Astika Menax*, não considerarias um desrespeito se daqui em diante te chamasse de amigo? Confesso que foi uma grande surpresa que o *rai* Ernon tal não fizesse. Eu não poderia me queixar, pois são as vicissitudes da guerra. Em vez disso, entretanto, ele declarou que nem ele nem os suernis tinham qualquer interesse por nós, pelo que ele nos enviou para um país estrangeiro. Será o nosso destino aqui uma sorte assim cruel?

— Não! Jamais! — replicou Menax, torcendo os lábios, aborrecido à simples insinuação. — Aqui serão mantidas pelo Estado, até que talvez cidadãos de Poseidônis as escolham como esposas; o nosso povo tem gostos estranhos, às vezes!

— És sarcástico, príncipe!

A não ser pelo fato de erguer levemente as sobrancelhas, ele não se dignou conceder qualquer resposta a essa observação: mesmo isso foi tão leve, que se eu não o estivesse olhando de perto não o teria percebido. Após um silêncio mais ou menos longo, Menax disse que elas estavam impedidas para sempre de retornar ao lar em Sald, porque...

— Não é mais o meu lar! — interrompeu rapidamente a jovem.

— Então, a terra onde nasceste! — disse Menax com certa aspereza, e fez novo silêncio.

Lolix então ergueu-se, e retorcendo as mãos exclamou com veemência:

— Não desejo nunca mais ver a terra onde nasci. Por isso prefiro que meu destino seja Poseidônis — que seja meu lar!

— Como quiseres — disse Menax. — És, por certo, uma mulher muito estranha. Pelo amor ao poder abandonas deuses, lar e tua terra natal. E as outras, tuas amigas aprisionadas — não, espera! Talvez não amigas, porque estão na desventura — essas mulheres, como tu, esqueceram de seu país?

Inclinando a encantadora cabeça, a princesa fixou o olhar dos magníficos olhos azuis na face de seu crítico. Duas lágrimas tombaram de sob os longos cílios curvos, seus lábios tremeram, e ela entrelaçou as duas mãozinhas, dizendo:

— Ah! *Astika,* és cruel! — e voltando-se, foi soluçando sentar-se no lugar onde eu a vira ao chegar.

Assim, o botão de rosa não desabrochado foi tomado por uma flor de cardo.

Quanto a mim, uma estranha mistura de sentimentos me tomou, um misto de surpresa e aprovação. Perguntava-me que espécie de natureza era essa, que podia ser tão impiedosa e sedenta de poder a ponto de abandonar todos os laços naturais para ir em busca dele, e contudo tão profundamente feminina que ficasse angustiada ante uma reprovação bem natural dessa conduta. Tive pena dela, porque era tão ingênua, tão sincera e honesta em sua atitude cruel, e havia narrado tão abertamente sua história, evidentemente esperando aprovação, e ficara tão ferida pelo efeito contrário produzido. Por fim, minhas emoções se dividiram, porque o príncipe havia feito uma censura realmente merecida, e que, embora doesse de forma aguda, não deixaria de ter um efeito salutar. Minhas reflexões foram interrompidas nesse ponto por Menax, que dizia:

— Zailm, vamos para o *xanatithlon* (estufa de flores), onde tudo é tranquilo e belo, entre as flores. Ficaremos a sós ali, tu e eu. Eu poderia dispensar estas pessoas do palácio, mas prefiro não perturbar as jovens de Sald.

Capítulo 12
O inesperado acontece

Alguns degraus nos conduziram à grande estufa ou *xanatithlon*, onde cresciam todos os tipos e espécies de flores.

No centro havia uma fonte, cujos três altos repuxos subiam até o arco da enorme cúpula, e durante o dia cintilavam aos raios de sol filtrados pelas milhares de facetas de vidro de muitas cores. Agora, entretanto, quando o ruído monótono da chuva envolvia tudo, sem se mesclar com o suave murmúrio da fonte, esse belo objeto faiscava aos raios da luz elétrica, semelhantes aos do astro do dia.

Mescladas às miríades de flores naturais, havia centenas delas feitas de vidro, tão perfeitas, que só um exame cuidadoso com o tato poderia dizer quais eram produzidas por Flora e quais pelo artista. Essas flores-luminárias eram combinadas, de acordo com a espécie, às flores das plantas, árvores ou videiras. Nas plantas havia poucas; nas árvores, bem mais altas, muitas mais; e nas videiras que subiam pelos arcos e pilares, ou balançavam-se suspensas no alto, eram em grande número, derramando sobre esse paraíso floral uma luminosidade suave e uniforme, encantadora.

Em meio a esse agradável ambiente, sentamo-nos no que parecia um conjunto de pedras cobertas de musgo, com cavidades muito confortáveis.

— Senta aqui mais perto de mim, meu filho — disse o afável e idoso príncipe, fazendo-me sentar numa reentrância ao lado da que ele ocupou.

— Zailm — começou ele — eu nem sei por que te chamei aqui nesta noite; por que não esperei um pouco mais. E no entanto, eu sei: tinha uma missão a confiar a alguém que fosse capaz de realizá-la. Existem outros mais experientes, mas decidi entregá-la a ti; já sabes do que se trata.

Era evidente para mim que não era aquela a razão que determinara a escolha do príncipe, e que não era por isso que me convidara a ir à estufa. Ele recaiu no silêncio, que finalmente quebrou perguntando:

— Já ouviste dizer que minha esposa me deu um filho, e que ambos, esposa e filho, foram levados pela morte? Sim, um filho e uma filha. Graças a *Incal*, ainda tenho a ela! Mas meu filho, o orgulho de minha vida, foi para o Navazzamin, o destino de todos os mortais. Meu filho, ó, meu filho! — suspirou.

Quando sua emoção diminuiu um pouco, continuou:

— Zailm, quando te vi, na primeira vez em que falaste com nosso amado *rai* — quatro anos atrás, não foi? — fiquei estupefato com tua semelhança com meu filho morto, e te amei desde aí, Zailm! Muitas vezes fui ao *Xioqithlon* para observar-te trabalhando em teus estudos. As convocações que tiveste por diversas vezes, para comparecer aqui, sempre tiveram por motivo poder ver-te! Sim, ver-te, meu rapaz, ver-te! — murmurou suavemente, enquanto alisava de leve meus cabelos.

— Poucos dias se passaram sem que te visse de alguma forma, pessoalmente ou pelo *naim*; e sim, eu fui à noite até tua janela, para alegrar meu coração com o som de tua voz, quando lias para tua mãe. Eu te observei e me orgulhei de ti, Zailm, pois em tudo te parecias comigo; tuas vitórias nos estudos alegraram os meus dias, assim como a habilidade com que desempenhaste as missões oficiais, pois eras como um filho para mim! Então, vem morar aqui, meu rapaz, pois quero que fiques próximo de mim, nesta minha velhice. Juntos, desceremos a correnteza da vida, tu e eu! Talvez eu atravesse antes o grande oceano da eternidade; então esperarei por ti, na obscura terra dos sonhos, onde não há mais separação, dor, nem sofrimento. Vem, Zailm, vem!

A esse carinhoso apelo eu repliquei:

— Menax, muitas vezes fiquei me perguntando, durante esses anos de minha estada em Caiphul, o que significaria teu favoritismo por mim. Sempre foste bom para mim, mais do que qualquer outra pessoa, e, contudo, mais reservado e distante; sim, até mais do que outros que não se preocupariam muito com o que me acontecesse. Agora está explicado. Eu sempre te vi com afeição e carinhoso respeito, e dei valor à tua bondade; e agi de acordo com tuas raras palavras de conselho. Sim, Menax, iremos juntos, as mãos unidas, para a sombria terra das almas que partem, e esperaremos a chegada um do outro, eu a ti ou tu a mim, qualquer que seja o primeiro a ser colhido pelo Ceifeiro das Almas.

Erguemo-nos e nos abraçamos carinhosamente. Quando nos separamos, percebi a filha única do príncipe, emoldurada pelos cachos de videira que se uniam cariciosamente em torno de sua figura encantadora. Quando a fitei, pensei naquela outra jovem de Sald, cuja história acabara de ouvir. Quase a mesma idade, nenhuma das duas mais do que um ano mais moça que eu, mas tão profundamente diversas uma da outra, como tipos de beleza feminina.

É difícil descrever uma pessoa em quem se depõe o mais profundo sentimento do coração, e quanto maior for este, mais difícil será a descrição. Pelo menos no meu caso é assim.

O leitor já sabe como era a jovem da distante terra de Sald, com seus cabelos castanhos, olhos azuis, porte de rainha; quão delicada era sua formosa tez, quão altaneira e sensível sua natureza, e também quão cruel! Mas como posso descrever aquela que amei, e a quem a esperança de encontrar, mesmo a distância, era responsável por grande parte do prazer que eu sentia em ir ao palácio de Menax? Aquela a quem havia amado e guardado no relicário do coração quase desde que viera residir em Caiphul — como descrevê-la?

Se a princesa Lolix possuía o máximo de qualidades femininas, também as possuía a formosa princesa Anzimee. Esbelta, delicada, feminina, descendente de uma longa estirpe de nobres ancestrais, era mais adiantada que eu nos níveis de estudo do *Xioqithlon*, embora um pouco mais moça; eu a amava, embora disfarçasse isso cuidadosamente. Cada um de vós, amigos que me lêem, sabe o que sinto ao me declarar incapaz de descrever Anzimee, e rogo a cada um que coloque nesta moldura de Poseidônis, a imagem da pessoa que mais amam.

"Cada coração lembra um nome diferente, mas todos chamam Annie Laurie."

O príncipe Menax enxergou sua filha quase no mesmo instante que eu, e um ar de leve surpresa apossou-se dele, pois supusera o *xanatithlon* deserto. Vendo essa expressão, a princesa aproximou-se e, beijando o pai, disse:

— Meu pai, fui inoportuna? Ouvi que chegavas com este... este jovem, mas não sabia que desejavas privacidade, então continuei sentada lendo.

— Não, minha querida, não precisas desculpar-te; ao contrário, estou satisfeito que estejas aqui. Mas, posso perguntar o que estás lendo? Não te faz bem estudar demais, e isso, eu suspeito, é o que querias dizer com *ler*.

Com um sorriso brincando-lhe na face e iluminando os olhos cinzentos, ela replicou:

— Darias um excelente leitor de pensamentos! Eu estava de fato estudando, mas o fim justifica o esforço. Quem adquirir um profundo conhecimento da ciência da medicina terá condições de aliviar até os que estão em agonia, e de curar os casos menos graves. Não é algo que se faz para *Incal*, quando se faz para Seus filhos? E o que se faz pelo menor deles, não se faz para Ele?

Duas jovens — Lolix, de Sald e Anzimee, de Poseidônis: um vasto continente separava os dois países, mas uma distância ainda maior separava as filhas de ambos. Lolix, sem qualquer simpatia pelos que sofriam, nem pena dos agonizantes; Anzimee, o oposto desses traços de caráter.

Um longo minuto de silêncio se fez, enquanto Menax contemplava a graciosa autora da declaração de tão nobres sentimentos. E então, tomando minhas mãos com sua mão direita e as de Anzimee com a esquerda, falou:

— Minha filha, eu te dou um irmão a quem eu julgo merecer essa condição; Zailm, eu te dou uma irmã mais preciosa que os rubis; e a ti, *Incal*, meu Deus, o cântico de louvor de meu peito pelas bênçãos que me deste! Soltando as nossas mãos que se haviam tocado pela primeira vez, ergueu as suas para o céu. Desvaneceu-se então a emoção que me causara o contato daquela mãozinha. Será que eu mereceria esse amor? Nenhuma culpa manchava ainda meu bom conceito, e naquele instante senti que o merecia. Embora viesse a maculá-lo depois, o erro ainda não acontecera; mas, com certa inquietude, pensei na estranha profecia daquela noite, havia tanto tempo atrás. Por um instante apenas esse sentimento se apossou de mim, depois passou.

Eu era dado ao hábito de analisar os motivos humanos; era uma segunda natureza, por assim dizer, analisar cada questão em todos os aspectos possíveis. Então, mesmo naquele momento, eu me inquiria sobre o significado desse acontecimento. Sabia que por Menax, que me pedira de forma tão cativante para ser seu filho, eu experimentava o mais profundo respeito e afeição. Minha própria vida não me pareceria um preço alto demais a pagar se com ela eu pudesse granjear-lhe uma dádiva igual. E, no entanto eu amava a vida; não havia nada de mórbido em minha natureza, a não ser que se considere morbidez o excessivo amor pelos amigos. Demorei-me um pouco a pensar no que significaria minha adoção, social e politicamente. Não preciso dizer-vos o que significava para minhas ambições ser colocado assim em um lugar como o que passaria a ocupar na opinião de Atl, como o filho de um alto conselheiro, que pelo casamento passara a ser cunhado do *rai*. Enquanto analisava a situação, saboreava como um prazer especial o pensamento de que tipo de amor eu sentia por aquela que seria minha irmã — adotiva, é bem verdade. Ela, que era a querida dos círculos mais íntimos, e adorada pelo povo de Caiphul, seria minha irmã diante do mundo, quando o *rai* Gwauxln aprovasse oficialmente o processo de adoção.

Devia sentir prazer ou desgosto com isso? Olhava para ela, a quem eu sonhara fazer minha esposa, se acaso *Incal* em Sua bondade houvesse por bem conceder-me a elevação a altos postos. Será que poderia esperar a realização desse sonho, depois dessa inesperada reviravolta do destino? Se eu tivesse chegado a uma elevada posição de outra forma, poderia aspirar à mão de Anzimee. Mas agora! Minha grande sorte parecia uma maçã de Sodoma, amarga em minha boca. Eu seria seu irmão, legalmente, embora não por laços de sangue! Havia uma esperança, entretanto, de que as coisas não fossem tão ruins como pareciam, no fato de que essas adoções, entre as classes menos altas, eram freqüentes, e não constituíam empecilho aos casamentos. Com isso, o Sol voltou a brilhar detrás das nuvens.

A característica mais notável da aparência da jovem à minha frente era a simplicidade de seu traje. Naquela noite, os maravilhosos cabelos castanhos, destrançados, estavam presos numa cascata frouxa atrás da cabeça bem desenhada, por uma presilha de ouro puro. Um vestido comprido, solto, vestia suas formas esbeltas de moça. Nenhum traje poderia ser mais artisticamente simples e de bom gosto que esse tecido diáfano, não colorido, tinto de azul apenas o suficiente para parecer um branco de pérola. O carmim puro sobre os ombros indicava a sua condição real. O vestido era preso ao pescoço por um broche feito de uma placa de ouro onde cintilavam grandes rubis em torno de um centro de pérolas e esmeraldas, e o todo realçava a cor de suas faces, fazendo-a parecer um encantador botão de rosa humano. Tão rico como discreto, o traje não acrescentava nada à adorável e doce dignidade da jovem. As pérolas eram o distintivo de sua classe como *xioqenu*; as esmeraldas indicavam que ainda não exercia direitos políticos; os rubis eram as gemas da realeza, usadas apenas pelo *rai* ou seus parentes próximos. A irmã de Gwauxln fôra a mãe de Anzimee e esposa de Menax.

A grandeza de Poseidônis provinha de sua superioridade educacional, uma grandeza que não discriminava sexos em seus instruídos eleitores. Mas se a Atlântida devia tudo ao conhecimento, não era menos verdadeiro que as pessoas capazes de Atl não teriam sido o que foram se não fosse por suas mulheres, irmãs e filhas, e acima de tudo, pelas mães de nossa altiva terra. Nossa grandiosa estrutura social baseava-se em, e era construída, pelos esforços de filhos e filhas que, ao longo dos séculos, haviam respeitado as lições que lhes foram inculcadas por mães afetuosas, verdadeiras e patriotas. Logo depois da reverência que os poseidônios tinham pelo Criador, vinha a que conferiam às mulheres. Nós amávamos nosso *rai*, e os *astiki*; e os respeitávamos como jamais soberanos deste mundo foram respeitados; porém, honrávamos ainda mais nossas mulheres, e o *rai* e os príncipes, soberanos e súditos tínhamos orgulho de reconhecer a sagrada influência que fez de nossa gloriosa terra da liberdade uma grande pátria.

América, és tão amada por mim quanto o foi Poseidônis. Primeira que és entre as nações, deves isso à mulher — e a Cristo. Continuarás na vanguarda por causa deles, e irás eclipsar o mundo a teu redor quando chegar o momento cármico feliz que colocar a mulher, não abaixo nem acima, mas ao lado do homem, no rochedo da educação cristã esotérica, o granito do conhecimento e da fé, que resiste aos ventos e tempestades da ignorância. Construída sobre essas bases, a casa de tua nação não cairá; se erguida sobre outras, grande será a sua queda. Aqui há sabedoria: miríades de serpentes existem no homem, em ti; guarda-as. Hoje sois escravos. Sede mestres, em vez disso. Porém, esta Senda[1] é estreita; poucos há que a encontrem.

---

[1] A Senda da Sabedoria, que conduz à iniciação. As "serpentes" se referem à iluminação conferida pelo despertar de kundalini, o fogo serpentino, que finalmente conduz o homem à condição de mestre. N.T.

Capítulo 13
A linguagem da alma

— Zailm, meu filho, ouviste a narrativa da filha de Sald, Lolix. Como viste, é em decorrência do que sucedeu ali que vais em missão a Suern. Não é uma tarefa difícil; deves apenas manifestar o reconhecimento pelos presentes enviados e comunicar que não temos intenção de manter prisioneiras as pessoas que o *rai* Ernon enviou para cá. Nós lhes daremos asilo, mas o *rai* Ernon não deve pensar que permitimos sua presença por outra razão que não seja a de fazer-lhe um favor. Com relação a outros assuntos, amanhã o *rai* Gwauxln terá prazer em que vás a Agacoe. Porém, queres ficar aqui esta noite?

— Meu pai, de bom grado ficaria, mas não é uma questão de respeito que eu vá ficar com minha mãe esta noite e a deixe tranqüila? Ela tem uma debilidade nervosa e não suporta bem minha ausência à noite.

— Tens razão, Zailm. Portanto, devemos providenciar em seguida para que tua mãe seja alojada em um lugar agradável do *astikithlon*, para que possas passar a noite sob o teto de teu pai.

Deixei então o príncipe e a doce jovem que esteve conosco durante uma parte do serão, e mergulhei na noite. A chuva tinha passado, e as nuvens, deslizando no céu totalmente escuro, deixavam apenas uma abertura em sua massa escura. Nessa única fenda, brilhava uma grande estrela branca, que às vezes tinha uma cintilação vermelha. Enquanto olhava para ela, bem baixa no horizonte, parecendo que naquele momento se erguia das águas fosforescentes do antigo oceano, podendo ser vista do alto onde se situava o palácio de Menax, eu pensava no passado; essa estrela havia brilhado intensamente acima de mim enquanto eu esperara o amanhecer no cume do Rhok. Tantos anos me parecia terem passado, desde aquela manhã! Hoje, aquela estrela é chamada de "Sirius"; nós a chamávamos de "Corietos". Contemplando-a, ela me parecia um bom presságio de sucesso, do passado, do presente e do futuro. Erguendo as mãos para ela, murmurei:

"*Phyris, phyrisooa pertos!*", isto é: "Estrela, ó estrela da minha vida!"

Parece um pouco estranho que a língua assim traduzida tenha um som e um significado similares aos usados hoje pelas pessoas de meu planeta natal.[1] Naquele dia do passado eu ergui as mãos e exclamei: "Estrela, ó estrela da minha vida!" Hoje eu paro por um instante, ao materializar esta história em palavras-formas astrais, volto-me para meu *alter-ego* e digo: "Phyris, Phyrisa". Este é o querido nome dela, e significa: "Estrela da minha vida". É curioso, não é, que doze mil anos tenham se passado, e eu, membro de uma outra raça de seres humanos, em outro plano, encontre tão pouca diferença na linguagem da alma?

---

1 Que, segundo o autor, não era a Terra. N.T.

Capítulo 14
A adoção de Zailm

Quando, segundo o solicitado, cheguei ao palácio de Agacoe na manhã seguinte, fui diretamente para o escritório particular que o príncipe Menax ocupava, esperando encontrar meu pai sozinho. Mas me equivoquei, pois o *rai* Gwauxln estava lá com ele. Os dois conversavam quando entrei, e não interromperam o diálogo, obviamente não me considerando um intruso. Finalmente, o *rai* perguntou:
— Não deveríamos ir agora para o *Incalithlon*?
— Se assim quiseres. E tu, Zailm, acompanha-nos.
O *rai* chamou um veículo do palácio, que veio deslizando até nós, sem ninguém a operá-lo; entrou pela porta do escritório, que se abriu para dar-lhe passagem exatamente como se algum criado a tivesse aberto. Rodou pelo aposento e veio parar à nossa frente. Tudo isso foi feito como se uma mão o guiasse — mas não havia nenhuma ali. Essa foi a primeira vez em que eu assisti à ação dos poderes ocultos de Gwauxln; na verdade, nunca presenciei muitas atuações desse tipo, apesar de seu alto grau de adepto. Como todos os verdadeiros adeptos, ele era muito cuidadoso com tais demonstrações objetivas, e não gostava de mostrar seu conhecimento diante dos que não possuíam suficiente bom senso para saber que quaisquer atos dessa espécie eram apenas exemplos do domínio da natureza pela compreensão de leis mais altas do que aquelas que a mente comum percebe ao seu redor; mas eu não via nada de miraculoso nas coisas ocultas; mesmo que não entendesse o processo, compreendia que era apenas a atuação de alguma lei ainda não conhecida por mim. Por isso, o *rai* Gwauxln me deixou testemunhar seu poder algumas vezes.
O veículo conduziu-nos ao campo de pouso dos *vailx*, fora do palácio, onde havia um de tamanho pequeno, no qual o *rai* Gwauxln cortesmente fez sentar primeiro Menax, depois eu, entrando por último. Era um espetáculo digno de nota, o soberano de uma

poderosa nação, sem ostentar um único ajudante, sem dar maior atenção à sua posição que qualquer um de situação inferior. Na verdade, como um *xio-incali*, Gwauxln havia dirigido operações mecânicas, o que representava de longe mais distintivo de realeza do que um cortejo de servidores.

Tal pai, tal filho. Gwauxln, que era um pai para seu povo, era imitado por ele nessa conduta. Eles também, seus súditos, eram de hábitos simples, de maneiras gentis, e embora em muitos casos tivessem riquezas e luxo, não faziam em absoluto ostentação disso, a exemplo de seu *rai*.

O grande templo de *Incal* ficava a alguns quilômetros de distância, no entanto poucos minutos bastaram para conduzir-nos ao imenso edifício. Externamente, o *Incalithlon* tinha a forma da pirâmide egípcia de Quéops; não tão alto como ela, mas cobrindo uma área duas vezes maior. Nenhuma janela se abria nos lados, e a luz do Sol ou do dia nunca penetrava no interior. Além de certo número de pequenas salas, o prédio tinha um vasto recinto onde havia lugar para vários milhares de fiéis. O hábito de Poseidônis de copiar a natureza fora seguido nesse templo com extraordinária fidelidade. Em lugar de paredes lisas, ou nichos, ou o aspecto comum de interiores, o imenso auditório era a cópia fiel de uma gruta com estalactites e estalagmites. Na distribuição das estalagmites, tivera-se cuidado com a funcionalidade, para que não ocupassem demasiado espaço no chão. Mas as estalactites que pendiam do teto de mármore ocupavam toda a sua extensão, cintilando como estrelas à luz das lâmpadas incandescentes que se balançavam a meia altura entre o teto e o chão. Essas lâmpadas ficavam escondidas por grandes quebra-luzes côncavos, e sua luz era totalmente invisível de baixo, e a claridade acima era refletida por miríades de agulhas brancas, cintilantes, enchendo o templo com uma luz estática e suave, mas intensa, que não provinha de nenhum ponto em especial, mas da própria atmosfera; uma iluminação bem adequada à meditação devocional.

Deixamos o *vailx* e penetramos no portal amplo, mas simples, e seguimos através do *hall* de entrada para o Assento Sagrado, na parte de trás do santuário. Ali encontramos Mainin, o *incaliz*, ou sumo sacerdote, um homem com um extraordinário nível de conhecimento, que não tinha ninguém acima dele. Todos lhe fizemos reverências, cortesmente, e o príncipe Menax disse:

— Sagrado *incaliz*, conheces, com tua grande sabedoria, o propósito que traz teus filhos a ti. Poderias satisfazer a nossa rogativa, concedendo-nos tua bênção?

O *incaliz* ergueu-se e pediu que o seguíssemos ao interior do triângulo do Maxin, ou Luz Divina, defronte do Assento Sagrado. Antes de narrar o que se seguiu, passo a descrever esta área particularmente sagrada do templo. Era uma plataforma triangular elevada, de granito vermelho, vários centímetros mais alta que o piso do auditório, medindo quase onze metros entre suas extremidades. Bem no centro havia um grande bloco de quartzo cristalino em forma de um cubo perfeito, sobre o qual se erguia o Maxin. Este tinha a aparência de uma chama com a forma de uma gigantesca ponta de lança, e irradiava uma intensa luz em torno; contudo, podia-se encarar essa luz branca, calma e firme, sem cansar os olhos, mesmo que estes não fossem muito fortes. Erguia-se à altura de três vezes a estatura de um homem alto; era uma misteriosa manifestação de *Incal*, como acreditavam os fiéis. Na realidade, era uma luz oculta ódica, e estava ali havia séculos. Havia assistido ao grande desenvolvimento de Poseidônis e sua capital, e vira o templo original de *Incal* (uma pequena edificação, indigna de um grande povo) ser demolido, e o atual *Incalithlon* ser construído em torno de si. Essa luz não produzia calor, nem sequer aquecia o pedestal de quartzo, mas seria fatal a qualquer ser vivo que a tocasse, no instante mesmo do audacioso ato. Nenhum óleo, combustível ou corrente elétrica a alimentava; ninguém tomava conta dela. Sua curiosa história não pode deixar de interessá-los, meus amigos.

Há muitas centenas de anos antes, reinara durante 434 dias um soberano de Poseidônis que possuía notável conhecimento. Sua sabedoria era como a de Ernon de Suern. Ninguém sabia de onde ele viera, e muitos se inclinavam a questionar uma declaração dele, a qual ninguém sabia se tinha um significado literal ou figurado:

— Eu venho de *Incal*. Sou um filho do Sol e vim para reformar a religião e a vida deste povo. Sabei que *Incal* é o Pai e eu sou o Filho, e Ele está em mim e eu estou nEle.

Pediram-lhe que provasse isso, e então ele estendeu a mão sobre um homem que nascera cego, e o homem recobrou a visão, e viu, juntamente com os que duvidavam, seu salvador inclinar-se sobre o piso da plataforma triangular, e com o dedo traçar um quadrado de 1,36 metro de lado. Quando pisou fora dele, imediatamente apareceu o grande bloco de quartzo, um cubo perfeito, no mesmo lugar. Colocando-se ao lado, ele estendeu o dedo sobre a rocha e soprou sobre ela o seu alento. Quando retirou o dedo, o Maxin, ou Fogo de *Incal*, surgiu, e assim permaneceram, o cubo e o Fogo que Não se Apaga, por séculos, desde então.

Não é preciso dizer que a prova foi suficiente, e depois disso o misterioso desconhecido revisou as leis e estabeleceu o código que desde então regeu o país. Ele declarou que quem quer que acrescentasse ou retirasse algo de suas leis não entraria no reino de *Incal* até que "eu retorne à Terra para o juízo final".

Ninguém jamais quis desobedecer, parece — ou pelo menos nunca se fez qualquer alteração. As leis dadas por esse *rai* tinham sido escritas por ele com o dedo na Pedra Maxin, e nenhum cinzel de escultor teria feito melhor. Foram escritas também em um livro com folhas de pergaminho, o qual ele colocou sob a Luz que Não se Apaga, que passou a brotar da superfície do livro; e ali ficou desde então, incólume, sem ser queimado. O extraordinário autor o tinha colocado ali, à vista de todas as pessoas que entrassem no novo templo, construído no lugar do antigo. Depois de fazê-lo, disse:

— Ouvi-me! Esta é a minha lei. Vede que está escrita também na Pedra Maxin. Ninguém a moverá daqui, e quem o fizer morrerá. Porém, depois de muitos séculos, o livro desaparecerá à vista de uma multidão de pessoas, e ninguém saberá onde se encontra. Então a Luz que Não se Apaga se extinguirá, e ninguém será capaz de reacendê-la. E quando essas coisas se passarem, não estará longe o dia em que esta terra deixará de existir. Ela perecerá por causa de sua iniqüidade, e as águas do Atl rolarão sobre ela! Essa é a minha palavra.

Certa vez na história de Poseidônis, um *rai* duvidou de que um homem morresse inevitavelmente se tentasse retirar o livro de sob a Luz que Não se Apaga. Imaginou que, como o Maxin brotava apenas de cima do livro, e não dos lados, seria possível retirá-lo. Assim, obrigou um malfeitor a tentar isso, temendo, no fundo, tentar ele próprio. Dentro da política de tirania que era a sua, não se importava se o homem morresse ou não. Aquela era uma época de trevas e impiedade, em que os homens haviam esquecido bastante do grande *rai*, Filho de *Incal*. O pobre infeliz foi induzido a pegar o livro e retirá-lo dali, se pudesse. Ele não conseguiu fazer isso, mas não foi destruído pelo Maxin. Ficou mais ousado, e instigado pelo *rai*, tentou com mais força. Ao empurrar, o impulso se desviou, e uma das mãos atravessou o Maxin. A mão foi instantaneamente destruída, decepada, desapareceu; enquanto o monarca, parado a alguns metros de distância, temeroso de aproximar-se mais, foi atingido no mesmo instante por um raio que saltou do Maxin, e nunca mais foi visto! O exemplo bastou. Tornou-se claro para os que agiam mal o erro em que estavam incorrendo, e a execução das leis voltou de novo a estar de acordo com o seu espírito, e não só com a letra.

O dia da "Profecia Escura" foi aguardado, enquanto as décadas se trasnformavam em séculos, mas o seu momento ainda não era chegado, e embora alguns alarmistas marcassem os dias em que deveria acontecer sem falta, não chegou, e a Luz que Não se Apaga continuou.

De acordo com a lei, os corpos de todas as almas que houvessem partido para o Navazzamin eram cremados. Isso incluía também alguns animais. Os que morressem longe de Caiphul eram incinerados em algum dos inúmeros *Navamaxa* (fornos crematórios) que o governo disponibilizava em todas as províncias; e se o corpo incinerado fosse de uma pessoa, as cinzas eram levadas para Caiphul e lançadas no Maxin, numa cerimônia. Os que falecessem em Caiphul eram levados como estavam para o *Incalithlon*, e erguidos ao alto do cubo, eram colocados dentro da Luz que Não se Apaga. Em ambos os casos, fossem cinzas ou corpos inteiros, o resultado era o mesmo: sem chamas nem fumaça, sem um tremor do Maxin, o objeto desaparecia instantaneamente no instante do contato com o maravilhoso Fogo que Não se Apaga.

Por isso, ele era cantado pelos poetas como o "portal" da terra que cada alma devia descobrir por si mesma. Morrer sem passar pelo Maxin, fosse de corpo presente ou com as cinzas da cremação, era considerado pela maioria da população como a mais temível calamidade.

Pode parecer que um povo com tamanha erudição científica não deveria ser tão infantil assim nas concepções religiosas. Na verdade, não se tratava de infantilidade. Era, ao contrário, uma ênfase no fato de que se devia dissolver tão completamente o estojo material da alma, que garantisse a liberdade do ser real de todas as limitações terrestres, ao entrar no *Navazzamin*.

Não que muitas pessoas entendessem o significado esotérico do ritual; não, elas compreendiam apenas, do real significado, o que os *incali* (sacerdotes) lhes ensinavam, comparando a alma que partia com a semente que, brotando, deixa para trás todos os fragmentos da casca.

Voltemos ao *Incalithlon* e à cerimônia de minha adoção pelo príncipe Menax.

Quando nos colocamos diante da Pedra Maxin, Gwauxln me fez ajoelhar, e colocando a mão sobre minha cabeça, falou, dizendo:

"De acordo com as leis deste país, que regem estes casos, *astika* Menax, conselheiro da terra de Poseidônis deseja adotar-te, Zailm Numinos, como filho de seu próprio nome, em lugar de outro que partiu para o *Navazzamin*. Portanto, como teu soberano e dele, eu, Gwauxln, *rai* de Poseidônis, declaro que seja assim como é pedido pelo príncipe Menax."

O *incaliz* completou a cerimônia colocando a mão direita sobre minha cabeça e a esquerda sobre a de Menax, nós ambos ajoelhados diante dele, e invocando a bênção de *Incal* sobre nós. Ao retirar as mãos, dirigiu-se a mim nestes termos:

"Sê reto aos olhos de *Incal*; que nenhum homem possa te acusar com verdade. Faz isso, e teus dias serão longos. Mas se errares, eles serão diminuídos. Que a paz de *Incal* esteja contigo."

Nenhum dos três que ouviram o *incaliz* compreendeu que ele dizia que meus dias seriam curtos porque eu iria faltar com a retidão; suas palavras foram tomadas apenas como uma advertência. Eu vi depois, tarde demais, que a premonição guiara as palavras de Mainin. Vi, num fluxo de amargas recordações, que me lembraram quão pusilânime eu tinha sido, em face de minha elevada resolução, no Pitach Rhok, de vencer sendo fiel à minha individualidade divina, voltada para Deus. Mas tudo isso chegou tarde demais à minha reflexão. Tarde demais, quando eu jazia preso esperando a morte, da qual nenhum mortal me salvaria, e sonhando com minha alma sentada numa praia árida, fitando um oceano sem fim, e gritando:

"Ah! Onde ficou a esperança de minha vida!" Amarga e causticante foi a agonia do remorso, mas o meu nome ainda se encontrava no Livro da Vida; ainda estava lá, não fora apagado como eu temia. O carma é inexorável e severo, meu irmão, minha irmã; mas nosso Senhor disse: "Segue-me". "O que tiver ouvidos de ouvir, que ouça!" "Sede praticantes no mundo, e não somente ouvintes."

Quando nos voltamos, um *incaliz* que estava presente começou a tocar um enorme órgão do templo; e o silêncio do vasto auditório respondeu como nenhuma voz humana poderia fazer.

"Espalham-se no vento os sons profundos de sinos."

Os ecos ressoavam uma e outra vez, enquanto a voz formidável do enorme órgão ecoava, fazendo vibrar a alma com sua poderosa harmonia. Raios de luz multicoloridos, alguns brilhantes, outros de matiz suave como de uma imagem espectroscópica da Lua, brincavam aqui e ali nos tubos do órgão, e as cores se alteravam com as notas da música, pois cada raio de luz, qualquer que seja sua fonte, é uma nota sonora pulsante, se devidamente tratada. É assim que as estrelas cantam.

Quando nosso assunto se concluiu, o *rai* não nos acompanhou a Menax e a mim; permaneceu com o *incaliz* Mainin. Gwauxln tinha com ele mais familiaridade e uma amizade mais íntima do que com qualquer outro ser humano. A razão disso era que ambos eram Filhos da Solidão, e haviam sido jovens ao mesmo tempo, antes que a vontade do povo tivesse destinado um a ser *rai*, o outro, *incaliz*. Ambas eram funções eletivas, sendo a de sumo sacerdote o único posto eclesiástico que podia ser preenchido por voto popular. Essa exceção devia-se a que era considerado justo permitir que o povo manifestasse seu desejo ao escolher alguém que acreditasse ser o melhor e mais perfeito exemplo de moralidade para dirigi-lo, na mais alta função espiritual.

Entretanto, nos dias de sua juventude, nenhum dos dois parecia esperar a distinção que os anos lhes destinavam, e depois do longo curso necessário para ser um *xio incali* no *Xioquithlon*, ambos tinham dado adeus ao mundo dos homens e penetrado nas solidões das vastas montanhas, onde habitavam apenas, entre todos os homens, os Filhos de *Incal*. Esses homens eram os teocristãos, adeptos ocultos daquela época recuada, os vidya-iogues de seu tempo. Eram cuidadosos com sua sabedoria, então como agora; mas com Gwauxln e Mainin a partilharam sem restrições. Não possuíam famílias, naquela época; e os estudantes da sabedoria divina e da natureza também hoje não se apartam dos mesmos princípios de celibato. Ninguém que deseje obter essa mais profunda sabedoria se casará.

Depois que anos haviam transcorrido, tantos que os homens tinham quase esquecido deles, Gwauxln e Mainin fizeram o que poucos haviam feito: retornaram ao hábitat da humanidade comum. Meu pai, Menax, era apenas um bebê quando Gwauxln se fora, e a irmã deste ainda não era nascida. E, no entanto, quando Gwauxln voltou, os fios prateados da idade já brilhavam nos cabelos do príncipe Menax, enquanto que no *rai* isso não acontecera ainda; ele parecia um pouco mais maduro, mas em tudo o mais era igual em aparência ao jovem de outrora. Nesse ínterim, sua irmã havia chegado a este mundo, tornara-se adulta, desposara Menax, e depois de trazer à vida um filho, Soris, e uma filha, Anzimee, tinha partido para o mundo ignoto através do portal do Maxin. Mainin também guardava a mesma aparência jovem.

Os dois "Filhos da Sabedoria", ao voltar, deram como razão para o retorno que sua presença era necessária; e mais tarde, foram escolhidos pelo povo para preencher as funções que os vimos ocupando, e que tinham ficado vagas pela morte dos titulares. Somente agora, depois que doze mil anos rolaram para a eternidade pela porta do tempo, compreendo quanto Mainin teve a ver com os acontecimentos e quão oculto era seu verdadeiro caráter para Gwauxln e todos os outros Filhos da Solidão. Mas não antecipemos.

Seria de estranhar, pois, que o *rai* Gwauxln tivesse mais familiaridade e prazer em sua relação com Mainin que com qualquer outra pessoa que fazia parte de sua vida quotidiana? Ou que tenha sentido sua traição, finalmente revelada, mais intensamente do que qualquer outra pessoa seria capaz? Penso que não.

Capítulo 15
Deserção materna

Ao deixar minha casa na fazenda naquela manhã, eu havia relatado à minha mãe tudo o que acontecera, dizendo que ela seria acompanhada por alguém até o palácio, onde, após a mudança recém-ocorrida em meu destino, eu esperava que ela fosse morar, de acordo com as instruções de Menax.

Era uma estranha situação. Ali estava eu, filho por adoção de um dos príncipes do império, e em virtude de ser por isso reconhecido como irmão de sua filha, Anzimee, era sobrinho do tio de minha irmã, o *rai* Gwauxln. E, no entanto, minha mãe não tinha relações com nenhum desses nobres, e não tinha sequer visto nenhum deles, exceto o *rai*, o suficiente para reconhecê-lo sem hesitar se o visse novamente. Alegrei-me, porém, ao pensar nas oportunidades que ela teria agora, de mais próxima convivência.

Tendo enviado o acompanhante prometido, qual não foi minha surpresa, ao retornar ao palácio, quando soube por meu pai que, em vez de vir, ela havia mandado uma mensagem escrita. Quebrei rapidamente o lacre e li, em sua fina caligrafia poseidônia, uma simples ordem:

"Zailm, vem até mim. Prezza Numinos."

Fui. Um certo sentimento de fria angústia me rondava o coração, um pressentimento de algo doloroso. Quando cheguei à casa, minha mãe, parecendo — tive a impressão — bastante pálida, disse:

"Meu filho, eu não posso ir para o palácio. Não tenho vontade de fazê-lo. Estou encantada com o teu sucesso na vida; vive essa elevada condição. Eu não posso ir contigo. Tu te sentes à vontade em meio dessa sociedade nobre, eu nunca poderia me sentir assim. Talvez dissesses que por mim desistirias de tudo, para continuar comigo. Não faças isso. Por menos que o queiras, é melhor que sintas a dor de saber agora, que mais tarde. Ouve: eu cuidei de ti durante a infância e a juventude, e te vi chegar à idade adulta. Não precisas mais de meu cuidado, agora. Vou voltar para a casa nas montanhas."

"Mãe, não digas isso!", interrompi.

"Escuta até o fim, Zailm! Vou voltar para as montanhas com meu marido, a quem não conheces; um homem bom, a quem eu amava desde que casei com teu pai, e com quem acabei de casar esta manhã, e essa notícia sem dúvida já deve ter se espalhado. Um *incala* que passava, providencialmente, realizou uma cerimônia simples. Meu primeiro marido, teu pai, eu não amava. Detestava, porque foi um casamento arranjado por meus pais contra minha vontade, mas, ai de mim, com meu consentimento, tola que fui de fazer isso! És o fruto dessa união, o qual eu não desejei. Teu pai, por quem eu tinha aversão, abominava, ao morrer deixou-te como herdeiro, não de minha aversão, o que seria injusto demais, porém... devo dizer? Da minha indiferença. Não fui uma mãe omissa, pois, por orgulho, escondi meus sentimentos. De certo modo eu até te amo; como amo meus amigos; nada mais. Agora tenho que te dizer adeus, pois já disse o necessário para..."

Não ouvi mais nada, pois caí no chão inconsciente. Era essa a mãe que eu tinha idolatrado? Por quem tinha lutado tanto nos anos passados, e depois, em Caiphul, antes que aparecesse uma nova criatura por quem trabalhar, e sentisse ainda maior determinação, na forma de um duplo ideal: o amor de minha mãe e o amor de Anzimee! Ó *Incal*! Meu Deus! Ó meu Deus!

Finalmente consegui sair do sonho horrível pelo qual passara, um agitado pesadelo de febre cerebral, sem recobrar a consciência depois de meu desmaio.

— Mãe!

Quando pronunciei a palavra querida, *astika* Menax, sentado ao lado de minha cama, virou-se, os olhos cheios de lágrimas.

— Não, Zailm, não te perturbes! Ficaste doente, quase à morte, com febre cerebral, por duas semanas. Eu te direi tudo, talvez amanhã. Estiveste muito perto de ir esperar-me na Terra das Sombras; mas não terias que esperar muito, meu querido, pois em pouco tempo eu iria te encontrar, meu filho!

A história não é longa. Minha mãe, quando lhe disseram que ela teria toda a ajuda para cuidar de mim, declarou que não iria ficar, pois não tinha dúvida de que os cuidados especializados do médico particular de Menax seriam tão bons ou melhores para mim que os dela. E fora-se com o marido para seu lar na montanha. A partir do momento em que Menax me disse isso, à custa de muita dor para ele, o assunto foi encerrado, e nunca mais um de nós o mencionou.

Certa vez, quando estive próximo do lugar onde nasci, enviei um mensageiro para saber se seria bem recebido; ele voltou ao *vailx* dizendo que um homem o atendera à porta. Mandara a seguinte resposta: "Diz a teu amo que minha mulher lhe diz para vir". Eu fui, mas pude ver que ela preferiria que não tivesse ido. Estendeume a mão, mas não se dispôs a beijar-me, como faria uma mãe. Sua atitude... mas poupem-me os detalhes desse último encontro, a última vez que vi minha mãe em Poseidônis. Ela fez bem em não ir para o palácio, sendo como era; é um assunto penoso; vamos encerrá-lo.

Assim que minha saúde me permitiu partir na missão a Suern, o que só aconteceu ao início do novo ano no *Xioquithlon* (do qual fui dispensado formalmente até o ano seguinte pelo *xiorain*),[1] o príncipe Menax conduziu-me a seu gabinete particular.

— O *xiorain* agiu sabiamente — disse Menax. Ah, essas mentes jovens, cheias de anseios de futuro! Nenhum sistema jamais se mostrou melhor do que este, no qual os estudantes se governam, e em tudo o que diz respeito à educação sua palavra é lei, mesmo quanto à distribuição e uso dos recursos educacionais dados pelo governo.

Na mesa do gabinete de Menax estava um maravilhoso vaso de vidro maleável, no qual, durante a fusão, tinham misturado pó de ouro, de prata e outros metais coloridos, junto com determinados produtos químicos que o fizeram adquirir vários graus de transparência, do quase opaco ao translúcido perfeito; isso incluía os metais e o vidro em diferentes partes do objeto. Sua beleza se equiparava ao seu alto valor. Menax apontou para o vaso, que era alto, e li na superfície a inscrição feita de rubis:

"A Ernon, *rai* de Suern, eu, Gwauxln, *rai* de Poseidônis, ofereço como símbolo de seu apreço pelos poseidônios."

Se algum leitor desejar ver a cópia da legenda original em caracteres poseidônios, satisfarei o seu desejo:

Voltando-me, perguntei:
— Quando partirei nessa missão, meu pai?
— Assim que a tua saúde e disposição permitirem, Zailm.
— Então, que seja depois de amanhã.
— Leva quem quiseres contigo. Creio que ninguém deixará de ganhar dispensa do *xiorain*, se quiseres a companhia de alguns colegas; no mínimo, ganharão um mês de férias, já que tu dificilmente desejarás ficar mais do que 33 dias. Leva também este anel de sinete, com o qual te faço meu representante, e confio em tua discrição ao usá-lo; ele confere os poderes de Ministro de Relações Exteriores. E leva uma comitiva do palácio, também.

Respondi que não iria levar uma comitiva, um grupo de funcionários, porque pelo relato da princesa Lolix julgava que o *rai* Ernon era uma pessoa que olharia com desdém para um acessório tão inútil. Isso agradou muito a Menax, que disse com orgulho:

---
[1] Diretor do *Xioquithlon*.

— Zailm, tuas palavras me alegram! Vejo que tens um sábio tino político, e avalias bem as prováveis peculiaridades daqueles com quem terás contato.

Durante minha enfermidade, Anzimee mostrara muita solicitude, e como fiquei sabendo pelas enfermeiras, todo o tempo em que eu estivera inconsciente ela não permitira que ninguém mais cuidasse de mim, a não ser quando estava extremamente fatigada, e mesmo assim não por muito tempo. Quando estava convalescendo, só me concedeu sua presença a intervalos regulares. Aproveitei uma dessas visitas para dizer-lhe que sabia de sua dedicação durante meu delírio. Ela ruborizou-se, e disse:

— Sabes que estou estudando a ciência da cura; que melhor oportunidade para uma estudante aplicada que essa que oferecias?

— Sim, de fato, respondi, mas sentindo que havia algo mais profundo do que a intenção experimental, e que essa desculpa era uma extremada e adorável cautela.

Com Anzimee eu delineei um plano para extrair o máximo de prazer possível de minha viagem, depois que tivesse resolvido os negócios de Estado em Ganje, a capital de Suern. Havia três anos que eu não me afastava de Caiphul a nenhuma distância maior que a ida a Marzeus. Mostrei-lhe a rota que pensava seguir; juntos copiamos o mapa, e observei que de Caiphul, no cabo a extremo oeste de Poseidônis, meu rumo seria para leste, pelo norte, através do continente, com o oceano depois, entre ele e a terra firme mais além. Depois, ainda a leste, através do país de Necropan, no que é hoje o Egito, a Abissínia etc., e naquela época incluía todo o continente africano, com um governo similar ao de Suern, e era habitado por um povo de poderes semelhantes, mas que não chegavam perto dos daquele.

A África, naquela época, não tinha mais que a metade do tamanho atual, enquanto Suern, que incluía toda a Ásia, era muito diferente do que é hoje, e era uma denominação mais propriamente da península do Hindustão. Deixando Necropan, a rota atravessaria o mar para a Índia, ou, nos termos da época, atravessaria as "Águas Luminosas" (uma alusão à sua fosforescência) para Suern. De Ganje, capital de Suern, a rota continuaria seguindo para leste, atravessando o Oceano Pacífico, como é chamado hoje, até nossas colônias na América, chamadas de Incalia por nós, pois nessa longínqua terra se fantasiava que o Sol, *Incal*, se deitava — de acordo com o poema épico antes mencionado como base do folclore de Atlan. De Incalia para o sul (a moderna Sonora)[2] eu pretendia ir para o norte e passar rapidamente por cima das desoladas geleiras das regiões árticas. O que hoje são os Estados de Idaho e Montana, Dakota, Minnesota e o Canadá, estavam à época cobertos por extensos glaciares, a retaguarda da era glacial que estava lentamente recuando, mesmo naquela época avançada, geologicamente falan-

---

2 Noroeste do México.

do, de Atl, relutando em encerrar seu frígido reinado. A viagem, pois, podia incluir diferentes e agradáveis contrastes — regiões tropicais, semitropicais, temperadas e geladas.

— Será que nosso pai teria objeção a que eu fosse junto, Zailm? — perguntou Anzimee, expectante.

— Não, de certo, menina. Ele me disse para convidar quem me agradasse, e não conheço ninguém que me agradasse mais que tu. Já convidei também um bom grupo de nossos amigos comuns.

E assim, Anzimee foi junto. Quando tudo ficou pronto, nosso grupo consistia de uma turma de jovens conhecidos uns dos outros, dois funcionários de Menax, e os auxiliares e suprimentos necessários para uma ausência de um mês.

O nosso *vailx* era de tamanho médio. Os *vailx* eram construídos em quatro tamanhos padrão: o primeiro, com cerca de 7,20 metros; o segundo, com 24 metros; o terceiro, com cerca de 47 metros, e o quarto tinha 60 metros a mais que o terceiro. Esses longos fusos eram na verdade agulhas arredondadas de alumínio, ocas, constituídas por um casco externo e um interno, entre os quais havia centenas de reforços em T, uma estrutura funcional de intensa força e rigidez. Em todas as divisórias havia reforços adicionais. Da parte mediana, as naves iam se adelgaçando, até as extremidades em pontas aguçadas. Muitos *vailx* tinham a possibilidade de ostentar, quando se desejasse, um convés aberto numa das extremidades. Janelas de cristal, de enorme resistência, enfileiravam-se como vigias ao longo das laterais, algumas no alto, outras no piso, permitindo a visão em todas as direções. Poderia acrescentar que o *vailx* que eu escolhera para nossa viagem de férias tinha quatro metros e meio no diâmetro maior.

Na hora combinada (a primeira hora do terceiro dia, como combinado com Menax) meus convidados reuniram-se no palácio, de cuja cobertura partiríamos. Quanto cuidado tinha eu por minha encantadora irmã, e quanto me orgulhava de sua beleza!

A princesa Lolix, a quem sempre tratáramos como hóspede no **Menaxithlon** (palácio de Menax) veio até a plataforma onde se encontrava o *vailx*, curiosa para ver nossa preparação para a partida. Parecia ser novidade para ela assistir a uma nave deixando a terra firme. Não que manifestasse a menor admiração; era um ponto de honra para ela não parecer surpresa com nada, por mais estranho ou incrível que pudesse ser realmente para si. Em realidade, tinha um temperamenteo calmo e constante, que não se excitava facilmente. Durante as cinco ou seis semanas que haviam se passado desde que ouvíramos sua história, eu não a vira mais demonstrar nenhuma emoção como naquela noite, quando observei que minhas atenções para com Anzimee perturbaram a filha de Sald, e percebi que o efeito fora intenso, porque ela tinha sido incapaz de disfarçar completamente. Considerando que íamos partir para Suern, Lolix não foi convidada a ir, como poderia ter sido em outras circunstâncias. Mas não esqueci de dar-lhe um cordial e respeitoso adeus.

Os contatos usuais estavam prontos, e exatamente quando o *vailx* tremeu levemente, deixando a cobertura, Menax surgiu no convés, deixando-me consideravelmente perplexo, porque não tinha idéia de que pretendesse acompanhar-nos. Na realidade não o fez. Mas a todas as perguntas respondia com um silêncio sorridente.

Logo estávamos a uma altitude tal que, longo como era nosso fuso branco-prateado, parecia um simples ponto para as pessoas lá embaixo. E, durante meia hora, voamos a uma velocidade moderada através da imensidão, quando uma jovem chamou-nos a atenção para um *vailx* que se aproximava, seguindo atrás de nós. O príncipe Menax, sentado em uma cadeira no convés, olhou por cima da balaustrada, para a superfície abaixo, a mais de três mil metros, ajeitou melhor nos ombros seu pesado casaco de pele, conferiu os 160 quilômetros, mais ou menos, que já havíamos percorrido nessa meia hora, e observou que o outro *vailx* estava nos alcançando rapidamente.

— Devo ordenar ao condutor que aumente a velocidade, para fazermos uma corrida? — indaguei ao grupo, que em trajes polares, ocupava o tempo em olhar ao redor de nós no convés ao ar livre.

— Não, não o faças, meu filho — disse Menax.

Eu nada mais disse, pois naquele instante ocorreu-me que o outro estava nos seguindo por ordem do príncipe.

Menax ergueu-se então, deu adeus ao grupo, desejou-nos boa viagem, e como Anzimee tinha se levantado também, colocou o braço em torno dela e veio até mim. Quando me levantei, colocou o braço livre em volta de mim e assim ficamos por alguns momentos. Então, soltando-nos, ordenou aos tripulantes do convés que lançassem ganchos de atracação para a outra nave, que a essa altura já roçava o nosso costado. No instante seguinte, ele passou para a outra nave e acenou para soltarem os ganchos. E assim, lá no alto, duas milhas acima da superfície verdejante, partimos — ele de retorno, nós para diante.

Capítulo 16
A viagem a Suern

À nossa frente estendia-se uma viagem de lazer em que percorreríamos muitos milhares de quilômetros. Prosseguíamos devagar, quando alcançamos a base da tremenda massa do Pitach Rhok, a poderosa montanha, e subimos um pouco, chegando ao nível de seu cume. Atingido este, o desejo de todos foi fazer uma parada ali, e todos juntos colocamos os pés nas neves do Pitach, o que fizemos, sobretudo, para agradar Anzimee, que achava o lugar muito interessante por causa do que me acontecera lá.

Depois, novamente a caminho, descemos daquela grande altitude para podermos ver melhor a região densamente habitada, embora montanhosa, que se estendia abaixo de nós, entre Pitach Rhok e o leste de Poseidônis.

Próximo ao crepúsculo, um bramido surdo nos chegou aos ouvidos, e em seguida a extensa costa esbranquiçada do velho oceano cintilou abaixo de nós um instante, e em seguida ficou para trás; e a água lá embaixo, tingida de cores do crepúsculo, estendia-se à frente, atrás e ao redor; nenhuma terra à vista, e a mais de 1.600 quilômetros a leste ficava a terra de Necropan. Se não adotássemos a velocidade máxima, não poderíamos esperar atingir terra em menos de duas ou três horas. Mas então já seria escuro, e por isso aumentamos a velocidade para 240 quilômetros por hora, fechamos o convés e entramos para o salão onde lâmpadas incandescentes iluminavam as trevas que caíam.

Uma viagem de *vailx* jamais poderia ser tão monótona como as de navio, mesmo os mais rápidos, como são com freqüência hoje em dia. A variedade do cenário, a ampla vista — pois a altitude só dependia de nossa vontade — o frio exterior passando despercebido às pessoas num compartimento aquecido com recursos do *Navaz* e com ar na densidade adequada, pelas mesmas forças do Lado Noturno, tudo isso tendia a evitar o tédio. O percurso rápido mudava o aspecto do cenário tão depressa, que ao olhar para trás a pessoa percebia a vista se dissolvendo.

A par disso, as forças provindas do Lado Noturno permitiam que se atingisse a mesma velocidade da rotação diária da Terra, ou seja: suponhamos que se estivesse a uma altitude de dezeseis quilômetros, e o horário fosse o meio-dia, pelo Sol; poderíamos permanecer indefinidamente naquele momento do meio-dia, voando a cerca de vinte e sete quilômetros por minuto, enquanto a Terra girava lá embaixo. Ou se poderia tomar a direção contrária, e o nosso *vailx* se distanciaria do ponto onde fosse meio-dia na superfície, à mesma assustadora velocidade. Assustadora para alguém desacostumado a ela, como meu leitor é hoje — mas um dia não o será mais, se, como espero, ele ou ela viverem para ver os *vailx* serem redescobertos. E não é preciso que vivam muito até isso acontecer.[1]

Além desses antídotos contra o tédio, não tínhamos falta de outros tipos mais comuns de distrações. Tínhamos o *naim*, em cujos visores e fones nossos amigos, por mais distantes que estivessem, podiam aparecer em forma e voz, em tamanho natural e em volume normal de som. Os salões dos grandes *vailx* de passageiros possuíam bibliotecas, instrumentos musicais e plantas em vasos, entre cujas flores voavam pássaros semelhantes aos atuais canários domésticos.

Próximo da décima hora, avisaram-nos de que Necropan estava abaixo de nós — uma informação surpreendente, porque com a velocidade que eu tinha determinado, deviam faltar ainda seis horas para chegarmos ali. Perguntei ao condutor que razões tivera para aumentar a velocidade sem que lhe fosse ordenado. Não tinha nenhuma boa razão para tal; repreendi-o severamente e ordenei uma aterrissagem, para que pudéssemos viajar de dia sobre a Terra Deserta, como se traduziria nossa expressão Sattamund, e que é hoje o deserto do Saara. Alguns de nosso grupo nunca tinham visto esse imenso deserto, e para dar-lhes uma oportunidade, aterrisamos para passar a noite em um cume elevado o suficiente para ficarmos acima dos riscos da malária, porque estávamos perto de onde é hoje a Libéria.

> "Essa ave altiva — o condor dos Andes
> Que no insondável, fundo céu, viaja,
> E desafia a tempestade em fúria
> Banhando as penas no trovão celeste,
> As asas dobra e desce, ao fim do dia,
> A descansar nos cumes da montanha."

---

[1] O primeiro vôo do 14-Bis de Santos Dumont foi em 1906, e o início da aviação civil a jato foi da década de 1950 em diante. Um leitor da obra que tivesse 15 anos em 1886, ainda poderia desfrutar de uma viagem a jato a partir de seus 64 anos! E apenas noventa anos depois de escritas essas palavras premonitórias (quando voar era apenas um sonho da humanidade atual), começou a operar o supersônico Concorde, em 1976. N.T.

Embora a chamássemos de Sattamund ou Terra Deserta, não o era tanto como agora. A água, se não era abundante como em Poseidônis, era suficiente para garantir a abundância de árvores tropicais de espécies mais resistentes, suficientes ao menos para esconder a nudez das colinas e declives desse antigo leito de mar. Havia inclusive alguns lagos salgados, extensos e azuis, e a população se concentrava em torno deles. Porém, a mesma tremenda catástrofe que surpreendeu a bela Poseidônis estendeu a mão terrível sobre Necropan, e a beleza de sua vegetação se foi, porque as alterações geológicas removeram toda a água da superfície, e ficou tão escondida, que somente poços artesianos poderiam encontrá-la. A mesma convulsão poderosa despedaçou as entranhas das rochas ao sudoeste de Incalia, e hoje, naquela árida região, há um cenário dos mais fantásticos, que ultrapassa o poder de minha pena descrever, onde correm o rio Gila, o Colorado e o Colorado Chiquita. Mas evitarei fazer esse relato; quando acontecer, o será em outras palavras que não as minhas, para que tu e eu, leitor amigo, tenhamos o prazer de saborear uma bela descrição.

Em Poseidônis e Suern, e onde quer que a civilização estendesse seu reinado, era uma lei universal e um prazer para a humanidade obedecer à determinação divina que o espírito solar da vida ensinara, com a concordância de todos: que fossem plantadas sementes de graciosas flores ou frutos, para oferecer sombra, beleza e utilidade, onde quer que se oferecesse um lugar propício, quer no hábitat dos homens ou nas regiões inexploradas. Em viagens como a que estávamos fazendo, era um gesto de cunho religioso levar grandes quantidades de sementes e lançá-las do convés do *vailx* ao anoitecer, ao mesmo tempo como uma oferenda a *Incal*, enquanto Seu símbolo sublime se punha a oeste, e também para que o orvalho da noite permitisse a germinação; essa cerimônia também era um reconhecimento à Deusa da Geração, Zania. E assim os desertos floresciam; e hoje o mundo é herdeiro dessas semeaduras; os cereais nativos, o trigo — sobre cuja origem muitas teorias engenhosas, mas insuficientes foram levantadas — e as variedades de palmeiras que tornaram os trópicos famosos pelo encanto de seus cocos e tâmaras. E eles existem porque homens, mulheres e crianças tinham prazer, naquela época recuada, em "plantar sementes da amurada". Vai e faz o mesmo, para que os lugares desertos se tornem cheios de beleza, e sejam uma alegria para sempre. Honremos todos o Dia das Árvores, que cumpre a determinação do Cristo; elas certamente darão um retorno, algumas cem vezes mais. Um saquinho pode guardar muitas sementes para plantar, aqui e ali, e embora não cuides delas, o Pai disse: "Eu as farei produzir segundo a sua espécie".

A tempestade

A manhã surgiu tão clara e sem nuvens, e estava tão agradável, que quase não nos preocupamos em avançar, andando devagar para que o convés ficasse descoberto e o grupo pudesse ficar sentado ao ar livre e ao cálido sol.

Lá em baixo, a uns sessenta metros no máximo, víamos através de bons binóculos variadas formas de vida, humanas, animais, de aves e vegetais; e sons musicais lentos, monótonos, subiam até nós enquanto o *vailx* pairava acima.

Ao anoitecer, o vento começou a soprar, tornando-se desagradável permanecer próximo do solo. Os circuitos de repulsão foram acionados, e imediatamente nos achamos tão alto no espaço, que a única coisa que havia em torno de nossa nave, agora fechada, eram cirros e nuvens de granizo tangidas no alto pela fúria dos ventos, tão violentos que teriam sido perigosos se nossa nave fosse impelida por asas ou hélices, ou reservatórios de gás. Mas como nossa energia de propulsão e repulsão vinha do Lado Noturno da natureza, ou, na expressão de Poseidônis, do *Navaz*, em conseqüência nossos longos e brancos fusos aéreos não temiam qualquer tempestade, por mais forte que fosse.

Como as janelas, que se tornaram foscas, obscurecessem a visão, e a noite prometesse um tempo feroz, recorremos aos livros, à música e à conversa entre nós e com os amigos distantes em Poseidônis, através do *naim*. *Muros* (Bóreas)[2] não tinha qualquer poder sobre as correntes de energia do *Navaz*. A noite mal começara quando foi lembrado que a tempestade devia ser mais forte, e o vento mais furioso, próximo ao solo, e as válvulas de repulsão foram ajustadas, aproximando-nos mais do solo. Poderíamos, sen-

---

2   Bóreas, deus dos ventos, personificação mitológica do vento norte. N.T.

do o desejo de todos, aproveitar nosso privilégio e desfrutar da sensação de estar no meio da tempestade, sãos e salvos e a toda velocidade. "E desafiar a fúria do temporal do norte."

A novidade poderia até nos fazer dormir melhor, quando, mais tarde, fôssemos para nossos aposentos. Assim, concordei com a idéia, e dei ordens ao condutor para descer. Descemos. As luzes foram diminuídas para criar uma penumbra parcial, para apreciarmos melhor a fúria da tempestade, e sentamo-nos junto às janelas, onde podíamos escutar, embora sem enxergar. À nossa visão nada aparecia lá fora, na escuridão total; ao ouvido, o açoite da chuva nas janelas metálicas soava alto, intenso e agradável. O vento, nas extremidades aguçadas da popa e da proa, uivava e guinchava como um exército de demônios. Às vezes, quando o *vailx* era atingido no costado por um vento contrário, inclinava-se e tremia, mas continuava em seu curso, resoluto como um ser vivo. A experiência era agradável, embora não totalmente nova, porque nos mostrava o poder do homem sobre a matéria, e nos falava das coisas divinas, de *Incal*, senhor de todas as coisas e de nós mesmos, por meio de quem tínhamos esse poder sobre os elementos.

Quando isso se tornou monótono, as luzes foram aumentadas novamente, e voltamos aos livros, aos jogos e à música, enquanto ganhávamos outra vez as regiões mais altas da atmosfera, mais tranqüilas.

Anzimee e uma companheira sentaram-se separadas do grupo em um recanto formado pelas videiras em flor que caíam como uma cortina num dos cantos do salão principal. Pouco depois, ela deixou esse refúgio e foi até onde eu estava, absorto em meus pensamentos. Aproximando-se, tocou-me o ombro e disse:

— Zailm, precisas cantar; gostaria que tomasses meu alaúde e viesses aonde Thirtil e eu estamos, e cantasses para nós.

Inclinou-se sobre meu ombro, enrubescendo de leve, tão encantadora, que eu simplesmente fiquei sentado a contemplar sua beleza, sem falar.

— Vem, Zailm, sim?

Levantei-me de imediato quando percebi uma sombra de desapontamento cruzar-lhe a face, por interpretar meu silêncio como relutância, e disse:

— Sim, Anzimee, terei o maior prazer em fazê-lo; mas como poderei me mover?

Inocentemente, ela indagou:

— Mover-te? E por que não?

— Já viste quando um beija-flor colorido — repliquei — pousa numa flor a teu lado, e te faz ficar imóvel, quase sem respirar, para não assustá-lo e o fazer voar? Pois eu também não posso me mexer, a não ser...

— Ora, ora! Se eu não soubesse ler a sinceridade das pessoas no olhar, diria que és um deplorável lisonjeador. Mas vem!

— O que devo cantar, amiguinha? — perguntei a Thirtil, uma jovenzinha séria e doce, estudante de arte, de temperamento meio reservado e meio frívolo.
— Ora, perguntas a mim? Bem, alguma coisa... alguma coisa... — e com um olhar brincalhão para Anzimee: — do teu coração! — concluiu, rindo.
Anzimee corou, mas nada disse, apenas baixou os longos cílios quando a fitei, enquanto dizia: — Está bem! Então, do meu coração, esta aqui!

Assim era dentro do *vailx*, música e diversão; fora, a tempestade atrás de nós. Por entre os dentes do furioso temporal lançava-se nosso comprido fuso, não deixando perceber lá fora — se houvesse alguém lá para ver — a luz e o calor, os risos e a música dos passageiros, e os pássaros canoros entre as flores, um pedacinho flutuante dos trópicos dentro daquela concha impermeável, a salvo do sopro da tormenta.

Quando os demais se retiraram para passar a noite em suas cabines, permaneci no salão vazio até que me viessem avisar que estávamos sobrevoando Suern. Não podíamos aterrisar, porém, no meio de um temporal com ventos de 130 quilômetros por hora, tentar isso significaria fazer-nos em pedaços no instante em que tocássemos o solo.

A fim de que pudéssemos ficar inteiramente fora do raio de alcance da tempestade, dei instruções para subirmos acima de seu nível, se pudéssemos atingir essa região de calmaria e acionar as válvulas de modo a suspender a propulsão da nave. Recebendo essa ordem, o condutor aumentou a energia de repulsão usando a alavanca de força, e subimos firmemente — cada vez mais alto — acima das nuvens, acima do ímpeto do furacão, para uma atmosfera clara e tranqüila, de um frio intenso, a quase 22 quilômetros acima da superfície da Terra. Se nossa visão não estivesse impedida pelas nuvens de tempestade, a altitude nos permitira contemplar um horizonte de quase 600 quilômetros. Logo depois de dar essa ordem, fui para meu quarto e para a cama.

Pela manhã, a fúria da tempestade não havia diminuído; e rajadas eventuais de vento acima de nós provavam que a área do temporal, na superfície, devia ser de enorme extensão. O frio externo era intenso demais para se considerar por um instante sequer abrir a cobertura do convés; na profundeza do azul, o céu estava quase negro; o Sol, despojado de muito de seu esplêndido brilho, se mostrava estranhamente baço, e as estrelas estavam visíveis. O movimento contínuo dos distribuidores de ar, com suas rodas e pistões trabalhando para manter a atmosfera interna a uma pressão normal, era penosamente audível na tremenda quietude, enquanto o assobio do ar escapando pelas finas frestas em torno das janelas e bordas do convés fazia tanto ruído, que ordenei que os parafusos de fixação fossem apertados e os tubos de ventilação, abertos.

Se a geada não embaraçasse a visão através das janelas, e juntamente com as nuvens impedisse a visão da superfície da Terra, uma vista muito especial se teria apresentado. O panorama em direção ao amplo horizonte faria com que a linha imaginária de união do céu com a terra parecesse estar à mesma altura da nave; mas logo abaixo, o singular aspecto do globo pareceria, não uma bola, mas uma imensa tijela, ornamentada com paisagens no interior. Entretanto, como nada podíamos ver, as canções, leituras e conversas prosseguiram, enquanto a débil luz de *Incal*, penetrando pelos vidros congelados, era complementada pelos mesmos recursos que nos davam calor, ar e sustentação para desafiar o frio, o ar rarefeito e a gravidade — o conhecimento do *Navaz*.

Em nossa terra, Poseidônis, não havia tormenta, porém, Menax, ao *naim*, disse-nos que o departamento de previsão do tempo estava prevendo a chegada de uma — aquela cujo término estávamos aguardando. Esperamos enquanto o Sol se punha a oeste e aparecia no leste duas vezes.

Por várias vezes a jovem de Sald apareceu na extremidade do salão, parecendo, na tela do *naim*, tão real e palpável como se um terço do globo não nos separasse. Apenas uma vez falou, num sussurro para mim, que estava junto do *naim*: "Quando, senhor, estarás de volta? Um mês? É muito, é muito!"

Um relatório dos menores acontecimentos de nossa viagem era fornecido ao departamento de notícias, e era gravado nos discos dos vocalígrafos públicos — para usar um termo que parece moderno — e muito antes de fazermos qualquer aterrisagem no território de Suern, nossos conterrâneos sabiam da história de nossa parada forçada entre o céu e a terra, esperando a tempestade passar. Falar do vocalígrafo leva-me a acrescentar que a superestrutura de Poseidônis se mantinha sobre a ampla base das leis justas instituídas pelo *rai* do Maxin em virtude da livre expressão, exercida e moldada pela Igreja e a escola, e difundida através de milhões de vocalígrafos;[3] e os três garantiam a segurança de todos os lares que constituíam a nação.

Finalmente, o senhor da tempestade perdeu as forças; chegara a hora de aterrisar. Descemos da abóbada celeste para Ganje, a capital de Suern.

Acaso já estiveste na antiga e abandonada cidade de Petra? Aquela cidade singular, ao pé do Monte Hor, uma cidade escavada na pedra? É bem provável que não, pois os seguidores de Maomé dificultam a visita ao local. Mas se já leste a respeito, então terás alguma idéia de Ganje, na antiga Suern, construída nos penhascos à margem do rio.

Os detalhes da nossa recepção são muito triviais para merece-

---
3 A descrição do "vocalígrafo" parece corresponder à de aparelhos domésticos de radiodifusão. N.T.

rem registro. Basta dizer que foi compatível com as amistosas relações internacionais de Suern e Poseidônis, e com minha posição de alto representante desta. O *rai* Ernon estava muito menos interessado no vaso e em outros presentes de ouro e pedras preciosas que nas prisioneiras de Sald, de quem se recordava, especialmente de Lolix, a princesa. Fiquei espantado com o conhecimento detalhado que ele tinha de tudo o que acontecera, em todos os pormenores, bem como de minha doença e de outros incidentes que não eram de domínio público; mas não demonstrei o que sentia, e que passou rapidamente assim que me vieram à lembrança os magníficos poderes ocultos de Ernon. Falando sobre as mulheres de Sald, e especialmente de Lolix, disse ele:

— Não mandei as caldéias a Gwauxln como objetos de lascívia, nem como uma punição, para que, exiladas de sua terra natal, fossem expiar por seus pais, filhos, irmãos ou maridos, que atacaram os suernis. Não, sem dúvida elas não eram mais culpáveis do que um tigre com uma natureza agressiva semelhante, porém, de acordo com as leis de Jeová, o desconhecimento da lei não isenta o malfeitor da pena. A lei diz, sobre o pecado: "Não o farás". E a punição para a desobediência segue-se a ela, inexorável, e é aplicada severamente. A lei, entretanto, não é punitiva, mas educativa. Recebendo a punição, ninguém, homem ou animal, irá ter a curiosidade de repetir o erro. A natureza não torna fácil qualquer punição, e diz: "Quando tiveres conhecimento a punição será mais severa". Se um bebê cair de um penhasco, a morte será a conseqüência, embora em sua inocência não conheça o pecado, tão certo como um homem que o conheça pode ter o mesmo destino. As mulheres da Caldéia precisavam aprender que a conquista, o derramamento de sangue e a pilhagem são pecados. A nação caldéia também precisava de uma lição. E a recebeu, com a morte de suas tropas. Mas essas lições precisam de um remate; um diamante bruto é sem dúvida um diamante, mas quanto o lapidário aumenta sua beleza e valor! O fato de não entregar a eles essas mulheres foi para os caldeus o que a lapidação é para uma gema. Não pensas que eu tenho razão?".

— Assim é, *rai* — respondi.

Permanecemos durante alguns dias na capital, e durante esse tempo fomos acompanhados por ninguém menos que o próprio *rai* Ernon.

Eram um povo estranho, os suernis. As pessoas mais velhas nunca sorriam, não porque se dedicassem a algum estudo oculto, mas porque pareciam cheias de ira.

Em cada fisionomia parecia haver uma perpétua expressão de raiva. Por que, pensei, isso acontece? Será uma conseqüência de seus poderes mágicos? Com o que nos parece, a nós poseidônios, simples força de vontade, essa gente transcende os poderes humanos e parece anular as leis imutáveis da natureza, posto que não se pode dizer que *Incal* lhes deu limites, assim como deu a nossos químicos e físicos. Os suernis nunca colocam as mãos num trabalho manual; sentam à mesa do desjejum ou do jantar sem terem colocado nada ali para comer, nem haverem preparado uma refeição alhures; baixam a cabeça, parecendo rezar, e então, erguendo os olhos, começam a servir-se do que misteriosamente apareceu à sua frente — alimentos saudáveis, nozes, toda a espécie de frutas, e tenros e suculentos vegetais! Carne, porém, não comem, nem o produto dela, que contém em si o germe de uma futura vida. Teria *Incal*, como Criador do Universo, os dispensado de seu decreto a que todos estão sujeitos: "comerás o pão com o suor de teu rosto"? Seria menos árduo, sem dúvida, para os que andam em Seus caminhos, e cujo princípio de vida seja a moderação. Esses serão mais fortes, terão poderes ocultos que nenhum comedor de carnes jamais pode esperar obter; porém, certamente, não são isentos de tudo: deve ser trabalhoso realizar feitos mágicos como esses. Nunca ninguém conseguiu algo em troca de nada. Eles olham fixamente para os que vêm ameaçá-los — e estes desaparecem!

Quem em Poseidônis poderia fazer isso? O *rai* Gwauxln, o *incaliz* Mainin, e ninguém mais, pelo menos que se conheça. Mas ninguém em Atl jamais presenciara uma demonstração de tais poderes por parte de nenhum dos dois, e para as massas isso era apenas uma suposição. Com relação a isso, eu era um privilegiado, mais que qualquer atlante.

Percebi, durante nossas visitas pela capital, algo que me ensombreceu a alma: que o povo não amava Ernon. Tornou-se óbvio que o *rai* tinha consciência do que eu percebera, por suas palavras:

— O nosso povo é singular, príncipe — disse-me ele. — Durante muitos anos, séculos mesmo, têm reinado sobre ele reis que são dos Filhos da Solidão. Cada um deles lutou para instruir seus súditos de forma a preparar uma geração futura para a iniciação, de forma coletiva, nos mistérios do Lado Obscuro da natureza, de forma mais profunda do que o povo de Poseidônis jamais sonhou adentrar. Para isso, se insistiu sobre as leis morais, que são o preço da instrução para se fazer a magia prática. Mas esse empenho nunca produziu o resultado que se buscava; apenas um ou outro indivíduo, aqui e ali, se ergueu e progrediu; e logo todos estes se apartaram das pessoas mais fracas e partiram para a solidão, para tornarem-se um de seus "Filhos", dos quais deves ter ouvido falar. Nós denominamos genericamente esses estudantes de "filhos"; especificamente, teríamos que chamá-los de "filhos ou filhas", porque o sexo não é um obstáculo para os estudos ocultos.

Há muito eu tinha interesse de saber tudo que fosse possível sobre essa classe de estudantes da natureza, *"incalenes"*, como eram chamados às vezes: de "Incal" – Deus, e "ene" – estudar. Milhares de anos após, à época de Jesus de Nazaré, eles seriam chamados de "essênios". Mas Atl, que dispunha de uma abundante literatura, não possuía obras sobre o assunto — com uma única exceção. Nela, um pequeno volume impresso na antiga língua poseidônica, os detalhes eram muito escassos; no entanto, a sua leitura fora de grande interesse para mim. Agora, ao escutar o *rai* Ernon, meu interesse reacendeu-se, e pensei que um dia eu poderia tornar-me candidato ao ingresso nessa ordem, se... mas este "se" era grande. Se esse estudo deixava o estudante de alma tão raivosa como constato serem os suernis, então nada quero com ele. Contudo, a semente estava plantada, e cresceu um pouco quando soube que o olhar irado não se devia ao aprendizado oculto, a não ser pelo fato de que a natureza inferior se rebelava contra a pureza do aprendizado e levantava a lama da ira, turvando as águas límpidas da alma. Cresceu ainda mais quando o *rai* observou mais tarde que "a jovem Anzimee um dia se tornará uma *incalenu*". O crescimento, porém, não foi grande naquela época ancestral; estava destinado a ter lugar numa existência futura, depois que dezenas e dezenas de séculos se passassem!

O *rai* continuou: "Vós, de Poseidônis, penetrais um pouco no Lado Obscuro, e dele obtendes forças com as quais penetrais a intimidade do mar, do ar, e dominais a terra. Muito bem. Mas necessitais de aparelhos físicos; sem eles, não tendes qualquer poder. Os que são versados na sabedoria oculta não necessitam de aparelhos. Essa é a diferença entre Poseidônis e Suern. A mente humana é o elo entre a alma e o físico. Toda força superior domina a que lhe está abaixo. A mente age por meio da força ódica, que é mais elevada que qualquer freqüência da natureza física; por isso controla a natureza, e não necessita de aparelhos.

Eu e meus irmãos, os 'Filhos' antes de mim, lutamos para ensinar aos suernis as leis que dirigem a utilização dessa energia. Por meio desse conhecimento Jeová confere força a seus filhos. Junto com esse conhecimento vêm as realizações físicas, poderes que aparecem bem cedo no aprendizado. Até aqui eles chegaram; mais adiante não irão.

A moralidade confere serenidade à alma; por isso, convém ao *incalene* acima de tudo ser moral. O homem, porém, é um animal em seu ser corpóreo, e por isso as paixões são atraentes. O amor de Deus e do espírito é puro e imaculado, e o amor sexual também pode ser puro — porém, se o domínio da natureza animal do homem prevalecer nele, e não o da sua parte humana, fará o homem pecar, porque então é luxúria. Tenho tentado fazer com que os suernis conheçam a lei, para que possam ser os mestres, e não os escravos das circunstâncias. No entanto, como conhecem um pouco de magia, e nas realizações maiores foram ajudados pelos 'Filhos' que habitam entre eles, ficam satisfeitos só com isso. E, vê! Eles se rebelam contra as punições à sua natureza luxuriosa, a que se abandonam, e me amaldiçoam porque exijo obediência à lei, e a punição das infrações a ela; e amaldiçoam meus irmãos, os 'Filhos', que me auxiliam. Foi essa ira que te perturbou tanto ver. Meu povo realiza coisas singulares a teus olhos, poseidônio, mas não sabe o 'porquê', e realiza essas maravilhas sem cuidar de Jeová. Por conseqüência, são uma raça de feiticeiros, e não fazem magia branca, que é beneficente, e sim magia negra, que é feitiçaria. Isso lhes acarretará imensos infortúnios. Ó Zailm de Poseidônis, eu quis ensinar a meu povo a fé, a esperança, o conhecimento e a caridade, que constituem a pura e imaculada religião. Não agi certo? Gwauxln, meu irmão, não agi certo?"

O *rai* achava-se sentado no salão do *vailx*, e agora se dirigia a Gwauxln de Poseidônis, que enxerguei no *naim* ao olhar em torno.

— Na verdade, assim foi, meu irmão — disse Gwauxln.

Por alguns momentos o nobre monarca quedou-se em silêncio, e pude ver lágrimas rolando de seus olhos cerrados. Abriu-os então, e iniciou uma apóstrofe comovente a, e de certa forma contra, seu povo:

— Ó Suern, Suern! Eu dei minha vida por ti!

Lutei para te conduzir ao Espeid (Éden), para te falar de suas belezas, e não quiseste! Tentei fazer-te a vanguarda de todas as nações; e teu nome, sinônimo de justiça e misericórdia e amor a Deus, e como me retribuíste? Quis ser um pai para ti, e me amaldiçoaste em teu coração! Mais aguçada que um punhal é a ingratidão! Eu teria te levado aos pináculos da glória, mas como os suínos, preferiste chafurdar na ignorância, satisfeito de realizar o que para outros povos são maravilhas, mas ignorando o seu significado. És uma raça infiel e ingrata, que não crê em Jeová, satisfeita de viver com o pouco que sabe, preguiçosa demais para aprender, mais ingrata a Jeová que a seu *rai*! Ó Suern, Suern, tu me rejeitaste e fizeste sangrar meu coração! Eu parto. Os "Filhos" partirão também do meio de ti, num grupo triste e desencantado. E teu número diminuirá, tu, que és grande, e serás o escárnio dos homens e presa dos caldeus; sim, tu decairás e esperarás que os séculos — noventa séculos — tenham rolado na eternidade. E então hás de esperar até o dia daquele que será chamado de Moisés. E como agora o Espírito de Deus está presente nesta terra, imanente nos Filhos da Solidão, e tu escarneces dele, também nesses dias futuros Seu Espírito se manifestará e encarnará como o Cristo, e o homem perfeito irradiará o Espírito, e se tornará o maior dos Filhos de Deus. Mesmo assim, no entanto, tu não o conhecerás, e o crucificarás; e teu castigo atravessará as eras, até que o Espírito retorne aos corações daqueles que o sigam, e te encontre disperso aos quatro ventos! Essa é a tua punição! Daqui até lá ganharás o pão com o suor de teu rosto. Não terás mais o régio poder para defender-te, e muito menos o usarás para agredir. Não te restringirei mais. Meu povo, ó meu ingrato povo! Eu te perdôo, porque não sabes o quanto te amo! Eu parto. Ó Suern, Suern, Suern!

As últimas palavras do nobre rei tornaram-se um murmúrio, e enterrou a face coberta de lágrimas nas mãos e permaneceu sentado, mergulhado em tristeza silenciosa. Diversos suernis haviam escutado suas palavras, e abandonaram quietamente o *vailx* e se dirigiram à cidade.
"Rai ni Incal".
Voltei-me para o *naim* ao escutar essas palavras, e percebi que uma grande sombra de tristeza tomava conta da face de nosso *rai* Gwauxln, que olhava para Ernon — um adepto, um Filho como ele.
"Rai ni Incal, mo navazzamindi su", que traduzido é "O *rai* foi para *Incal*; para o país das almas que partem!"
Espantado, olhei para o *rai* de Suern, que continuava sentado, na mesma posição. Falei com ele e não obtive resposta. Então afastei-lhe os dedos e fitei seus belos olhos cinzentos. Estavam fixos, e o sopro da vida o tinha abandonado. Sim, de fato, ele havia partido quando dissera "eu parto".
— Vem cá, Zailm! — ordenou Gwauxln.
Fui até o *naim* e fiquei esperando.
— Teus amigos estão todos dentro do *vailx*?
— Assim é, zo *rai*.
— Então leva teus guardas e busca o palácio do *rai* Ernon. Chama os seus ministros à tua presença e diz a eles que seu *rai* partiu. Diz que irás tomar conta de seu corpo e levá-lo para Poseidônis. Entre eles há dois homens idosos e serenos; eles são Filhos. Fazem parte daquele grupo que deixará Suern, conforme o *rai* Ernon. Esses dois saberão que falas a verdade quando disseres que Ernon de Suern deixou seu reino em minhas mãos para governá-lo como eu achar mais sábio. Porém, os outros não saberão, e os Filhos deixarão que tu esclareças os fatos. Será grande a ira daqueles que não são Filhos, e eles tentarão destruir-te com o seu tremendo poder, não aceitando que digas que foram depostos. No entanto, faz isso e não temas: tem bom ânimo, pois como pode a serpente picar, se perdeu as presas?

Quando, de acordo com essas ordens, tive a corte diante de mim, falei como instruído pelo *rai*. Recebi em resposta sorrisos corteses daqueles dois que reconheci, pelas atitudes, como os Filhos da Solidão. Os demais mostraram grande ira.
— Quê! Tu, poseidônio, nos ofereces essa indignidade? Nosso *rai* está morto? Agradecemos, mas nós, não tu, celebraremos os ritos fúnebres. Quanto ao governo de Suern, rimos com desprezo! Retira-te! Nós nos governamos. Entrega-nos o nosso rei, e tu, cão, deixa este país!

Em resposta, reafirmei com ênfase a minha autoridade. Confesso que senti medo, intimamente, quando a expressão de um desses homens que nunca sorriam ficou escura de intensa raiva, e ele apontou um dedo para mim, dizendo:
— Morre, então!

Não tremi exteriormente, embora em parte esperasse ser morto ali. Não senti nenhum abalo, apesar de que a ameaça, embora sem ter sido fatal, não foi retirada. Aos poucos, a fúria do ministro deu lugar à surpresa, e ele abaixou o braço, encarando-me estupefato. Ordenei a meus guardas que o manietassem e conduzissem ao *vailx*. Então falei:

— Suern, teu poder terminou. Assim disse Ernon. Ele disse que de agora em diante comerás o pão com o suor de teu rosto. Poseidônis reinará sobre esta nação. Eu, enviado especial de Gwauxln VII, *rai* de Poseidônis, destituo a todos que aqui estão do poder, exceto aos dois que não mostraram escárnio, mas cortesia. Enquanto eles permanecerem aqui, o que não será por muito tempo, eu os farei governadores de Suern. É o que tenho a dizer.

De fato, eu dissera, e em grande parte, sem autorização. Fiquei agoniado e em dúvida se o *rai Gwauxln* me reprovaria. Mas não deixaria aqueles ingratos perceberem minha indecisão. Tomei um rolo de pergaminho e redigi de memória o termo de nomeação dos governadores das províncias de Atl, designando um dos *incalene* para o posto. Coloquei o meu selo de embaixador extraordinário, seguido do de Gwauxln como *rai*, usando tinta vermelha, para o que tive que enviar um mensageiro a Anzimee, no *vailx*. O motivo de eu indicar só um dos Filhos para governador é que apenas um ficaria. O outro preferiu pedir transporte para Caiphul em nosso *vailx*.

Entreguei então ao governador sua nomeação, e ele recebeu o documento com a observação *"És de fato um homem, agora, não mais um menino"* — palavras que, embora ditas com bondade, caíram na ocasião em ouvidos desatentos, pois, enquanto voltava ao *vailx*, sentia-me realmente preocupado com o que temia que tivesse sido o ápice da inconveniência de minha parte. Chamei o *rai* Gwauxln, e quanto ele atendeu, contei-lhe o que havia feito. Ele ficou sério, e disse apenas:

— Volta para casa.

Imaginem minha angústia. Sem repreenda nem ordens, mas também sem qualquer explicação, mandava-me retornar. Foi então que procurei Anzimee, e encontrando-a em sua cabine, contei-lhe tudo. Sabíamos que nosso *rai* podia ser severo nas punições, conquanto essas se traduzissem em formas como a demissão do cargo por ser indigno de confiança. Anzimee ficou bastante pálida, mas ofereceu-me palavras de encorajamento:

— Zailm, eu só consigo ver que agiste bem. E então, por que nosso tio foi tão extremamente reservado? Deixa que te dê uma poção; deita aqui neste divã e toma o que vou dar-te.

Tomou algumas pastilhas de um remédio amargo, colocou em um pouco d'água, e deu-me para tomar. Dez minutos depois eu estava dormindo.

Ela então deixou o quarto e, como soube depois, chamou seu real tio ao *naim*, e expôs-lhe a situação. Ele ficou preocupado com o efeito de suas palavras, que não foram intencionais, como disse a ela, e não teria acontecido se ele não estivesse naquele momento tentando resolver os difíceis problemas políticos que se apresentavam em razão do falecimento do *rai* Ernon. Disse ainda: — Não te preocupes, pois Zailm não foi chamado de volta para ser punido; estou muito satisfeito, e o chamei por uma razão inteiramente diversa.

Dormi durante horas, e quando acordei, finalmente, Anzimee estava sentada ao meu lado, e contou-me o que Gwauxln dissera. Como já era quase noite, decidi ir para meu quarto e preparar-me para a refeição da noite. A caminho, cruzei com o Filho que estava indo conosco para Caiphul. Para ele, parecia uma grande novidade viajar como estava fazendo, embora fizesse poucos comentários a respeito.

Era mesmo, refleti, algo diferente estar cruzando os ares à velocidade de 27 quilômetros por minuto,[4] a 1,6 quilômetro de altitude. Tentei imaginar como seria isso para alguém como nosso passageiro; mas depois de cinco anos de familiaridade com esse meio de transporte, não tive muito êxito em imaginar o que sentia com essa experiência.

Enquanto viajávamos para oeste, o Sol parecia estar sempre parado no mesmo lugar, pois sua velocidade, ou antes a da Terra, era igual à nossa. Já estávamos voando havia cinco horas e percorrido mais de metade da distância, sendo o percurso completo de uns 1.100 quilômetros. Os últimos 300 quilômetros levariam umas três horas, o que para minha impaciência parecia tanto, que eu media com passos aflitos o salão. Conheci, dos dias de Poseidônis para cá, uma época em que um trajeto muito mais lento seria considerado veloz; mas à época, um véu a ocultava, e a comparação era impossível.

"O homem nunca está feliz — sempre está por ser."

---

[4] Cerca de 1.600 quilômetros por hora. N.T.

Capítulo 17
Rai ni Incal — Cinzas com cinzas

Em um esquife diante do Assento Sagrado, na face leste da Pedra do Maxin do Incalithlon, jazia tudo de material que restara na terra de Ernon de Suern. Dentro do triângulo reuniam-se alguns poucos assistentes convocados pelo *rai* Gwauxln e sobre todos brilhava a misteriosa luz que não precisava de combustível, nem qualquer guardião para sua alta chama. No alto, pendiam as estalactites brancas do teto, irradiando de inúmeros pontos a luminosidade das lâmpadas que de baixo não se podia perceber.

"Fecha seus olhos, sua tarefa terminou."

Ao lado do corpo em repouso estava Mainin, o *incaliz*, com a mão no ombro do *rai* morto. Depois que o potente órgão tocara um melancólico réquiem, Mainin proferiu a elocução fúnebre, dizendo:

— Mais uma vez uma alma muito nobre passou pela Terra. Como foi tratado aquele que deu a vida a serviço de seus filhos? Em verdade, Suern, tuas ações te vestirão de saco e cinzas para sempre! Ernon, meu irmão, Filho da Solidão, damos-te adeus com grande tristeza na alma; não por ti, que estás descansando, mas por nós, que ficamos. Muitos anos se passarão antes que te vejamos encarnado outra vez. Quanto a esta tua pobre argila, diremos a ela as palavras finais, pois cumpriu sua tarefa e é entregue ao *Navazzamin*. Ernon, meu irmão, que a paz esteja para sempre contigo.

De novo o potente órgão soou com solene tristeza; enquanto os atendentes erguiam o esquife e o colocavam sobre o cubo do Maxin, o *incaliz* ergueu as mãos para o alto e disse:

"Para *Incal* vá sua alma, para a terra essa argila".

O corpo, atado com faixas claras ao esquife, foi erguido com ele até a posição vertical, oscilou um instante nessa posição, e tombou dentro do Maxin. Nem uma chama, nem fumaça, nem cinzas restaram com o desaparecimento instantâneo do corpo e seu esquife.

O funeral terminara. Quando nós, que habitávamos em Caiphul, nos viramos para partir, vimos algo que nenhuma criatura então viva jamais presenciara no *Incalithlon*. Atrás de nós, no auditório, estavam grupos de seres vestidos com hábitos cinzentos, encapuzados como padres romanos. Havia uma quantidade enorme deles, reunidos em grupos de sete ou oito, entre a massa de pilares de estalagmites que sustentavam o teto. Enquanto os fitávamos, esses seres foram se desvanecendo lentamente, até que restassem apenas os quatro caiphalianos, um pequeno grupo no vasto salão onde antes havia centenas de *incalenes*, Filhos da Solidão em formas astrais, reunidos para o funeral de seu irmão. Sim, na verdade, os Filhos tinham vindo para assistir à comovente cerimônia em que os restos mortais de seu companheiro morto eram devolvidos aos elementos da natureza.

"Ninguém conhece seu sepulcro. Nenhum homem jamais viu. Pois os anjos cavaram o relvado. E o corpo ali ficou."

Capítulo 18
A grande viagem

O *rai* Gwauxln ordenou-me que fosse a Agacoe para descrever minha viagem, embora ficasse entendido antes do funeral de Ernon que minhas ações em Suern o haviam deixado satisfeito.

Quando obedeci à sua ordem, o que aconteceu quase imediatamente após, pois estávamos todos prontos para isso, Gwauxln, na presença de seus ministros do governo, ofereceu-me o lugar de suserano da terra de Suern. Fiquei imensamente surpreendido, mas senti que poderia aceitar, e dirigindo aquele país, prestar bons serviços. Mas o fato de que ainda não me formara no *Xioquithlon* fez-me hesitar. Por fim falei, dizendo:

"*Zo rai*, sei que fizeste a teu servo uma grande honra. Contudo, meu soberano, sabendo que ainda não adquiri todo o conhecimento que desejo, sendo ainda apenas um *xioqene*, peço tua permissão para recusar o cargo."

Gwauxln sorriu e disse:

"Está bem. O governador que indicares cumprirá teus deveres pelos três anos necessários — ou quatro anos, melhor dito, pois não desejo que estudes mais neste ano — e depois disso assumirás legalmente teus deveres. Tenho uma razão para isso, além da formalidade: acredito que um homem que tem um objetivo, um propósito definido em vista, tem mais probabilidade de sucesso que um que não tenha. É um bom estímulo. Portanto, designo-te suserano de Suern, e te dispenso para continuares tua viagem de lazer com teus amigos, assim que assinares este documento. Está bem escrito, embora tua mão trema um pouco por causa do nervosismo. Fica calmo." Essas últimas palavras foram ditas enquanto, tremendo ligeiramente, eu assinava.

* * *

Estávamos viajando novamente.

Anzimee, travessa, insistia em chamar-me de "senhor Zailm" ao saber de meus futuros deveres de suserano.

Nosso curso levava-nos novamente para leste, embora mais ao sul, pois não pretendíamos visitar Suern dessa vez; em lugar disso, desejávamos seguir para nossas colônias americanas, como tínhamos planejado na rota original, depois de deixar Suern.

Atravessamos o Necropan (África) equatorial, depois o Oceano Índico e as atuais Índias Ocidentais, que então eram colônias de Suern chamadas de Uz, e continuamos pelo vasto Pacífico, sempre para leste.

"Umaur! A costa de Umaur!", foi o brado que chamou nosso pequeno grupo para as janelas, para contemplar uma linha escura e serrilhada que limitava o horizonte a leste. Era a distante cordilheira dos Andes, surgindo quase ao nível de nosso *vailx* que, a pouco mais de três quilômetros acima do oceano, lançou-se na direção da escura e enevoada linha. Lá embaixo, o vasto espelho azul do Pacífico, aparentemente sem ondas por causa da distância.

Umaur, que seria a terra dos incas numa época ainda bem distante, onde, dali a oito séculos, encontrariam refúgio os que tivessem a sorte de escapar de Poseidônis quando ela, não mais a "rainha do mundo", afundasse ns águas do Atlântico. Oito séculos — o lapso de tempo que veria os orgulhosos atlantes se tornarem tão corrompidos, que sua alma não refletiria mais a sabedoria do Lado Obscuro, porque o equilíbrio moral tendo desaparecido, a chave para a intimidade da natureza se perderia, e com ela o domínio dos ares e das profundezas do oceano. Ah, pobre Atl!

Umaur, porém, estendia-se à nossa frente, e ignorando os futuros delitos de nossos pósteros, nós contemplávamos a costa que se aproximava rapidamente, e comentávamos suas majestosas cadeias de montanhas vistas através de telescópios. Estávamos contemplando a terra aonde, passados milhares de anos, chegariam os conquistadores espanhóis, chefiados por Pizarro, e encontrariam uma raça governada pelos incas, um termo preservado através dos séculos, desde a época em que seus mais antigos ancestrais fugiram da submersa Poseidônis, denominando a si mesmos de "Filhos do Sol".

Umaur era a região das pedreiras de Poseidônis, e de muitas de suas ricas minas de minérios. Aqui também havia extensas plantações, e a leste das montanhas havia, plantados metodicamente, bosques de árvores da borracha, a genuína *Siphonia elastica* da Botânica. Ali também cresciam as cinchonas, assim como muitas outras árvores agora nativas da América do Sul, trazidas de Poseidônis. Até serem plantadas além-fronteiras pelos atlantes, esses tesouros vegetais nunca haviam crescido fora de Poseidônis; e hoje, as florestas nativas de árvores e arbustos característicos da América do Sul são os descendentes diretos da produção de nossas fazendas e plantações de Umaur. Naquela época distante, o rio Amazonas atravessava o continente por dentro de diques, e as selvas cerradas do Brasil eram áreas drenadas de solo cultivado, assim como o território adjacente ao rio Mississipi é hoje. Um dia este rio, o "Pai das Águas" do norte, irá derramar-se, irrefreado e sem barreiras, sobre as terras baixas que mesmo no presente se situam em nível mais baixo que o dele. Ele fará isso porque essas coisas devem acontecer nas mutações dos séculos vindouros. E o fará também porque a história se repete; não pensem que irão herdar, reencarnar, as glórias de Atl e escapar de suas sombras. Todas as coisas se movem em ciclos, mas o ciclo é o da espiral, sempre girando em um plano mais alto de cada vez. Mas a época em que estas coisas acontecerão, e ninguém poderá evitar, ainda está longe no horizonte do tempo futuro, tão longe como o grande recuo do Amazonas no horizonte do passado.

Dos grandes pomares e plantações e casas de Umaur, ao norte do continente, aos ermos desérticos de sua região sul, onde um dia a angústia iria dominar-me — e depois para o norte, ao longo da costa leste do continente, fomos prosseguindo, deixando os feitos de nossos milhões de colonos, os *umauri*, à imaginação do leitor.

Chegamos sucessivamente ao istmo do Panamá, que então media mais de 640 quilômetros de largura; ao México (Incalia do Sul), e às imensas planícies do Mississipi. Estas constituíam as grandes pastagens onde Poseidônis obtinha a maior parte de seu suprimento de carne e onde, ao serem descobertas pelo mundo moderno, imensas manadas de descendentes selvagens de nossos antigos rebanhos vagavam às soltas. Búfalos, alces, ursos, veados e ovelhas montanhesas, todos oriundos de remotas eras. Lamento vê-los mortos tão indiscriminadamente como acontece; espécies tão antigas deveriam ser preservadas.

A esses extensos vales iriam chegar, em séculos futuros, hordas invasoras de barco, como também ao istmo muito mais ao norte, onde hoje só há vestígios de sua existência nas Ilhas Aleutas. Viriam da Ásia, que seria, como ainda agora, em grande parte uma terra de semibárbaros, exceto quando o poder de Suern estendeu uma influência civilizatória, fazendo retirar-se as tribos que, em época futura, iriam ocupar um nicho tão grande da história com o nome de semitas. Porém, tendo os bárbaros que vieram para Incalia, ocupado as planícies da América do Norte e regiões lacustres — chegaria um momento em que essas hordas desapareceriam da Terra para sempre; e muito mais tarde, pessoas curiosas diriam: "Aqui viviam os construtores de montículos".[1]

Ainda mais para o norte, na atual "Região dos Lagos", existiam grandes minas de cobre, onde obtínhamos muito de nosso cobre, e alguma prata e outros metais. Era uma região fria, muito mais fria do que é hoje, porque se situava no extremo da linha de retrocesso da época glacial, uma época que terminou muito mais

---

1 *"Mountbuilders"*, um povo desconhecido que construía pequenas colinas artificiais, cujos vestígios foram identificados no território dos EUA. N.T.

recentemente do que os geólogos acreditaram até agora e ainda acreditam.

A oeste ficavam o que em épocas passadas os americanos chamavam de "as grandes planícies". À época de Poseidônis, porém, tinham um aspecto muito diferente do de hoje. Não eram áridas, nem escassamente habitadas, embora intensamente frias no inverno, em razão da proximidade dos vastos glaciares do norte. Os lagos do Estado de Nevada não eram, então, simples leitos secos de bórax e soda, nem o "Grande Lago Salgado" de Utah era uma extensão de água amarga e salobra com o tamanho relativamente pequeno de hoje. Todos os lagos eram grandes extensões de água doce, e o "Grande Lago Salgado" era um mar interno de águas doces, trazendo *icebergs* dos glaciares de suas margens ao norte. O Arizona, esse tesouro dos geólogos, tinha seu maravilhoso deserto de hoje coberto pelas águas do "Miti", como chamávamos o grande mar interior daquela região. A vegetação cobria todas as ondulações das centenas de quilômetros quadrados não ocupados pelos encantadores cursos de água. Às margens do Miti havia uma considerável população, todos colonos de Atl, e uma cidade não de pequeno tamanho.

* * *

Leitor, estás lembrado de uma promessa feita nas páginas anteriores, em que antecipei um texto de descrição daquela paisagem, dizendo que seria feito por outra pena que não a minha? Devo me desdizer agora, porque um geólogo já está no meu encalço por haver declarado que existiu no Arizona um lago ou mar interior tão grande como o Miti, e em época tão recente — 12.000 anos atrás. Lembrou-me que chegou à conclusão, por meio de evidências oferecidas pela erosão e pelo desgaste das rochas naquela região surpreendente, que embora o deserto do Arizona tenha sido indiscutivelmente um lago ou fundo de mar desde a época peleozóica, quando ali existia um oceano pouco profundo, contudo esse lago certamente fora "de uma época anterior ao Plioceno, sendo provavelmente da época Cretácea". Não, meu amigo. Essas gargantas e estupendos cânions não são simplesmente o resultado gradual do tempo, da água e dos elementos. Ao contrário, se formaram subitamente, ao se despedaçarem e racharem as camadas de forma análoga, embora em escala muito maior, à da erupção vulcânica em Pitach Rhok, descrita no primeiro capítulo desta obra. As maravilhas do Arizona e o desfiladeiro do "Grande Cânion" do Colorado foram o resultado de uma tremenda oscilação da crosta terrestre. Até hoje os leitos de lava do retângulo situado entre os paralelos 32° e 34° norte e 107 e 110° de longitude oeste, na região dos montes Taylor e San Francisco, têm poucos similares no planeta, no que tange ao tamanho. Depois dessa terrível destruição, depois que o mar de Miti se derramou no Ixla (Golfo da Califórnia), as chuvas e torrentes de onze mil invernos e o ressecamento desgastante de outros tantos tórridos verões poliram, esculpiram e trabalharam as superfícies rasgadas e ásperas nas formas mais fantásticas, reivindicando para si o resultado, e negando a autoria maior de Plutão.[2] O geólogo parece ter encampado isso, colocando a existência do lago em época muito anterior, para poder dar o tempo suficiente para a consecução desse trabalho gigantesco. Mas não é assim que aconteceu, porque eu vi esse lago ali, doze mil anos atrás.

Quanto ao texto, é de autoria de um autor bem atual, mas descreve tão fielmente a região tal como é hoje, que desejo partilhar o mesmo com os leitores. É do major J.W. Powell, do Exército dos EUA:

> As paredes do cânion têm altos contrafortes escavados em profundos nichos. Rochedos coroam os penhascos, e o rio corre lá embaixo (...). O Sol brilhava esplendorosamente nas paredes avermelhadas, matizadas de verde e cinza onde as rochas eram cobertas de líquens; o rio ocupava todo o fundo, de uma parede a outra, e o cânion se abria como um glorioso portal.
>
> Porém, ao anoitecer, quando o Sol desceu e as sombras se estenderam sobre o cânion, os raios avermelhados e os matizes rosados, mesclados com tons de verde e cinza, devagar se transformaram em marrom, em cima, e sombras escuras se arrastavam embaixo — e parecia o portal de uma região de trevas. Deitados, olhávamos direto para cima pela fenda do cânion e víamos apenas um pedaço de céu azul aparecendo no alto — uma fatia de céu azul-escuro só com duas ou três constelações a nos fitar. Não pude dormir por algum tempo, porque as emoções do dia não tinham se dissipado. Em seguida, percebi uma estrela brilhante que parecia pousada na beira dos rochedos acima. Devagar, ela pareceu flutuar do ponto onde estava pousada e atravessar o cânion. De início, parecia uma jóia na beira do penhasco, mas à medida que se movia, quase temi que fosse cair. De fato, parecia descer numa curva suave, como se o céu, com as estrelas, se estendesse sobre o cânion, apoiado nas duas paredes, e pendesse um pouco sob o próprio peso. A estrela parecia estar mesmo dentro do cânion, tão altas eram as paredes (...).
>
> O sol da manhã brilhava na superfície colorida. Os ângulos salientes pareciam em chamas, e os côncavos mergulhados na sombra; as rochas, vermelhas e marrons delineavam-se na profunda escuridão abaixo, mas acima

---

2 Plutão, deus dos mundos subterrâneos, como tal personificava os movimentos tectônicos, erupções e terremotos. N.T.

tudo era uma chama escarlate. A claridade em cima, que se intensificava por causa das rochas claras, e a penumbra embaixo, mais acentuada onde não batia o sol, pareciam aumentar a profundidade do tremendo cânion, e davam a impressão de uma longa distância até a região ensolarada — e era mais de um quilômetro e meio!

Nem as extensas águas do Miti, rodeadas de altos picos em épocas passadas, belas como um sonho, eram mais grandiosas e tão magníficas como esse impressionante desfiladeiro que tomou o seu lugar.

Deixando a cidade de Tolta, às margens do Miti, nosso *vailx* dirigiu-se para o norte, atravessando o lago Ui (Grande Lago Salgado) até sua margem noroeste, a centenas de quilômetros. Nessa margem distante erguiam-se três altos picos, cobertos de neve, os Pitachi Ui, que davam nome ao lago a seus pés. No mais alto deles existia, talvez havia séculos, uma construção feita de pesadas placas de granito. Fora erguida originalmente com o duplo objetivo de servir para a adoração de *Incal* e como observatório astronômico, mas em minha época era utilizada como um monastério. Não existia estrada até o alto, e a única forma de atingi-lo era de *vailx*.

Há cerca de vinte anos, mais ou menos, contados deste ano de 1886, um intrépido explorador americano descobriu a famosa região de Yellowstone, e na mesma expedição chegou a oeste, até os Three Tetons, em Idaho. Essas três montanhas eram as Pitachi Ui dos atlantes. Atingida a base desses altos picos, o professor Hayden conseguiu, com um esforço incansável, atingir o topo do pico mais alto, a primeira ascensão realizada nos tempos modernos. No alto, encontrou uma estrutura de placas de granito sem telhado, dentro da qual, declarou: "Os restos de granito eram uma forte indicação de que não tinham sido tocados durante onze mil anos". Sua conclusão foi de que esse fora o tempo transcorrido desde a construção das paredes de granito. O professor tinha razão — como eu por acaso sei. Ele estava vendo uma estrutura erguida por mãos de poseidônios 127,5 séculos atrás, e foi porque o professor Hayden tinha sido outrora um poseidônio e detivera um cargo do governo como adido à equipe oficial de cientistas que trabalhava em Pitachi Ui, que ele foi atraído carmicamente a retornar ao cenário de seu trabalho de outrora. Talvez, se tivesse conhecimento disso, teria aumentado o interesse que sentiu pelos Three Tetons.

Nosso *vailx* pousou na borda do templo de Ui quando a noite estava caindo. Fazia muito frio, nessa latitude norte e a essa altura. Porém, os sacerdotes, dentro do robusto e bem construído edifício, nunca passavam frio, porque Atl tinha as forças do Lado Obscuro, extraídas no *Navaz*, a seu serviço.

O motivo fundamental de nossa visita era prestar reverência a *Incal*, quando se erguesse na manhã seguinte. Durante toda a noite, os feixes brilhantes da luz rubi de nossos faróis cintilaram sobre as águas, para que os poseidônios que olhassem naquela direção soubessem que um *vailx* real estava visitando o local.

Na manhã seguinte, depois do alvorecer, nossa nave se ergueu e partiu na direção do leste, para visitarmos nossas minas de cobre na atual região do Lago Superior.

Ali fomos conduzidos em vagonetes elétricos através de labirintos de galerias e túneis. Antes de partirmos, o supervisor das minas presenteou cada um de nosso grupo com várias peças de cobre temperado. A mim deu um instrumento semelhante aos modernos canivetes, que guardei até o dia de minha morte, e a que sempre dei muito valor, por causa de sua ótima têmpera; era muito afiado, o que permitira escanhoar-se com ele, e raramente precisava ser afiado. Os poseidônios eram mestres nessa arte, hoje perdida, de temperar o cobre. Em retribuição, ofereci ao supervisor uma pepita de ouro nativo. Ele perguntou de onde vinha, e quando eu disse, observou:

"Qualquer espécime da famosa mina de Pitach Rhok seria altamente prezado por um velho mineiro como este teu servo, mas, sobretudo, quando presenteada pelo próprio descobridor da mina."

Eis que aquela mina, descoberta por mim quando era um jovem obscuro, acabou se mostrando tão rica, que se tornou famosa em todo o mundo civilizado.

Depois de deliberarmos em grupo, decidimos não prosseguir viagem para o norte, porque todos nós já tínhamos visto as geleiras do Ártico pelo menos uma vez, e alguns, várias vezes. Em vez disso, decidimos ficar mais uma semana em Incalia, e passar esses onze dias visitando com mais calma o extenso território onde — embora não o soubéssemos — os anglo-saxões um dia iriam constituir a grande União Americana. Diz-se que a história se repete; acredito nisso. Certamente as raças seguem nas pegadas das que as precederam; assim como a região mais importante e populosa das colônias de Poseidônis na América do Norte se localizava a oeste da grande cordilheira hoje conhecida como as Montanhas Rochosas, assim a grandeza dos EUA se apoiaria nos Estados do oeste e do sudoeste.

O homem gosta de lugares aprazíveis para viver, gosta das terras onde a mãe natureza é amável e sorri em colheitas abundantes ao menor esforço; o homem gosta de viver em terras que dão fruto; e onde encontraria algo mais a seu gosto que o sudoeste e o oeste da Incalia de outrora? Ao longo das costas do oceano, até as montanhas da Sierra Nevada, ficava uma província de Poseidônis cuja beleza não ficava nada a dever à da região às margens do Miti. E que guardou o seu encanto, enquanto a outra deu lugar às areias secas, aos cactos e aos "mesquites",[3] e tem como inquilinos os lagartos, as cascavéis e os coiotes. Não é mais aquela "reunião de

---

3 Arbustos que crescem no sudoeste dos Estados Unidos. N.T.

lagos e reunião de terras" que foi outrora.

Quando por fim deixamos Incalia para retornar a Caiphul, a última porção visível de nossas colônias foi a costa do Maine, pois havíamos viajado para o leste e depois para o sul.

Para variar, decidimos abandonar o reino dos ares pelo das profundezas onde o tubarão é o rei. Como todo *vailx* da classe a que pertencia o nosso, este era construído tanto para viagens aéreas como submarinas; as chapas de cobertura do convés e outras partes móveis da fuselagem podiam se manter estreitamente unidas por meio de parafusos de fixação e arruelas de borracha.

Mergulhar no oceano seria muito parecido com uma aterrisagem. Porém, como estávamos a uma altitude de poucos mais de três quilômetros, mais ou menos, ordenei ao condutor que reduzisse a corrente de repulsão, diminuindo nossa flutuabilidade para fazer-nos mergulhar na água dezesseis quilômetros depois que nossa descida em ângulo começasse. Mas devia fazer isso mantendo uma velocidade que, embora baixa para um *vailx,* ainda fosse na realidade alta, isto é, que percorresse dezesseis quilômetros em dez minutos.

Quando nos chocamos com a água nessa velocidade, o impacto que o fuso sofreu foi suficientemente forte para fazer cambalear os ocupantes, e as moças soltaram exclamações.

Assim que mergulhamos na água, a repulsão foi zerada, e desencadeou-se o efeito oposto, uma força de atração maior que a da água em relação à gravidade terrestre, o que nos permitiu megulhar a uma considerável profundidade, apesar do ar contido na nave. Acenderam-se as luzes por fora das janelas, nossa velocidade adequou-se ao meio, e todos se reuniram no salão, nas janelas; dentro estava escuro, e lá fora iluminado, permitindo-nos contemplar curiosos súditos de Netuno que se juntavam perto da estranha claridade.

Enquanto nos distraíamos com isso, ouvindo as exclamações prazerosas de um ictiologista entusiasmado, ouvi uma voz familiar no meio da escuridão. Reconheci a voz de meu pai Menax, e me dirigi para o *naim*. Ele não podia me ver porque eu estava no escuro, mas eu podia vê-lo na enorme tela, porque ele estava na claridade, em casa, e sua imagem era transmitida assim; eu via não só ele, mas o ambiente em torno, assim como uma pessoa por fora de uma janela iluminada, à noite, enxerga tudo e todos no interior, sem ser vista.

— Meu filho — disse o príncipe — não devias ter permitido que teu gosto pelo inusitado te fizesse agir tão imprudentemente como fizeste, entrando no oceano a uma velocidade tão baixa, de um *ven* (96 quilômetros) por hora. Temo que tenhas uma tendência ao risco temerário que algum dia te trará infortúnios. *Incal* pune os temerários deixando que Suas leis que foram afrontadas tragam as conseqüências. Tem cuidado, Zailm, tem cuidado!

Quando a experiência com o submarino se tornou tediosa, imprimimos a nosso *vailx* o sentido contrário, um rápido, mas gradual aumento da força de repulsão — manobra que não era perigosa, como a outra de fato tinha sido — e logo nosso fuso saiu da água como uma enorme bolha, e nivelou-se ao nível para onde o *raz*, ou indicador de repulsão, fora ajustado, a algumas centenas de metros acima da superfície do oceano.

Ali, abrindo o convés, sentamo-nos ao sol e aproveitamos a brisa agradável do oceano, que soprava para o sul, na mesma direção que seguíamos. Como desejávamos chegar em casa no dia seguinte, quando a tarde refrescou fechamos o convés e subimos bem alto, onde havia menor resistência atmosférica, e nos dirigimos para o sul à máxima velocidade possível. Esta, é preciso que se diga, não era assim tão grande — como seria numa trajetória para leste ou para oeste. Se viajássemos para leste ou para oeste, avançaríamos à razão de um grau de longitude a cada quatro minutos. Porém, para o norte ou para o sul, cruzávamos as correntes da Terra, e a velocidade diminuía, e nesse sentido só podíamos nos deslocar à velocidade relativamente baixa de algumas centenas de quilômetros por hora.

Percebemos que se seguíssemos um curso direto a Poseidônis, não chegaríamos a Caiphul antes de dois dias; e como desejávamos chegar na manhã seguinte, a perspectiva da demora era tão tediosa, que decidimos fazer um curso em ângulo, isto é: apontaríamos o *vailx* para o sudeste, para a costa de Necropan, e depois para sudoeste, para Caiphul. Embora a distância aumentasse de muitos milhares de quilômetros, a velocidade maior nos permitiria alcançar o destino a tempo de tomar o desjejum em casa.

À bela Caiphul
Nada se pode comparar;
Rainha da Atlântida
E rainha do mar.

Capítulo 19
Um problema bem resolvido

No retorno a Caiphul, o trabalho me esperava, trabalho que eu podia realizar sem danos à minha saúde delicada — na verdade, tendendo a melhorar e permitindo um nível satisfatório de estímulo mental, sem a contínua tensão do estudo.

No dia de minha volta à casa, Menax observou, de uma forma que me deixou pensativo:

"Soube que o povo de Suern perdeu o poder que tinha até agora de obter alimentos por meio da magia. Deve ser um terrível problema, para eles, confrontar-se com as exigências da fome".

Se Menax teve ou não, com essas palavras, o objetivo de despertar-me para a consciência de meus deveres, não pude saber, à época. No entanto, ponderei seriamente a questão. Dei-me conta de que aquele povo devia ter poucos — se é que tinha alguns — campos cultivados, como nós; que provavelmente não detinham conhecimento suficiente das técnicas de agricultura, de cultivo e similares; e por fim, que não possuíam músculos acostumados ao trabalho. Na verdade, deviam ser, em tudo que se referisse a esses assuntos, uma espécie de crianças grandes. Quanto mais eu considerava o problema, mais alarmante me parecia a situação. Dei-me conta de que precisariam receber alimentos durante um ano, no mínimo. Teriam que aprender também as técnicas de agricultura, horticultura e criação de gado, ovelhas e outros animais domésticos. Depois, seria preciso ensinar-lhes também outras técnicas como as de mineração, tecelagem e metalurgia. Na realidade, era uma nação inteira, de 85 milhões de pessoas, a quem eu precisava ensinar as artes da vida. Quando essa conclusão me atingiu com toda a força, fez-me cambalear. Pobre de mim! Caí de joelhos na relva dos jardins e orei a *Incal*. Quando me ergui, voltei-me e dei com Gwauxln fitando-me de forma singular. O rosto era tão sério quanto possível, mas seus magníficos olhos estavam risonhos.

— Sentes-te capaz dessa tarefa? — indagou.

— *Zo rai* — repliquei corajosamente — teu filho está muito preocupado. Capaz? Sim, se *Incal* me guiar.

— Boa resposta, Zailm. Terás os recursos de Poseidônis para auxiliar-te, e estarão a teu dispor.

Para resumir: as escolas foram criadas, os postos de distribuição de alimentos e vestuário foram instalados em determinados distritos, e o povo de Suern, a grande península do moderno Hindustão e partes da Arábia, aprendeu como sobreviver confortavelmente a partir do próprio esforço. Devo dizer que nem tudo isso foi feito só com a minha supervisão; dei o início, e durante três anos e meio o trabalho prático foi dirigido por mim e meus vice-suseranos. Talvez eu não fosse grato a *Incal*; talvez nunca mais tivesse pensado, naqueles dias de prosperidade, na prece daquele rapaz pobre e desconhecido no alto de Pitach Rhok. Mas talvez o tenha feito. Prefiro pensar que jamais tenha esquecido daquela manhã e dos meus votos.

Contudo, é estranho que a natureza humana possa se desviar do que ela sabe ser a linha reta, o que é certo; pode ter uma consciência aguda de todos os seus erros e ainda achar que foi fiel a suas promessas. Os deslizes morais são os mais freqüentes — aqueles pecados que não constituem estritamente infrações da justiça comum, mas são como os de Madalena. É estranho, também, que a humanidade raramente seja indulgente com as vítimas, e em geral poupe de censuras o verdadeiro criminoso. Não pode haver justiça verdadeira no julgamento de qualquer assunto neste mundo até que, em crimes dessa espécie, sejam aplicadas penas iguais, independentemente do sexo. Essa proposta parece muito radical? Então considere o seguinte: a justiça humana é um sistema; se ele for falho em um único ponto, é falho em geral, porque justiça significa perfeição, e não perfeito o que tem defeitos.

A história posterior da melhor parte do povo de Suern pode ser encontrada na do povo judeu. Em verdade, povo meu, nós vimos juntos tanto a glória como o sofrimento. Estamos juntos desde muito antes desta época, e de outras que passaram. A semente que plantei com grande esforço foi semeada em solo inculto, e produziu cem vezes mais. Ainda não chegou o fim; a colheita ainda não foi recolhida, nem o Povo Escolhido recebeu sua recompensa pela grande tribulação que passou desde que Ernon de Suern deixou de ampará-lo. O caminho foi longo, mas ao final eles deixarão o deserto em que penetraram há tanto tempo, e Jeová dará descanso a seus filhos.

* * *

Como o *rai* Ernon dissera, o general de Sald nunca retornou à sua terra natal. Vagueava pela cidade, sem ser quase notado, e fez de seu alojamento principal o *vailx* de um oficial de Poseidônis aquartelado com outros em Ganje.

Um dia, quando já fizera uma boa amizade com este, o homem

de Sald pediu ao amigo que lhe proporcionasse o prazer de um vôo; nunca havia feito um passeio de *vailx* e desejaria fazê-lo. No momento o oficial estava ocupado, e prometeu atendê-lo no dia seguinte. De fato, no dia seguinte após o jantar, que era servido no convés aberto do *vailx*, o vôo se realizou. O general havia bebido muito vinho e estava bastante trôpego. Estava ali junto um homem de Suern que fora um dos conselheiros do *rai* Ernon. O general aproximou-se do balaústre da popa do *vailx* para olhar para baixo. O de Suern estava perto. Não gostavam um do outro, e o sald, sob a influência do vinho, tornou-se agressivo. O suern — a propósito, aquele que ficara tão espantado com o fracasso de seus poderes ocultos quando tentou matar-me — deu um empurrão disfarçado no general, e este caiu em cima do balaústre. Como era robusto, seu peso fez com que se inclinasse, provocando um desequilíbrio maior, e ele caiu por sobre a amurada; num movimento rápido, conseguiu segurar-se com as duas mãos no balaústre. E ali ficou pendurado, incapaz de erguer-se, pedindo socorro aterrorizado.

O capitão poseidônio não era um homem mau, porém, era um tanto estúpido, em conseqüência de um golpe na cabeça, e embora fosse capaz de ser um oficial aceitável, não poderia pretender nenhuma posição mais elevada. Antes de seu ferimento, havia sido um homem talentoso, e ainda era um inventor de pequena monta. Isso não lhe servia de muito agora. Acabou tornando-se obcecado, e estava sempre procurando economizar energia. Enquanto o capitão se imobilizava em estúpida indecisão, o suern entrou e o empurrou para o lado, enquanto agarrava o aterrorizado general pelo braço. E no instante seguinte o ex-conselheiro e o general de Sald estavam girando e rodopiando em direção à terra, a um quilômetro abaixo. O poseidônio ficou contemplando os dois que caíam, e com a mente tomada por sua mania, exclamou:

— Que desperdício de energia! Ao menos se caíssem sobre algum mecanismo que pudesse levantar um peso.

Como tudo aconteceu, o oficial não sabia dizer, e por falta de testemunhas, juntamente com sua óbvia estupidez, o tribunal o inocentou.

Quando soube do caso, eu estava com o governador nomeado por mim, o qual informou que havia dispensado o capitão do comando do *vailx* e de suas funções, colocando outro poseidônio em seu lugar.

O general era o pai de Lolix, e eu achei que devia dar-lhe a notícia o mais delicadamente possível. Fiquei estupefato quando, ao fazê-lo, a ouvi dizer calmamente:

— Mas o que, por favor, isso tem a ver comigo?

— Como, teu pai... — comecei, quando ela interrompeu:

— Meu pai! Estou satisfeita. Eu, que amo a coragem, poderia sentir outra coisa que não desgosto com sua covardia diante da morte, gritando de pavor como uma criança? Que vergonha! Não

chamo de pai a um covarde.
Voltei-me, totalmente horrorizado, e silenciei por falta de palavras para exprimir o que sentia. Notando minha atitude, Lolix veio até mim, e apoiando a pequena mão alva no meu braço, olhou-me diretamente no rosto, de forma que meu olhar caía em seus magníficos olhos azuis.
— Zailm, meu senhor, pareces ofendido! Eu disse algo que pudesse te ofender?
— Ó deuses! — exclamei. Depois, lembrei-me de uma conclusão anterior minha, de que a jovem de Sald não passava de uma criança em alguns sentidos, e disse:
— Ofender-me? Não, *astiku*.
Então ela passou a mão em torno de meu braço e caminhou ao meu lado. Essa breve experiência foi o começo de outra, mais longa, que, embora muito agradável durante certo tempo, terminou em sofrimento ali, na Atlântida, e como a fênix, ergueu-se das cinzas dos séculos poucos anos atrás. Verdadeiramente, "o mal que o homem comete vive depois dele".
Como era óbvio que sua crueldade era só falta de evolução, não me aborreci com Lolix. Reprovei-a, sim, mas em vez de me afastar com indignação cega, procurei induzi-la a perceber a enormidade do erro que era a crueldade de coração.
De acordo com o costume de seu povo, Lolix pediu-me para casar com ela. Claro que eu não podia aceitar, embora fosse agradável ver aquela linda jovem fazendo o possível para conquistar-me. Não podia aceitar porque eu amava Anzimee. Desse amor por minha doce e feminina irmãzinha eu nunca falei a Lolix, não desejando possíveis conseqüências. Mas fiz pior — disse-lhe uma inverdade: que a lei de Poseidônis proibia o casamento com estrangeiros.
— Sem exceção? — inquiriu Lolix.
— Jamais. A punição é a morte.
Era outra falsidade, porque não existia pena de morte em Poseidônis, proibida que era pela lei do Maxin.
— Então, isso não importa. Tu és jovem e forte, corajoso e atraente. Por isso te amo. Se a lei proíbe, dá no mesmo. Ninguém precisa saber além de nós.
A última barreira caiu. A consciência adormeceu. A lembrança de Anzimee foi afastada como se evita um anjo acusador. Teria eu pensado em Pitach Rhok e meus anos de inocência? Ou no misterioso estranho que eu escutara com temor no início de minha vida em Caiphul? Sim, eu recordei tudo isso. Pensei em *Incal*, e disse:
— *Incal*, meu Deus, se estou prestes a errar diante de ti, não cumprindo as leis da sociedade e do casamento, castiga-me com a morte antes que eu peque.
Incal castigou-me, não ali, mas depois, através dos tempos. Não me puniu naquele momento: a consciência adormeceu mais profundamente, enquanto a paixão despertava.

Capítulo 20
Fingimento

O ano em que não me permitiram mais estudar passou rápido e sem novidades, exceto pelo fato de que se aprofundaram as complicações por causa de Lolix. Meu afeto por Menax tornou-se quase tão grande quanto seu amor por mim, que era ilimitado. Porém, não lhe falei daquilo que cada vez mais e mais me pesava, à medida que passava o tempo: meu caso secreto com Lolix. Teria sido melhor fazê-lo; mas eu não tinha coragem, porque me faria perder tudo o que mais prezava. Pelo menos é o que eu temia.
 À medida que o tempo passava, comecei a questionar minha situação. Será que eu amava essa linda moça? Não como amava Anzimee. "Ó *Incal*, meu Deus, meu Deus!", gemia com angústia na alma. A consciência ainda dormia, porém, se agitava, inquieta. O fato de que Anzimee era minha irmã adotiva não impediria que se tornasse minha esposa, pois o princípio de consangüinidade não seria violado. Meus próprios atos, no entanto, é que bloqueariam o caminho.
 Meu plano de fazer Lolix mudar-se para um palácio no outro lado de Caiphul, distante do *Menaxithlon*, foi executado com sucesso, sem despertar suspeitas em ninguém, nem o ciúme de Lolix. Fingimento, fingimento!
 Pude então cortejar Anzimee livre da presença daquela que poderia ter se tornado perigosa, se suspeitasse que a filha de Menax não era minha irmã consangüínea; entretanto, meus dias começaram a ser povoados de receios, porque eu havia semeado dentes de dragão; o desfecho desses casos guiados pelo mal é invariavelmente sofrimento e amargura. Supondo que Lolix não se cansasse de mim, e eu não tivesse forças nem vontade para fazer com que isso acontecesse, as leis da natureza poderiam provocar uma descoberta dos fatos que seria fatal às minhas esperanças; e embora muitas vezes eu bradasse com a alma em sofrimento que era um miserável infeliz, a consciência ainda dormia.
 Meu caráter, entretanto, não era dos que se intimidam em suas

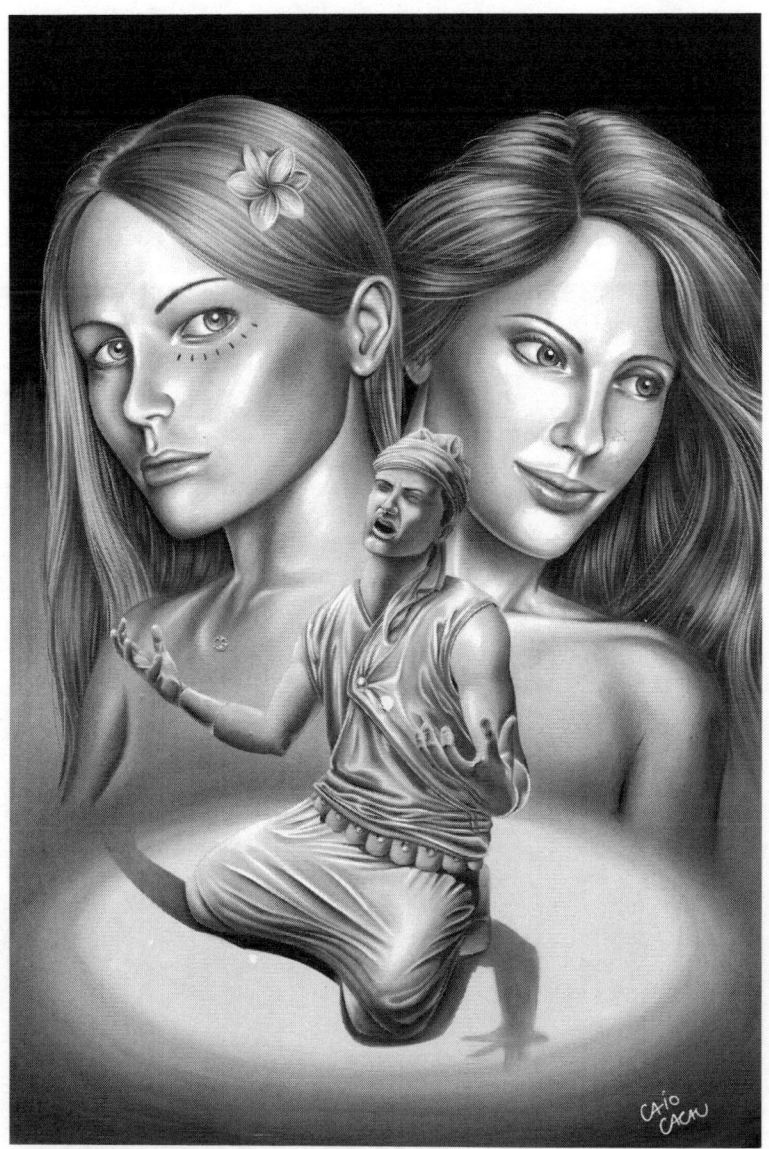

À medida que o tempo passava, comecei a questionar minha situação. Será que eu amava essa linda moça? Não como amava Anzimee. "Ó *Incal*, meu Deus, meu Deus!", gemia com angústia na alma. A consciência ainda dormia, porém, se agitava, inquieta. O fato de que Anzimee era minha irmã adotiva não impediria que se tornasse minha esposa, pois o princípio de consangüinidade não seria violado. Meus próprios atos, no entanto, é que bloqueariam o caminho.

resoluções por causa do perigo. Se eu estava empenhado num jogo de habilidade com o Maligno, eu usaria toda a minha capacidade. Decidi então deixar Lolix, uma decisão tardia, porque o fruto de nosso pecado tinha nascido e se providenciou em segredo um lar para ele, porque eu não iria cometer um assassinato. Isso se realizou com sucesso, como eu imaginava, sem que ninguém soubesse. Mas como deixar Lolix, essa mulher realmente adorável? Faltava só um ano para que eu prestasse exames para obter meu diploma no *Xioquithlon*. Se tivesse êxito, eu pretendia pedir a Anzimee, a qual eu sabia que me amava também, que se tornasse para mim tudo que o honrado nome de esposa significa.

Nada agradava mais a Anzimee, à noite ou à tarde, que caminhar, sozinha, com Menax ou comigo, pelos jardins do palácio, sob as palmeiras e videiras que formavam dosséis sobre os caminhos, em compridos e frescos túneis de verde, enfeitados com as cores mais brilhantes dos tesouros de Flora. Pelas aberturas dessas paredes verdejantes se contemplava as imitações de lagos, colinas, rochedos e córregos, e mais além via-se Caiphul, coroada de palácios e coberta de videiras, com seu meio milhar de colinas grandes e pequenas. Ao caminhar nesse cenário ao lado daquela que me era tão cara, é de estranhar que minha alma atenuasse um pouco o seu clamor de angústia e pecado?

Protelei tanto uma atitude em relação a Lolix, que acabei receando fazer qualquer coisa, exceto deixar que os acontecimentos seguissem o seu curso. Sim, perdi a confiança em minha capacidade para equacionar o perigoso problema, temendo que pudesse piorar o que já estava ruim. Assim, os dias transcorreram e os exames estavam próximos. Deixar Lolix eu não deixei; não pude, e não desejava fazê-lo. Eu a via com freqüência; na verdade, estranhamente cego para o que havia de errado nisso, dividia meu tempo livre entre Lolix e Anzimee.

Às vezes receava que Mainin, Gwauxln, ou ambos, soubessem do meu segredo. Eles sabiam — pois sua visão interna era penetrante demais para que pudessem ignorar o que se passava. Mas não deram a entender. Mainin, porque ele não se importava com o que se passasse de mal secretamente, como se verá depois. E Gwauxln, não porque não se importasse, como Mainin, mas porque era compassivo, e sabia que o carma guarda punições mais terríveis que as que qualquer um possa infligir, e sua misericórdia não queria acrescentar-lhes mais. Assim, o câncer continuou escondido do olhar de todos, e eu não sabia que o nobre monarca era um triste espectador de meu delito. Não era de admirar-se a sua atitude entristecida ao me ver, no último ano de meu curso.

Anzimee havia adiado o momento de prestar exames no *Xio* para o ano de minha conclusão do curso; e as comemorações que sempre se seguiam aos exames, em regozijo pelo sucesso dos diplomados, a incluíam na honrosa lista, pois havia passado com ótimas notas.

O *rai* ofereceu um banquete aos candidatos vitoriosos, e essa festa iniciou uma longa sucessão de jantares, bailes, festas, concertos e apresentações teatrais, todos em homenagem a eles.

Anzimee, trajada num vestido de seda cinza, com os grossos caracóis de cabelos negros presos por uma linda rosa, tendo ao ombro um broche de safiras e rubis, foi apresentada por Gwauxln no banquete oficial para os novos Xioqi, como a *"Ystranavu"*, ou "Estrela da Noite", o que era uma distinção equivalente ao moderno "Rainha do Baile".

Sabendo que o *rai* Gwauxln conduziria a sobrinha à mesa e seria seu par, escolhi Lolix, como tinha o direito de fazer, já que era um formando, e todos eles podiam escolher um par que poderia ou não ser um dos diplomados. Lolix, por minha causa, havia estudado arduamente durante os últimos três anos, e estava então no segundo ano do *Xioquithlon*, depois da escola preparatória. Eu estava orgulhoso dela, por quem sentia muito carinho; aliás, seria uma pessoa desprezível se não o sentisse, depois de todo o seu sacrifício por mim. Por várias vezes notei Gwauxln fitando-me atentamente — eu estava sentado perto — e em certo momento, quando passou por mim durante a festa, murmurou tristemente:

"Ó Zailm, Zailm!"

Como se pode imaginar, isso não contribuiu para aumentar minha paz de espírito. Contudo, a noite passou sem outras perturbações, como muitas outras antes.

Quando atravessei o grande salão de Agacoe com Lolix, notei muitos olhares de admiração dirigidos à sua beleza, de muitos homens presentes, nobres de alto escalão. Ela tinha realmente se tornado encantadora de rosto e de corpo, e o melhor de tudo, de caráter, que não era mais cruel; era muito doce, desde a triste experiência de sua maternidade secreta e da perda de suas inocentes alegrias, pois não podia assumir a criança como filho. Ela recebera propostas de casamento honrosas — e as recusara, mesmo tendo descoberto, com isso, que eu a enganara ao dizer que as leis de Poseidônis impediam nosso casamento. Mas o seu amor por mim, mesmo tolerando isso, era fiel e constante. E ela guardava segredo cuidadosamente, por minha causa, miserável que fui! Quando a contemplava, sentia que gostava muito dela. Mas de Anzimee ainda mais; e, portanto, a horrenda tragédia continuava.

Eu sabia que por amor a mim Lolix tinha primeiro suprimido os comentários cruéis, e depois despertado o interesse em amenizar sofrimentos pelo próprio ato em si; e dessa forma, havia se transformado, de um lindo espinheiro, em uma magnífica rosa de encantadora feminilidade, com muito poucos espinhos. Será que eu possuía uma consciência digna desse nome, não assumindo Lolix como minha esposa diante do mundo, depois de todo o seu ilimitado amor por mim? Não — não ali em Poseidônis. A consciência não dormia: nunca existira; ainda tinha que nascer, e crescer, numa época futura. Assim, a Nêmesis da justiça ainda guardava o seu golpe.

Capítulo 21
O erro de uma vida

Fazer comparações é um bom exercício mental. Devo, pelo leitor e por mim mesmo, assim como por Anzimee e Lolix, deixar-me levar pelo impulso que neste momento me induz a fazer uma comparação e análise dessas duas mulheres.

O que é que no fundo mantinha tão firme o meu desejo de casar com Anzimee e não com Lolix? Ambas eram nobres: a primeira, por natureza; a segunda, por... sim, por natureza também. Eu ia atribuir o suave sentimento de caridade de Lolix a uma reflexão sobre o que sentiria no lugar daqueles que sofriam de verdade. Mas a capacidade de sentir isso só poderia nascer de sua própria natureza. Era sua natureza, finalmente desperta. As duas mulheres eram refinadas, inteligentes, e ambas eram lindas, embora diversas no tipo, como uma rosa vermelha e um lírio branco. Anzimee era uma filha legítima de Atl; Lolix, filha adotiva. Uma diferença insignificante, é certo, já que ambas eram igualmente sensíveis ao bom, ao belo e ao verdadeiro, com o refinamento dos poseidônios cultos. É verdade que as relações entre Lolix e eu eram erradas, mas nem por isso eu gostava menos dela, nem a olhava com menos amor e ternura. Seu companheirismo se tornara parte de minha vida. Se eu estivesse triste ou desanimado, ela me confortava e alegrava. Minhas preocupações eram suas também, minhas alegrias eram as dela. Em tudo, menos no título, ela era minha esposa. Então por que eu não admitir isso diante do mundo? Porque o carma quis outra coisa. Eu também amava Anzimee. Por causa desse amor, o carma anulava a minha tendência de desposar Lolix. E a forma como isso acontecia era a minha consciência de que Lolix possuía todas as condições para me fazer feliz, exceto uma — falta de percepção psíquica das relações entre o finito e o infinito. Absurdo? Não. O fato de que minha alma almejava isso dela, não o encontrando, mas o encontrava em Anzimee, evidenciava que a semente frágil do interesse pela vida oculta dos Filhos da Solidão, que de certa forma aumentara em mim com as palavras do *rai* Ernon de Suern, anos atrás, havia crescido. Irás concluir então que, se esse pequeno interesse provocou um erro tal, um profundo interesse viria a causar a perda da alma — e por conseguinte, nada quererás com isso? Não é assim. Por não ter sido fiel com toda minha alma ao ideal que entrevi é que caí no erro — como no mito da mulher de Ló: ela não teria se transformado numa estátua de sal, se tivesse obedecido à determinação superior, em vez de à curiosidade.

Lolix não tinha a menor percepção do elo psíquico entre as coisas materiais e as do infinito. Eu tinha; e sabia que Anzimee tinha; em conseqüência, planejei minha vida para incluí-la e excluir Lolix; com isso, cometi uma tremenda injustiça comigo mesmo, e com minha concepção de Deus (o que é apenas uma maneira de dizer, já que nada que é finito pode ofender a infinitude). O carma, porém, estava à espreita dos erros de minha vida, exigindo o pagamento — e o teve, até o último ceitil. Não há palavras que possam expressar o sofrimento dessa expiação. Nem tentarei fazê-lo; e ficarei satisfeito se a compreensão de algo desse sofrimento impedir outros de errar, pela certeza de que ninguém sofrerá em nosso lugar pelo mal que fizermos, e não há fuga possível para o castigo.

A Lei do Único preceitua: "Se o homem não vencer, não herdará a Minha vida; não serei o seu Deus, nem ele será Meu filho". Só existe uma forma de conquistar essa vitória: o repetido retorno às encarnações na matéria, até que os equívocos da vontade pessoal se harmonizem com a Vontade Divina. Ninguém expia por outro, e logo mostrarei por quê. Ninguém pode respirar por ti. A reencarnação, o aprisionamento periódico da alma em corpos materiais, é expiação e pena. Se vos tornardes livres, se vencerdes nesse caminho, e em lugar de escravos vos tornardes senhores dos desejos, anulareis o pecado. E então não precisareis mais reencarnar nesta prisão que é uma morte — a suposta vida. Não há outro caminho; o Mestre Supremo não apontou outro.

Para expiar meu negro passado, preciso retornar a este mundo, vosso mundo de engano, sofrimento, doença e dor, e anseios vãos pela paz — a "paz que ultrapassa todo o entendimento". Não bastam, como expiação, meus mais de doze mil anos de peregrinação na Terra distante deste mundo, longe da casa do Pai, alimentando-me dos restos[1] a que chamam de alegrias, sofrendo as dores e a perda das esperanças? Contudo, ainda por um pouco mais preciso fazê-lo, e por amor, servi-lo de boa vontade. Outras almas terão que fazer ainda mais, se não mudarem de curso. A vontade é o único caminho para o conhecimento oculto ou do cristianismo esotérico. Quem quiser, terá a vida eterna. Mas a vontade de vencer deve substituir o desejo, como o ar puro substitui o exalado por nosso pulmão. Assim como a atmosfera que nos cerca, inalada, torna-se o nosso alento, assim a Vontade do Espírito nos envolve, e penetran-

---

1 Alusão à parábola do Filho Pródigo. N.T.

do no coração que se determinou a subjugar a serpente, não nos deixa sermos derrotados. Lolix e eu, porém, recusamos esse alento, e lhe voltamos as costas. Ah, o horror, a dor desses dias passados! Mas nós dois os refizemos e superamos. É com pesar que admito, mesmo 12.000 anos passados, que tal desvio moral possa ter distorcido o meu caráter!

Não é horrível pensar que, tendo decidido afastar Lolix e colocar Anzimee em seu lugar, casando-me com ela diante de todos, baseando-me em meu conhecimento de Lolix, eu fosse capaz de contar com sua aquiescência para guardar meu segredo, por causa de seu generoso amor por mim? Que monstruosidade! Eu sabia que Lolix não fazia nada pela metade. Tendo se entregado a mim, ela não denunciaria minha iniqüidade, mesmo que eu a rejeitasse por outra. A sociedade não condenava o abandono de uma mulher.

Para dar andamento a meu plano, decidi obter a confirmação explícita do amor que havia muito já fora confessado pelas atitudes de Anzimee. Depois contaria tudo a Lolix, sem esconder nada, e me entregaria à sua clemência. Mesmo depois de tantos e tantos séculos, quando — Deus seja louvado! — a reparação finalmente já foi completada, olho para o registro dessa parte da vida em que fui Zailm, e imagino se a confissão dela não irá queimar o papel em que for escrita. A torpeza moral é algo terrível, pois, embora sabendo que estava errando, só vagamente tinha noção do horrendo negrume de meus atos.

E tu, leitor, poderás deixar de lado o horror que eles te despertem o suficiente para te interessares pelo relato de minha declaração de amor a Anzimee, depois que tentei esconder de mim mesmo o mal que fazia? É difícil, mas é possível esquecer o que não se está vendo.

"Que alguém possa sorrir, e sorrir, sendo um vilão."

É possível sorrir, sobretudo quando o erro jaz num longínquo pretérito, já foi reparado, e o vilão não o é mais. Deveis perdoar-me se menciono essa reparação. Dos milhares de anos de minhas muitas vidas, aos quais nesta história só posso aludir brevemente, esboço apenas uma lição que a exaustiva jornada me ensinou, e rogo que lhe presteis atenção.

22.
Zailm propõe casamento

Uma questão maior tomava conta de meu espírito: como traduzir minha proposta de casamento para Anzimee. Essa preocupação é comum a todos os enamorados, de qualquer raça ou nação, sempre que o casamento não seja decidido pelos pais. Tendo resolvido que chegara o momento de resolver essa grave questão, procurei Anzimee. A informação que me deram, de que ela tinha saído para ir ao palácio Roxoi — um dos três reservados para o *rai*, mas que ele raramente usava — era inquietante. Lolix residia em Roxoi, desde que eu a transferira do Menaxthlon. Contudo, não desisti de meu objetivo de ver Anzimee; e enquanto atravessava a cidade e os 64 quilômetros até Roxoi, eu refletia sobre a situação. Sabia que as duas moças eram amigas, e isso complicava um pouco as coisas.

Chegando a Roxoi, encontrei Anzimee nos jardins, sentada junto de uma cascata que caía de um gracioso rochedo em um lago em forma de gota. Estava sozinha. Quando me aproximei, ela indagou, em tom surpreso:

— Onde está Lolix?
— Onde? — repeti — não sei. Disseram-me que estava contigo.
— E estava. Porém, ela pegou meu *vailx* e saiu, dizendo que ia buscar-te, para nós três, juntos, darmos um pequeno passeio.

Refleti rapidamente. Até o Menaxthlon eram 64 quilômetros para o sul, através da cidade. O *vailx* levaria uns quarenta minutos para ir e outros tantos para voltar. Oitenta minutos. Era suficiente.

Sentando-me ao lado de Anzimee, tomei-lhe a mão. Muitas vezes já fizera isso antes, e até já a enlaçara com meu braço, mas de uma forma diferente, fraternal. Agora, o simples toque de nossos dedos era eletrizante, e ela sentiu imediatamente a intensidade da emoção que me tomava. A linguagem elegante que eu pretendia usar se foi, e em vez de insistir nela, eu disse

simplesmente:
— Anzimee, precisaria de palavras para te dar a certeza de meu amor por ti? Não consigo dizê-las; mas peço que sejas minha esposa.
Como resposta, ela disse simplesmente:
— Sim, Zailm!
O que aconteceu depois, o leitor pode imaginar; vossa própria imaginação poderá pintar melhor a cena, o que não é difícil.
Quando Lolix retornou, eu já havia partido, depois de um bom tempo, porque ela demorou para voltar; três horas se passaram, desde que saíra.
Eu sabia que nada era mais certo do que Anzimee confidenciar sua alegria a Lolix. Mas não tinha nenhum receio; confiava em que Lolix não trairia nosso segredo, por mais terrível que fosse o golpe para ela. Como eu previa, Anzimee contou da minha proposta, e de sua concordância. Quando terminou de falar, a amiga a fitou por um instante, e depois caiu desmaiada no chão. Anzimee não questionou sua explicação de que isso fora por causa do nervosismo. Era pelo entardecer. Anzimee, repleta de felicidade, colocou a amiga na cama, dispensou as criadas, acalmou-a até que dormisse e voltou para casa. Eu só soube disso tudo no dia seguinte. Achei melhor falar logo com Lolix, encarar a dor e terminar com a angústia de uma vez. Ah, mortal iludido!
Dirigi-me a Roxoi e fui para o *xanatithlon* esperar Lolix, a quem mandara avisar que desejava falar-lhe. Ela veio. Parecia ter envelhecido dez anos desde que a vira. Pálida e macilenta, com grandes olheiras escuras sob os belos olhos azuis, nos quais as lágrimas brotaram quando encontrou meu olhar. Pobre moça! Mas o que podia eu fazer? — pensava. Sentia uma certa dor na consciência, mas muito pouca, pois o peso do pecado era grande e entorpecia a alma.
Ela falou primeiro:
— Ó meu amor, meu amor! Por que fizeste isso? Achas que eu posso continuar vivendo depois disso? Há muito tempo eu sabia que nenhuma lei impedia nossa união, e esperava que fizesses o que era certo; confiava em que logo chegaria o dia em que me pedirias para usar teu nome honrado. Mas — ó *Incal*! Meu Deus! Meu Deus! — exclamou, afogada em lágrimas, que logo reprimiu. Numa voz mais calma, cheia de dor, continuou:
— Zailm, eu te amo demais, mesmo agora, para te acusar! Sou tua para fazeres o que quiseres. Eu te dei minha vida, há muito tempo. Eu te dei meu filho, que colocaste num lar onde ninguém suspeitasse quem eram seus pais. Mas eu fiz mais, Zailm — houve um outro, que... que... ó *Incal*, perdoa-me! Eu mandei para o Navazzamin, para que não pudesse te acusar, Zailm! E agora, eu, a quem chamavas de "tua amada de olhos

azuis", eu que te amo mais que a vida, sou deixada de lado! Ó Deus! Por que devo sofrer assim? Por que ser assim ferida?

Desatou numa torrente de pranto doloroso, que eu não tentei deter, sabendo que às vezes as lágrimas são um abençoado alívio. Então ela me amava tanto assim? Idiota! Como não percebi isso, em suas atitudes, que falavam mais alto do que as palavras! Meu coração me punia severamente agora, e eu roguei perdão a Deus, e a ela também. Tarde demais! A consciência despertou, por fim, pronta para golpear-me; surgiu como Minerva, totalmente armada para o combate.[1]

Quando Lolix recobrou a calma, disse numa voz tão magoada como eu jamais ouvira na vida:

— Zailm, eu te perdôo. Nem mesmo agora eu te trairei, porque a quem amei, amarei até a morte; e depois dela também, se o amor sobrevive à morte. Se vens para dizer-me adeus, que seja! Mas deixa-me agora, porque estou quase louca. Mas lembra, meu querido, se a tua nova vida não for feliz, embora eu peça a *Incal* que seja, que um dia bateu por ti um coração mais ardente, mais cheio de amor, talvez mais fiel, do que eu penso que será o de teu novo amor, eu não viverei muito para ser uma sombra sobre a tua paz. Beija-me mais uma vez, como o farias se eu fosse tua esposa diante do mundo, como sou diante de *Incal*, e quando eu morrer, entregarás o meu corpo à Luz que Não se Apaga.

Calou-se, e levantando-se, veio até onde eu estava sentado, e abraçou-me por um instante; depois, seus lábios, frios como os de um morto, encontraram os meus num beijo longo e soluçante. Deixou cair os braços, quedou-se por um instante parada, e se foi. E assim me deixou.

Por muito tempo fiquei sentado no meio das flores, na grande estufa de Roxoi.

O carma dispõe

Naquela noite os proclamas de meu casamento com Anzimee seriam anunciados pelo incaliz Mainin, no grande templo, pois nos casos de pessoas de alto nível social era costume formalizar assim o anúncio do casamento. Se, durante a cerimônia, viesse a acontecer uma morte dentro do *Incalithlon*, a tradição mandava que devia passar-se um ano inteiro antes da realização da cerimônia de casamento. De qualquer forma, um mês devia transcorrer depois dos proclamas, que eram feitos imediatamente após o compromisso de noivado. Por razões pessoais, Mainin, o *incaliz*, não desejava que Anzimee casasse com ninguém; mas como não tinha autoridade para impedi-lo, e pouco relaciona-

---

[1] Minerva, aliás, Palas-Atena (na Grécia) nasceu da cabeça de Júpiter, de onde brotou adulta e armada de lança e escudo. N.T.

mento com ela, manteve silêncio sobre suas intenções.

À hora aprazada, Anzimee e eu estávamos defronte de Mainin, o *incaliz*, no Assento Sagrado. A nosso lado estavam o *rai* Gwauxln e Menax, e nós cinco éramos o foco de interesse de uma grande audiência.

Em voz clara e pausada o *incaliz* começou uma invocação a *Incal*. No meio dela, porém, uma mulher deslizou rapidamente para dentro do triângulo do Lugar da Vida, em cujo centro se achava o Maxin. Era Lolix. Estava impecavelmente vestida, como sempre tivera orgulho de fazer. A não ser o brilho terrível dos olhos, não percebi nada de extraordinário em seu aspecto. Mas entrar naquele triângulo era algo inadmissível, e isso fez com que todos os olhos se fixassem nela. Aquilo significava um apelo à autoridade do *rai*.

— O que desejas? — perguntou Gwauxln.

— *Zo rai*, em Sald, minha terra natal, era costume permitir às pessoas dos dois sexos propor casamento a outras. Eu o propus a esse homem, *astika* Zailm, desconhecendo que ele amava minha amiga — como podia saber? Agora, rogo-te, suspende os proclamas, se puderes fazê-lo.

— Mulher, lamento por ti! Mas os costumes de Sald não são os de Poseidônis. Não posso aceder a teu pedido.

Eu ficara paralizado de pavor, com receio de que meu crime fosse revelado. O temor se desvaneceu quando a esbelta e graciosa figura de Lolix se voltou e desapareceu entre os espectadores.

Os proclamas interrompidos reiniciaram. Quando Mainin perguntou a Anzimee:

— Declaras ser teu desejo desposar este homem? — ela respondeu: — Sim.

— E tu, declaras ser teu desejo deposar esta mulher? — ao que eu repliquei: — Sim, se *Incal* permitir.

Quando acabara de responder, a cerimônia foi novamente interrompida por Lolix, que novamente penetrou no Lugar da Vida, mas desta vez às pressas, como se perseguida. Parou à frente da Luz que Não se Apaga e disse:

— *Incal* não permitirá! Vê, eu vim desposar-te agora, Zailm! O deus das almas que partem será nosso *incaliz*; este punhal, nosso anúncio de casamento, proclamas e tudo mais!

Devia ter explicado, antes das perguntas feitas a Anzimee e a mim, que após a invocação de Mainin, ele, Anzimee e eu, o *rai* e Menax havíamos deixado o Assento Sagrado e ido para o Local da Vida, e dessa forma Lolix agora se encontrava ao meu lado. Ao falar do punhal, o fez calma, mas rapidamente — a calma da insanidade. Dementada pelo que eu fizera! Lolix estava ali, os maravilhosos olhos azuis tomados pelo brilho da loucura. Ao proferir as últimas palavras, avançou para golpear-me o peito com a afiada lâmina. Desviei o golpe com o braço, que foi atravessado pelo enérgico ataque. Quando ela o retirou, num arranco, o sangue jorrou no chão de granito. Ao ver isso, ela deu um grito assustador, dizendo:

— Louca! Louca! LOUCA! — e com um salto, pulou para o meio do triângulo do Local da Vida, parando junto do cubo de cristal do Maxin.

Anzimee desmaiou; Menax ficou como petrificado, fitando o sangue que jorrava de meu braço, enquanto Gwauxln, pálido, mas calmo, ordenou a um guarda próximo:

— Prenda a insana!

A ordem do *rai* chamou a atenção de Lolix, que disse ao guarda que se aproximava:

— Não, não me prenda. Eu estava louca, mas não estou mais. Eu amaldiçoarei a quem me tocar, e depois me matarei no Maxin.

Supersticioso, o guarda entreparou, não ousando tocá-la, nem desobedecer ao *rai*. Em seu terror, voltou-se para o último e começou a desculpar-se.

— Silêncio! — trovejou Gwaulxn. Então, num tom suave, disse a Lolix:

— Mulher, vem aqui.

— Não, *zo rai*! Aqui, ao lado do Maxin, ninguém, pela lei, pode atingir-me. Então, aqui eu fico!

Dizendo isso, Lolix arrumou o turbante levemente desalinhado, cruzou os braços, e encostando-se no cubo do Maxin, fitou calmamente o *rai*. Ele não se moveu; olhou primeiro para ela, depois para mim. Lolix, embora ainda perto do Maxin, endireitou-se, não encostando mais no cubo.

O *incaliz* Mainin permanecera em silêncio durante toda a cena. Então falou:

— *Astiku* de Sald, ficarás aí, sim, por mais tempo do que imaginas! — disse muito calmo, suavemente até, fitando a infeliz jovem. Ao voltar-se para o *rai*, percebeu seu olhar de horror, e rapidamente desviou seu olhar, terminando de ler os proclamas. Eu mal o escutava, às voltas com meu braço que sangrava, por um lado, e por outro com Anzimee, que se recobrara parcialmente, e ainda meio tonta, apoiava-se em mim. Quando a cerimônia terminou, o *rai* Gwauxln, erguendo as mãos sobre nossas cabeças, disse:

— Não se passará só um ano até que possam casar-se, mas muito mais! Zailm, eu te perdôo pelo que fizeste, tanto quanto posso fazê-lo pelas leis humanas, que descumpriste. Quanto à tua parceira de erro, não importa.

Voltando-se então para Mainin, o *incaliz*, disse com severidade:

— Por causa de teu ato execrável, tu e eu somos estranhos de ora em diante! Agora eu te conheço pelo que és realmente.

Tendo dito essas palavras enigmáticas e surpreendentes, Gwauxln deixou o *Incalithlon*. Mainin saiu também. Menax, curioso em relação à desventurada causa de toda a confusão, dirigiu-se a ela, que continuava próxima da Luz que Não se Apaga. Ela não respondeu nem se moveu. Eu me acerquei dela e disse suavemente:

— Lolix?

Tampouco houve qualquer resposta ou movimento. Toquei-lhe a veste sedosa, e recebi um choque que me assustou como se recebesse um golpe. Seu corpete estava rígido como pedra. Toquei-lhe a mão: também estava fria e dura. O rosto, e até as tranças, estavam igualmente rígidos. Estava, não só morta, como transformada em pedra! Como num sonho, aturdido demais para me horrorizar, mas ainda tomado por estranha curiosidade, bati com o nó dos dedos nos vincos das pregas de seu vestido, e ouvi um tinido metálico. Apertei-lhe um dedo: ele se quebrou, e num gesto instintivo de horror, deixei-o cair no chão de pedra; despedaçou-se como qualquer fragmento de rocha frágil. Suas tranças douradas, com as quais tantas vezes eu brincara carinhosamente, guardavam a mesma cor encantadora. A face, os olhos azuis, tinham o mesmo tom natural que possuíam em vida — mas tudo se transformara em pedra, e sua alma se fora para sempre! Seus lindos pés, que apareciam sob a barra do vestido, eram não só de pedra como todo o resto, mas estavam petrificados e colados ao piso de pedra. Afinal dei-me conta do que acontecera. Esse ato hediondo fora obra de Mainin, naquele instante em que fitara Lolix e falara com ela. Ele tinha prostituído seu conhecimento oculto, e por isso Gwauxln o havia condenado.

A carne, o sangue e o traje de Lolix estavam transformados em pedra sólida. Essa figura petrificada era o que sobrara da pobre, enganada, traída Lolix: uma estátua perfeita, que se os homens deixassem, ficaria onde estava por séculos, até que por fim acabasse se transformando em pó.

A terrível consciência de tudo aquilo me atingiu finalmente. Não era eu fundamentalmente o responsável por tudo? Naquele instante vi que eu era, que aquela morte caía sobre a minha cabeça, tanto quanto sobre a de Mainin, que nunca teria tido essa oportunidade se não fosse por minha causa.

Até em sua breve insanidade Lolix fora fiel a mim. Não dissera uma palavra para me incriminar. Gwauxln, se sabia — e eu tinha notado de que sabia — dera-me o perdão possível dentro das leis humanas. Pelas leis de *Incal* ele não podia oferecer perdão: tornara-se carma, que estendera um longo deserto de areia que iria queimar-me os pés para atravessar, até poder trilhar o estreito caminho da realização. A longa expiação se estendia à minha frente.

Contemplei a forma silenciosa daquela que tanto amara, e ainda amava, até que Menax, que tinha se dado conta do terrível acontecido, enquanto eu permanecia estupefato, e que desejava mais que tudo ir embora, puxou-me pela manga, dizendo:
— Vem, Zailm, vamos para casa.
Com um último olhar de remorso, obedeci. Adorável Lolix. Sua voz se calara, e por minha causa! À medida que o remorso me invadia, pensei que agora ficaria satisfeito se pudesse pedir a Anzimee que me liberasse, confessando-lhe tudo, e com seu consentimento fazer de Lolix minha legítima esposa; mas era tarde demais para reparar, naquela vida. Nunca mais o terno olhar amoroso daqueles cintilantes olhos azuis me envolveria! Nunca mais minha cabeça cansada se aninharia em seu ombro, enquanto, acariciando-me docemente, ela afugentaria minhas preocupações com suave e terna empatia. Ó deuses! O que eu tinha perdido? Minha vida, que parecia tão completa como o disco da lua cheia, se tornara como esse astro quando aparece tarde na noite; fora cortada pela metade, quebrada e esfarrapada, adernando através da noite da vida.
Anzimee nada sabia da terrível realidade; ficara estupefata demais com a repentina insanidade da amiga. Ela não devia saber, se fosse possível evitar. Fomos para nosso carro, e, um sério, a outra pasmada e o terceiro com terrível remorso, voltamos para casa. Para casa? Eu sentia que a paz do lar não me pertencia mais!
A vida tornara-se um deserto no qual desfilavam os esqueletos do desespero, do arrependimento e da dor. Acima, um céu escuro e sem lua; embaixo, uma extensão de areia onde ululavam ventos desenfreados. Lolix se fora, Anzimee nunca seria minha, eu sentia com uma premonição da alma; e assim, de cabeça baixa, eu sentava no meio do deserto de meus dias e deixava os fantasmas dançarem ao redor e escarnecerem de mim.

Capítulo 23
Testemunha diante do culpado

Os estados mentais, de sentimento e de intuição, são as únicas coisas reais que existem. Se uma pessoa acha que está mal, ela ficará; ao contrário, se permanecer bem, ainda que em circunstâncias adversas, não verá o mundo escuro ao redor de si; e não estará. Tudo está no homem, e ele pode fazer do mundo amargura e fel para si mesmo, enquanto é música para outros.

Durante semanas exaustivas eu vagueei, estupidamente, com o peso de chumbo da angústia na alma, um desespero escuro que teria dementado um temperamento menos equilibrado. Será que Lolix sentiu isso, por um pouco que fosse? Se assim foi — e eu sei que foi ainda pior — Deus tenha piedade da doce e linda jovem que sofreu tanto por mim. Senti a tentação de suicidar-me, sair rastejando pela porta dos fundos da vida, e várias vezes testei o fio da lâmina da faca que me dera o superintendente das minas de Incalia — há quanto tempo? Quatro anos. Quatro anos? Quatro séculos, me pareciam.

Ficava diante do Maxin, nas longas tardes em que me achava sozinho no templo. Ou apenas sonhava que fazia isso? Sim, era apenas um sonho no sono torturado, porque ninguém podia entrar no *Incalithlon* (exceto os incalas) a não ser nos dias de culto ou cerimônias especiais, e nessas ocasiões estava sempre lotado. Anzimee atravessava meu deserto às vezes, mas embora ela conversasse, me acariciasse e lutasse para reanimar-me, era em vão; todos os seus esforços caíam como raios de sol sobre a superfície escura de certos charcos que às vezes se encontra no fundo das florestas. Meus amigos perceberam que seus esforços inúteis faziam mais mal do que bem, e deixaram de tentar; fiquei só com meus remorsos.

Então tomei meu próprio *vailx*, e para cortar qualquer comunicação com o mundo, retirei dele o *naim*; e, sem que ninguém visse, parti durante a noite.

Vaguei pelo reino dos ares, às vezes tão alto, que ficava quase em trevas totais, e até os circuladores de ar e aquecedores quase não conseguiam manter o ar no interior denso e aquecido o suficiente para manter minha vida miserável. Ou então, também solitário e na escuridão, fazia meu *vailx* buscar as profundezas do mar, onde peixes fosforescentes poderiam tomar minha nave por um semelhante maior, se eu me desse ao trabalho de iluminá-la. Porém, a minha alma estava em trevas, e que adiantava iluminar o *vailx*, quando, tendo olhos de ver, eu não havia enxergado? Tão pungente e aguda era a terrível angústia de minha alma, que por fim o corpo de carne não conseguiu mais segurá-la, e eu fiquei pairando fora do tempo e da Terra, por um tempo que pareceu sem fim.

Não havia uma só luz na pesada escuridão, nenhum calor, apenas trevas como da morte, e uma friagem de sepulcro. Ninguém cruzava meu caminho; não se ouvia um som, apenas um murmúrio surdo de gemidos. Lampejos de uma luz vermelha cruzavam de través, depois se iam, deixando a escuridão ainda mais negra do que antes. Um sibilar horrendo, como de serpentes gigantes, assaltava-me os ouvidos; uma dor terrível parecia dissolver-me a própria alma. Por fim, meus nervos não suportaram mais a torturante agonia, e as sensações se desvaneceram. Um torpor se apoderou de mim, e exclamei: "Isto é a morte?" Mas apenas o eco respondeu. O sibilar cessara; tudo era silêncio. De repente senti um tremendo pavor dessa horrível solidão, tão escura e fria, na qual, entretanto, eu percebia alhures um pouco de luz, que tornava a intensa treva ainda mais sufocante. Chamei alto; só me responderam ecos que reverberavam. Gritei e gritei, num terror desvairado. Mas na vasta escuridão em torno só retornavam os ecos de minha voz. Dei-me conta de que o lugar onde estava tinha um limite, pelo fato de que minha voz retornava, depois do que pareciam séculos. Com essa conclusão veio-me a sensação de que eu podia ir-me dali, e ergui-me de onde estava como se tivesse asas, e fugi mais rápido que o pensamento. Deparei com altos penhascos na escuridão, e por toda a parte picos iluminados pelo clarão que provinha de algum abismo flamejante; nenhuma criatura se via em parte alguma; eu estava num verdadeiro universo de solidão.[1] Sozinho, ah, sozinho! O profundo, terrível desespero que me tomou então fez-me gemer com uma dor mortal. Meus olhos estavam secos e minha alma como esmagada. Um desespero tão assustador me avassalou, que desejei morrer. Vão desejo. Então recordei que possuía um corpo de carne; encontrá-lo já seria um consolo. Joguei-me para ele, e o achei frio e sem vida, a não ser por um pequeno brilho de

---

1 Pela descrição, o autor parece ter transitado nesse momento pelas regiões de trevas do astral inferior. N.T.

magnetismo no plexo cardíaco e outro na medula oblonga. Porém, ao lado dele encontrei — ó *Incal*! — encontrei Lolix, chorando, rogando a nosso Deus que me recuperasse. Ela não pareceu dar-se conta de que eu voltara, e procurava-me no gelado corpo de carne. Então dei-me conta de que havia me lembrado de meu ser corpóreo graças às súplicas daquela amorosa mulher. Eu não podia mais suportar essas súplicas, essa angústia. Parei ao lado dela, toquei-a. Então ela ergueu os olhos e me enxergou. Fitou-me longamente, depois o meu corpo. E disse:

— Zailm, és tu? Meu amor, meu amor! Ó, abraça-me, antes que eu caia!

Tombou sobre o meu peito, e nesse momento meu corpo desapareceu, e tudo mais com ele, salvo uma vasta extensão de areia onde estávamos juntos... E então, diante de nosso olhar horrorizado, surgiu uma criancinha, tão pequena que parecia recém-nascida. Mas conseguiu chegar até nós, e chorar, o que feriu nossos ouvidos como gritos de agonia. Estava encharcada de sangue, e seus olhos eram como os de uma criança morta. Com um grito de angústia, Lolix exclamou:

— Ó *Incal*, meu Deus, meu Deus! Já não sofri o suficiente com a morte! Meu bebê morto vem dilacerar minha alma! Zailm! Zailm! Olha! Olha! Vê nossa filhinha, morta por mim, por tua causa!

Com uma dor terrível, meu coração pareceu parar de bater e fiquei paralisado, fitando a pequenina, que estendia as mãos manchadas de sangue do nascimento extemporâneo, e erguia os olhos fixos... para mim! Então me abaixei e tomei-a nos braços, abraçando-a junto de mim, tentando aquecer seu pobre corpinho gelado, e chorei, sim, finalmente chorei grossas lágrimas de real sentido, porque eram derramadas por outro ser. Com a voz sufocada de angústia, disse:

— Lolix, teu pecado cai sobre minha cabeça, porque foi cometido por mim! Que *Incal* tenha piedade de mim, se for possível!

Então uma luz radiosa surgiu. Aquele que eu tinha visto anos atrás, junto ao chafariz, ao luar, estava ali diante de nós. E falou:

— Rogaste a misericórdia do Altíssimo. Como tiveste compaixão dessa criancinha, a receberás também. Vieste a mim, e eu te darei descanso. Porém, ele não estará vivendo contigo até que o dia da paz chegue a teu coração. Num dia distante, irás ceifar uma colheita de dor, e pagar tudo o que deves, quando voltares novamente, e ela contigo. Agora, descansa! E tu, minha filha, descansa!

Então me vi novamente no corpo, sem lembrar de nada do que acontecera; mas estava consciente e adormeci. A natureza veio em socorro de minha alma cansada, e durante vários dias tive febre, que se transformou em coma; e depois disso acordei, fraco, mas bem. Ainda num devaneio, sonhei que estava no *Incalithlon* em Caiphul.

Finalmente voltei a Caiphul, depois de semanas longe de meu povo; não, meses, três meses. De volta à casa.

Ao atravessar o palácio, encontrei os funcionários, as damas da corte e os criados, dos quais era amigo e assim considerado por eles. E agora, fitavam-me inexpressivamente, sem dizer uma palavra de saudação. Será que sabiam de tudo agora, e se horrorizavam? Não, não era essa a razão desse comportamento estranho. Ninguém me esperava: acreditavam que estava morto. Durante os cem dias de minha ausência, Menax e Anzimee concluíram que eu estava morto; talvez houvesse tirado a própria vida. Eu seria mais feliz se a primeira suposição fosse certa.

Agora eu retornava decidido a ser honesto e franco em minha relação com aqueles a quem mais amava no mundo. Confessaria meus atos condenáveis e imploraria seu perdão. Porém, outra vez... tarde demais! Menax, que havia muito sofria de uma moléstia do coração, acreditando que eu tinha morrido porque não voltara para ele e Anzimee, não sobrevivera ao choque dessa conclusão. Fiquei sabendo que havia algumas semanas ele retornara ao Navazzamin. Não tive coragem de perguntar por Anzimee, receando receber outra notícia terrível.

Em meu desespero, vagueei pela cidade, até que afinal me achei junto do grande templo. Uma pequena porta estava aberta, e não havia ninguém por perto; entrei, sem me importar que não fosse permitido. Esperava encontrar algum alívio nesse local sagrado. Não se via ninguém dentro, e andei por ali, até chegar ao triângulo do Lugar da Vida. Fui até o lado oposto do cubo de cristal, e... ó Deus, ali estava Lolix, parada e fria! Minha mente vacilou. Aproximei-me e a vi, idêntica ao que estava quando contemplei sua figura amada pela última vez — pedra, apenas pedra! Quantos anos tinham se passado? Uma vida pode rolar no espaço de alguns dias, e semanas podem parecer séculos. Ó Lolix, Lolix, meu libelo! Com a mente entorpecida e vaga, toquei-lhe o corpo frio, e estremeci; inclinei-me e fitei os olhos que não podiam mais me ver, e beijei os lábios mudos, que não respondiam mais.

Em sua mão havia um rolo de pergaminho vermelho; tentei removê-lo, e ver se havia algo escrito. Havia, e li:

"Esta estátua é o testemunho de um crime vil, e eu, Gwauxln, rai de Poseidônis, proíbo que seja retirada sem minha permissão. Que permaneça como testemunho silente diante do criminoso."

Com um estremecimento, recoloquei o rolo no mesmo lugar, e quase desmaiei com o ruído rascante que isso produziu. Esse criminoso era eu? Não, mas senti como se fosse. Decidi ir a Agacoe e pedir permissão ao *rai* para retirar aquela que ele sabia que eu amava, mas não tivera a coragem de admitir diante do mundo. Sim, as circunstâncias a tinham feito mais preciosa para Zailm do que Anzimee. Voltei-me para sair e ir a Agacoe. Mas fiquei espantado ao me ver defronte do *rai* Gwauxln, fitando-me com tristeza. Sem que eu dissesse nada, ele falou: — Sim, tens meu consentimento para retirá-la.

Não me admirei; em vez disso, senti profunda gratidão.

Eu era musculoso, e de imediato tratei de aproveitar a autorização. Dei um último e longo olhar para os profundos olhos azuis, e na face que quase pareceu sorrir, com um soluço, depositei um beijo sobre os lábios imóveis. Então a ergui do piso de granito. O pé, que aparecia sob a barra do vestido, partiu-se no tornozelo, logo acima das tiras da delicada sandália, quando levantei o seu corpo outrora leve, agora pesado. Levantei-o ao alto, mais alto ainda, acima do cubo Maxin, e deixei-o cair em direção à luz. Quando o corpo tocou a Luz Maxin, desapareceu instantaneamente, sem que a alta chama se alterasse, como se dissolve a sombra quando o Sol do amanhecer ilumina um vale. A Luz Inextinguível ali estava, inalterada como sempre esteve.

Quando me virei, enxerguei o pequeno pé, onde brilhavam as safiras e diamantes da fivela da sandália, um presente meu. Consegui desgrudar o pequeno despojo sem quebrá-lo, mas em vez de o deitar também na Luz Maxin, enrolei-o no manto, satisfeito de poder guardar uma lembrança dela, ainda que fosse apenas um pé feito de pedra.

Não tive coragem suficiente para perguntar a meu soberano por Anzimee. Temia a possibilidade, muito lógica, aliás, de seu desprezo. Eu a procuraria e descobriria se também estava morta, como Menax. Se assim fosse, decidi aproveitar a primeira oportunidade — o dia seguinte serviria, porque era o começo do Incalon ou domingo de culto — e voltar ao templo, mergulhando meu corpo físico na chama imutável da Luz que Não se Apaga.

Anzimee, porém, não estava morta; contudo, ainda não sabia de meu retorno. Encontrei-a, os sinais de grande sofrimento impressos nos belos olhos cinzentos que, atônitos se fixaram em mim. Depois, com um soluço, caiu em meus braços, inconsciente. Pobre garota! Amparei-a, abracei-a junto do coração, e enquanto lhe beijava os lábios pálidos, os olhos com olheiras profundas, as faces emagrecidas, minhas lágrimas rolavam copiosas em suas faces, as primeiras lágrimas que meus olhos materiais febris choravam em toda a minha agonia.

Finalmente, ela despertou do desmaio, só para cair presa de uma longa enfermidade em que seu espírito esteve prestes a romper os laços com o casulo material; depois de várias semanas exaustivas, finalmente recobrou a consciência.

Quando finalmente pôde andar, no seu antigo jeito tranqüilo, embora ainda frágil, já tinha condições de ouvir meu relato; sentei no *xanatithlon*, no mesmo banco onde Menax e eu havíamos estado havia tanto tempo. Sentei o delgado corpo em meus joelhos e, com o braço em torno dela, contei toda a triste história de Lolix e a miserável fuga de Caiphul que fizera para escapar sem sucesso à recordação de tudo. Ninguém pode fugir de si mesmo. Após a confissão integral, roguei que me perdoasse.

Durante algum tempo ela nada disse, mas manteve o braço em torno de mim, e ficamos abraçados. Finalmente falou:

— Zailm, eu te perdôo, do fundo de minha alma! És apenas um ser humano. Se pecaste, não o faças mais. Não me admiro de que tenhas amado uma mulher tão doce como ela.

Tomei então a recordação de Lolix, que trouxera comigo apesar do peso, e sem uma palavra, entreguei a ela.

— É dela? Ó, Lolix! Eu te amava, também! Zailm, dá-me isso. Eu gostaria de guardar como lembrança de minha amiga.

Disse-lhe então: — Anzimee, minha esposa — pois deves ser minha, o mundo sabe — tu me perdoaste. E também teu tio, o *rai*. Mas ainda faltam meses até que possamos nos unir para sempre. Até então, eu vou para Umaur, para a região deserta, na parte sul, pois em Aixa certamente há minas, e nesses desertos de areia irei encontrar ouro. Não que o deseje, pois tenho milhões, sim, três milhões de *teki*; mas tudo o que a terra possua é bom para Poseidônis. Eu vou porque temo que não possa ficar em Caiphul e me impedir de estar sempre contigo. Em Umaur eu posso ver-te, e levar-te comigo, e amar-te, querida, pois desta vez não vou retirar o *naim*, e assim vai ser quase como se eu estivesse aqui. Portanto, beija-me, minha doce amada, e dá-me adeus, e eu partirei ao cair da noite. Que *Incal* esteja contigo, e Sua paz de envolva!

Eram 3.200 quilômetros de Caiphul até a região da costa de Umaur da qual eu pretendia adentrar o território. Porém, com o pensamento em Anzimee, o tempo passou sem eu sentir, e aterrissamos onde hoje os mapas mostram o grande produtor de salitre, que é o deserto de Atacama. Era, como hoje, um deserto. Ao explorar suas areias em profundidade, próximo à base dos Andes, descobrimos que eram ricas em ouro o suficiente para justificar que eu e meus homens levássemos o gerador elétrico de água. Era um instrumento que continha várias centenas de metros quadrados de superfícies de placas de metal agrupadas como guelras de peixe, acomodadas em uma caixa apertada de metal. Uma corrente de ar, entrando por uma das extremidades da caixa, passava sobre os dois lados de cada placa, até chegar à outra ponta. Como as placas eram mantidas a uma temperatura extremamente baixa pelas forças do *Navaz*, em conseqüência se fazia rapidamente um depósito de umidade do ar atmosférico. O nosso era o maior tipo portátil, e o fluxo de água condensado por ele era de quase um litro por minuto, o suficiente para efeitos de mineração, já que nosso equipamento usava pouca água.

Eu trouxera um cavalo de Poseidônis, e logo que se cuidou das providências para a mineração e os homens foram postos a trabalhar, fiz aprontar o animal, e com um estojo de instrumentos de localização de minérios — instrumentos portáteis, operados por algo semelhante ao que hoje se chama de pilha leclanché[2] — portanto não a eletricidade do Lado Obscuro — e usados para localizar os depósitos de minerais pelo princípio do eletrômetro, e alimento para vários dias, parti para a prospecção. Levei também um pequeno *naim* portátil, para manter-me em comunicação com o resto do mundo.

Não tinha andado oito quilômetros quando descobri que o aparelho estava inutilizado pela falta do oscilador, e decidi deixá-lo num esconderijo, para buscar na volta. Onde eu perdera esse componente fundamental, não sabia, mas decidi não voltar para procurá-lo. A perda, embora fosse um aborrecimento considerável, foi um alívio para meu cavalo, reduzindo o peso a carregar em vários quilos — o que não era de desprezar, considerando que eu levava um rifle (que não vou descrever, embora basicamente diferente das armas modernas, movido a eletricidade), ferramentas de mineração, pacotes de tâmaras e nozes, minha bússola, aparelhagem fotográfica e um pequeno gerador; e finalmente, meu equipamento de dormir e meu próprio peso.

Na primeira noite eu já andava longe, e ao chegar a próxima, me encontrava a mais de 160 quilômetros do acampamento. Quando o Sol desceu, estava percorrendo um arroio fundo. A pequena distância, vi a entrada do que parecia uma pequena caverna. Serviria bem para acampar durante a noite, daria um bom abrigo.

Meu cavalo era bem adestrado e ficaria horas esperando onde eu o deixasse. Desmontei, e ordenando que esperasse ali, entrei na caverna. Parecia ser um túnel comprido, e sem ir mais longe, retornei a meu cavalo e tirei-lhe a sela. Coloquei sob ela os alimentos que havia trazido; para o animal, havia abundância de relva por ali. Coloquei as ferramentas também sob a sela, e tomando meu rifle elétrico, ia voltar à investigação da caverna, quando meu cavalo pediu água; e como a ravina era o leito seco de um riacho, tratei de dar de beber a ele e a mim também. O leito do riacho era feito de uma rocha lisa, parecida com cimento, com várias depressões em forma de bacia. Coloquei o gerador ao lado de uma delas, e logo o buraco estava cheio de água fresca. Fiz meu animal beber dali, e bebi do jorro do ins-

---

2 Pilha elétrica inventada em 1867 por Georges Leclanché – a primeira pilha elétrica moderna. N.T.

trumento. Que boa era a água! Quando recoloquei o gerador, funcionando, ao lado da depressão, nem imaginava o quanto eu ia precisar dela, em breve, sem conseguir.

Constatei que o chão da caverna era da mesma espécie de rocha que o leito do riacho. Sabia que não continha minérios, mas impelido pela curiosidade, decidi ir até o fim do túnel. No bolso eu tinha uma pequena lanterna, e usei-a quando fiquei no escuro, ao me distanciar da entrada da caverna. A quase um quilômetro depois, a caverna se ampliava. Nesse ponto me detive, tomado de surpresa. Em toda aquela região eu não havia encontrado, até então, sinal de presença humana, antiga ou recente. E diante de mim achava-se uma casa, mostrando parte de duas pesadas paredes de basalto. Com a surpresa, deixei cair a lanterna, que se quebrou no chão de pedra, apagando a luz. Contudo, não ficou tudo escuro, porque a luz do dia se filtrava para o interior, vinda de algum lugar.

Por muito tempo fiquei ali, na penumbra da caverna, contemplando a casa em ruínas. De onde seriam os construtores, de que época esquecida? Para onde teriam ido? Seria a única, ou haveria outras escondidas nas areias da planície próxima? Só podia fazer conjecturas, pois em todos os anais de Poseidônis, que cobriam dezenas de séculos de resumos escritos, não havia menção de nenhum povo, civilizado ou selvagem, que habitasse aquela "terra de ninguém". A única conclusão possível era que eu estava contemplando os vestígios de um povo tão antigo que antecedera até mesmo os quarenta séculos de Poseidônis.

Finalmente, atravessei a pequena extensão da caverna para examinar mais de perto aquele vestígio de um passado obscuro, já esquecido quando Poseidônis nascera. Na parede da construção voltada para mim havia uma abertura nos blocos lisos e bem cortados de basalto. Havia uma porta entreaberta, aparentemente formada de uma única placa de basalto de uns quinze centímetros de espessura e tamanho proporcional. Levado pela curiosidade, entrei sem mexer na porta. Minha razão custava a admitir que mesmo sendo de pedra essa estrutura houvesse suportado assim os efeitos do tempo; mas era a explicação, e desisti de conjecturar sobre isso, no momento.

As três dimensões internas da peça eram aparentemente iguais, cerca de 4,8 metros cada. A única entrada era a porta. Não havia aberturas na sólida construção, a não ser por duas fendas paralelas no teto. O piso era de granito, e o encaixe das pedras era tão perfeito como os das paredes — sequer uma folha de papel poderia passar entre os blocos. Depois de examiná-los bem, encostei-me à parede, próximo da porta, e deixando o olhar passear pela grade do teto, entreguei-me à reflexão. Como era frio e escuro aquele recinto solitário, relíquia de uma era perdida, que mesmo uma raça tão antiga como a nossa esquecera! A sólida construção, a severidade do estilo, tudo lembrava muito as descrições das prisões que existiam em Poseidônis na época anterior ao Maxin. Seria um exemplar único, ou seria parte do conjunto de uma cidade perdida?

Satisfeito com o exame, comecei a pensar em voltar ao ar livre e a meu cavalo. Quando me virei para sair, a curiosidade me impeliu a tentar empurrar nos gonzos a pesada porta, se conseguisse. Imaginando que precisaria de muito esforço para tal, imprimi um forte impulso. No exame superficial que fizera, não havia encontrado sinal de fechadura de qualquer tipo, e não imaginei que existisse alguma. Praticamente nenhum esforço foi preciso para empurrar a enganosa porta, que se moveu tão rápido, que eu perdi o equilíbrio e caí contra a parede, batendo a cabeça com tanta força que perdi a consciência.

Quando a recuperei, encontrei a porta fechada e firmemente trancada. Em meu rápido exame, eu não tinha reparado que em vez de feita de uma única placa, era constituída por duas, separadas na extremidade por um outro pedaço de basalto, deixando assim um espaço vazio entre elas. Nesse espaço, havia um mecanismo de pinos e encaixes de pedra, que operava pelo princípio da gravidade, e soltava os pinos quando a porta se fechasse inteiramente. As extremidades dos pinos, ao todo quatro, encaixavam-se então em orifícios na parede, e a porta ficava firmemente cerrada.

Possuindo uma tendência à calma, graças à confiança em meu conhecimento científico, a descoberta de que estava aprisionado não me alterou demais. Em vez disso, tratei de encontrar meios de retirar os pinos. Mas não havia nenhum. Dei-me conta então, consternado, que não possuía uma única ferramenta para cavar uma saída dessa prisão sombria.

Sentei-me para analisar a situação. Quanto mais refletia, mais terrível me parecia o estado de coisas. Primeiro, ninguém sabia de meu rumo. Como não possuía o *naim*, minha localização só poderia ser conhecida rastreando-me; e isso seria impossível, porque eu havia seguido o leito de cursos d'água, onde longos trechos eram de pura rocha. Só sentiriam minha falta dali a três dias, pois tinha avisado que pretendia ausentar-me pelo dobro desse tempo, e saíra três dias antes. Não havia possibilidade de escapar, e agora dava-me conta de quão verdadeiras eram as palavras do *rai* Ernon de Suern, quando dizia que um poseidônio dependia, para manter a própria vida, de estar cercado pelos produtos de seus conhecimentos do mundo da matéria.

A comida que eu troxera estava com meu cavalo — tão fora de meu alcance como as estrelas. Podia ser que eles finalmente viessem à minha procura e encontrassem o cavalo. Mas não, ele não ficaria três ou quatro dias sozinho naquele terrível deserto; acabaria vagueando por ali, talvez voltasse ao *vailx*. Mas não deixaria rastro para dar uma pista de minha prisão, porque voltaria como veio, pelo leito rochoso de um riacho. Pontadas de fome recordavam que eu não tinha nada para comer; nem mesmo água.

Ainda tinha alguma esperança — pois *Incal* não era meu pai e protetor? Que vã essa esperança! Deus, *Incal*, Brahma, chame-se o Espírito Eterno como quiser — Ele atende as necessidades de seus filhos, mas aquelas que a eles parecem primordiais, nem sempre são assim consideradas pelo Eterno Ser. Ele age por meio de seus filhos, sejam homens ou anjos, fazendo-os dependerem uns dos outros, e se ajudarem mutuamente. Deus vê um marinheiro que está se afogando, mas se nenhum irmão estiver ali para socorrê-lo, pode morrer fisicamente. Ele "modera o frio para o cordeiro tosquiado",[3] mas geralmente por meio do interesse ou da piedade sentidos pelos que estão próximos. Somente pelos impulsos interiores, colocados por Ele nas almas de seus filhos, é que Ele ajuda ou socorre. E a grande verdade é que o corpo físico deve pedir, com sua ação material, para receber resposta a suas necessidades no plano físico; a mente deve rogar por meio dos processos mentais, e receberá resposta em conseqüências mentais; o espírito deve pedir por meio de sua natureza, e receberá por meio de valores imperceptíveis à mente comum. Porém, mesmo que a mente rogasse sem parar, se o corpo não agir, não haverá resultado — salvo se alguém mais intervier. E se o espírito pedir, mas a mente não quiser também, o conhecimento não chegará ao cérebro.

Sentado naquela casa da caverna, eu rogava a *Incal* com minha mente, mas como não podia fazê-lo com meu corpo, nenhuma resposta chegaria.[4]

Eu poderia ter influenciado o *rai* Gwauxln, no plano mental, para compreender meu apelo, por meio da clarividência; mas não poderia fazê-lo porque o inimigo que tinha despertado a curiosidade que me levara à perdição interceptaria todas essas mensagens clarividentes; e não podia fazê-lo sobretudo porque ignorava a técnica adequada. Havia apenas uma esperança de que Gwauxln fosse influenciado por minha tensão mental de aflição, independentemente de meu conhecimento. Entretanto, incapaz de utilizar esses poderes, dessa forma descartei qualquer possibilidade de escapar. Mas rezaria a *Incal*. Ajoelhei no chão duro e preparei-me para invocar Sua ajuda.

Quando proferi Seu nome, ouvi uma risada sonora e sar-

---

3 O ditado equivale a "Deus dá o frio conforme o cobertor". N.T.
4 Não é demais lembrar que antes de tudo vale a condição cármica. Quando não há injunções cármicas, as criaturas são sempre intuídas a se afastarem dos perigos e provas que não lhes cabem; em último caso, o auxílio é providenciado de qualquer forma. Neste caso, o rai Gwauxln, clarividente, podia ter sido acionado facilmente pelo Plano Espiritual para dar-se conta da situação e da localização do autor, se ele não devesse perecer no local. N.T.

cástica — um som que me fez estremecer com aquele terror que todo mundo já sentiu um dia, na infância ou depois dela, ao ouvir uma história de terror, daquelas que se conta ao pé do fogo quando a tempestade sacode o mundo lá fora.

Virando-me, e me erguendo, enxerguei o *incaliz* do grande templo de Caiphul.

— Por que estás me olhando como se fitasses um demônio?

A essa pergunta eu não podia responder que meu medo vinha de tê-lo visto entrar daquela forma, porque não estava habituado a ver pessoas andando por aí como fantasmas, sem corpo, embora não parecessem.

Fiquei muito contente com sua chegada, porque acreditei naquele momento que *Incal* tinha respondido ao meu pedido de clemência ainda não expresso, enviando Mainin para ajudar-me. E, no entanto, por que ainda experimentava aquele medo indizível, que me tomou assim que o avistei? Senti imediatamente que não era por causa da forma como entrara na prisão, pois eu sabia que, como um Filho da Solidão, ele tinha poder para deixar o corpo de carne como nós despimos um casaco, e projetar-se aonde quisesse. Sabia, ao vê-lo, que seu corpo físico se encontrava em transe, a milhares de quilômetros, em Poseidônis. Eu não tinha o poder de projetar-me, senão seria fácil fazer com que o *rai* Gwauxln soubesse do perigo que eu corria; pelo menos, eu assim pensava, sem saber da interferência de Mainin. Mas como *Incal* tinha enviado o *incaliz* até mim, estava tudo bem, com certeza.

O sacerdote decerto leu meus pensamentos, pois disse que ficara sabendo de minha situação por *Incal*, e viera ajudar-me a escapar. Entretanto, deveria deixar-me até que pudesse buscar ajuda para mim despachando um *vailx* de Caiphul. Não demoraria muito, e enquanto isso eu devia ter bom ânimo. E desapareceu como chegara.

Fiquei sozinho outra vez, aguardando seu retorno com uma ansiedade febril, indescritível em palavras. Passaram-se horas, e ele não apareceu, nem ninguém mais. As horas transformaram-se em dias, três dias, e ele não veio, nem qualquer socorro. A forme, que se tornara terrível, não era nada comparada com a sede. Mais uma vez a luz do dia deixou de filtrar-se pela grade acima, da fenda que ia até a superfície. Eu tinha gasto as pontas dos dedos até ficarem em ferida tentando retirar os pinos da porta; tinha sondado cada centímetro para ver se não havia um segredo que abrisse algum ponto da parede. Mas o destino não guardava essa benesse para mim. Sete vezes a luz do dia desapareceu no alto, marcando sete noites desde a visita de Mainin.

Por várias vezes a tortura da sede e da fome me havia feito delirar, com intervalos de lucidez. Num desses momentos lúcidos de relativa calma, em que eu jazia gemendo no chão, apelando debilmente por socorro a *Incal*, ouvi o mesmo riso abafado que anunciava o aparecimento de Mainin. O som me deu uma energia temporária, e sentei-me. Teria acusado o *incaliz* por sua longa ausência, que tanto me fizera sofrer, se não temesse que, aborrecido, ele me deixasse morrer ali. Não sentia mais por ele a reverência que tivera, porque tinha certeza de que não era o que as pessoas julgavam. Por isso, o teria confrontado, pois tinha a certeza, no íntimo, de que, por maior que fosse seu conhecimento oculto, e o fato de ser reconhecido como um Filho, tinha, no entanto, a maldade no coração, e os Filhos da Solidão haviam se decepcionado com ele. Não lhe lançava isso em rosto por causa da esperança, logo desmentida, de que ainda poderia me ajudar a escapar.

Dessa vez chegou com outra atitude. Quando falou, as primeiras palavras foram para zombar de meus apelos ao Senhor da Vida.

— Ah! Não vai te ajudar nada pedir socorro a Deus! Não existe Deus. Bah! Como são cegos os homens, rezando a essa idéia vazia que sua ilusão chama de "Deus"! Os homens de Poseidônis dizem que *Incal* é Deus; os de Suern dizem que é Jeová, e os de Necropan, Osíris. Que loucura e que idiotice!

Sentei-me direito, e olhei-o por um instante, antes de perguntar se ele não tinha receio de blasfemar assim de *Incal* e negar seu criador.

— Achas então, Zailm, filho de Menax, que eu faria o que fiz, se achasse que existe algum Deus? Sabias que eu desejo a ruína dessa que se chama Anzimee? Que eu venho desde outra vida — de muitas vidas! — cheio de ódio por ela, que sempre me entregou à justiça dos homens? Hoje ela não o poderá fazer; não vejo isso escrito no Livro do Destino, portanto, ou não está escrito, ou eu perdi o poder de ler o destino, o que não acho provável. Por meio de ti, eu hei de atormentar seu coração até o fundo, até que grite de angústia! O que me fez Anzimee? Não como Anzimee, mas como uma mulher poderosa e vidente, antes que renascesse na Terra como Anzimee. Eu a segui para vingar-me. Para esmagar-lhe a alma de sofrimento, eu planejei a morte de Menax, contra o qual pessoalmente eu não tinha nada; está quase acontecendo o mesmo contigo, embora eu não tenha nada contra ti. Fui eu que incitei tua curiosidade para que buscasses tua morte. Queria ter impedido a confissão de teu pecado com Lolix para Anzimee. Então, depois que tivesses morrido, e eu te encontrasse, iria saborear uma desgraça maior para ela, pela denúncia pública de tua iniqüidade, pois eu tenho todas as provas dela na mão. Mas isso se frustrou; não importa muito. Tua morte lhe trará bastante tortura. Para isso é que serviu Lolix; eu a impeli a agir como agiu, e tu também em relação a ela, há muito tempo, porque eu faço meus planos com muita antecedência,[5] pois tenho imenso poder de sondar o futuro. Para o mesmo fim, vou promover a destruição do *rai*, e por fim, aquela que é o objeto de meu ódio maior não há de saber distinguir o mal do bem, e seu nome há de ser escarnecido na boca do povo. A vingança é doce, Zailm, doce!

    Meu horror e fraqueza não permitiram fazer mais do que ficar sentado em silêncio impotente, até porque não havia nenhum corpo físico contra o qual fazer nada.

    — Estás horrorizado com minha maldade? Sou velho demais para fracassar, e estou além do alcance das leis dos homens. Ninguém, nenhum ser humano, nem todos os homens do mundo podem me tirar a vida ou a liberdade. Há muito eu conheço um segredo que prolonga a vida muito além da duração comum; um segredo que vem da profundeza do Lado Obscuro da natureza. Chegará o dia em que um poseidônio descobrirá esse segredo. Será um triste dia para ele, me alegro em pensar! Eu já era velho, muito velho, quando Gwaulxn pensou que eu era um garoto como ele; e os Filhos da Solidão também, porque eu era hábil para dissimular; e até hoje acreditam. Eu... sim, vou dizer-te, porque já és agora um homem morto. Eu já vivi três séculos neste corpo. Não disse que era velho? Eu anulei o bem que Ernon de Suern fazia, e ele morreu com o coração desesperançado. Faço o possível para destruir as esperanças da humanidade, desviá-la da senda infinita, para o que é diabólico, a morte e a destruição. Ernon trabalhava para o crescimento da humanidade; eu, para o rebaixamento; entramos em conflito, e eu venci. E por que ele não percebeu minha atuação? Porque eu sempre atuei na sombra, e obtive o domínio sobre as hostes malignas que não são humanas, nunca foram e nunca serão. E contra os Trabalhadores das Sombras nenhum Filho da Solidão pode vencer; ambos trabalham sobre a natureza animal do homem, que aceita o primeiro apoio que se ofereça, e assim favorece os Trabalhadores das Sombras. Mas basta. Não te diria nada disso se tivesses qualquer poder contra mim, se estivesses vivo em vez de praticamente morto. Ainda achas que eu posso acreditar num Deus? Bah! Se Deus existe, eu não o temo; que ele me puna!

    A noite descera, enquanto Mainin confessava e se vangloriava de seus tremendos crimes. Na escuridão total da prisão — que, sendo física, não velava a imagem de Mainin — surgiu algo que trouxe o terror a nossos corações, embora de formas

---

5 Vê-se que as técnicas psicológicas apuradas e o planejamento estratégico que os magos negros utilizam para as vinganças individuais ou grupais, inclusive o domínio sutil das coletividades, não mudaram nada desde então, embora já tenham incorporado até a tecnologia mais avançada. Todas as fraquezas e tendências das criaturas são avaliadas e manipuladas, desde que não ofereçam resistência. N.T.

diversas. Uma forma humana, mas que não era material, cercada por uma luz branca enceguecedora, achava-se diante de nós. Seria *Incal*? Teria aceito o desafio do criminoso sacerdote? No semblante trazia uma expressão serena, mas terrível, embora não de raiva ou qualquer emoção humana. Por um momento os magníficos olhos me fitaram, depois voltaram-se para Mainin. E então falou, num tom calmo e musical, e enquanto o escutava, toda a dor me deixou, embora suas palavras tivessem um significado terrível:

— Não vou enumerar teus crimes, Mainin — tu os conheces todos. Foste um dos Filhos, e eles te ensinaram tudo o que sabiam, e de mim aprendeste mais do que isso, há séculos. Eu sabia do teu rumo, sabia do mal que fazias; mas não interferi, porque tens o livre-arbítrio, como todos os homens. Mas a dimensão do teu conhecimento, prostituído pelo egoísmo, e o crime, mais do que qualquer outro, são a tua destruição. Teu nome significa "luz", e foi grande o teu brilho; mas foste como uma luz enganosa, atraindo para a destruição todos os que te seguiram, e que foram milhares. Mas Anzimee não irás atingir, porque é minha filha que está a serviço. Mereceste a punição. Quisera que fosse evitável. Teu caso é um dentre muitos; é pior porque tens conhecimento, não és ignorante. Como és um ego, um raio da luz do Pai, que agora não emite claridade, somente treva, eu te deixarei anulado por um tempo.

Estendeu a mão, e Mainin foi cercado por uma chama brilhante que desapareceu, levando-o consigo.

Mainin tinha pervertido a sabedoria para fazer o mal e semear as sementes do mal nos corações humanos. Ele semeara e Suern irá colher, e por meio de Suern, o mundo.

Aterrorizado, abaixei-me, com o rosto no chão. O Ser ordenou-me que levantasse, dizendo:

— Não temas, pois eu não te condeno. Não me adores, e sim ao Pai que me enviou. O que eu sou, o espírito de cada homem também é. Não voltarás para Atl, nem verás mais Anzimee até que ela parta da Terra e retorne duas vezes; e terá o nome de Phyris. Eu te avisei de que tudo isso aconteceria, em Caiphul, e tu me ouviste, mas não compreendeste. Mas tu irás ouvir e compreender, e ainda irás conduzir o meu povo. Eu te dou a paz. Dorme!

Nota: Depois disso, Zailm desencarnou. Acabou reencarnando nos EUA, no século XIX, como Walter Pierson. Fez fortuna como minerador de ouro na Califórnia; encontrou Lolix reencarnada com o nome de Elizabeth, casou-se com ela e tiveram duas filhas. Mas perderam as crianças numa epidemia de escarlatina. O carma se cumpriu. Reencontrou Anzimee, sua alma gêmea, e uniu-se a ela.
No final da obra, ambos sondam os registros imperecíveis do passado (registros akhásicos), para descrever o clima de degradação geral que se apoderara de Poseidônis séculos depois de sua vida ali, e o domínio dos magos negros que promoveu a destruição da grande ilha, no cataclismo que também descreve sucintamente — tudo no capítulo que segue.

Livro segundo

Capítulo 1
A queda da Atlântida

Olhamos outra vez para a Atlântida e vimos muitas coisas mais. A época de Zailm tinha um interesse particular. Zailm fora minha personalidade ali.

Atl, conhecida no passado como Atlan, rainha dos mares, e seu povo, como "Filhos de *Incal*", isto é, "Filhos de Deus"... Como caíram os que foram tão poderosos! Pois agora contemplo o lugar onde existiu, e faz parte do leito do oceano, coberta de lama e limo; e só é conhecida como uma terra que foi habitada pela visão daqueles que podem examinar os registros astrais. O cenário se apresentou novamente tal como o tinham visto os olhos de minha pobre, fraca e mortal personalidade de Zailm. Lá estava a majestosa Caiphul, a cidade real; e lá, distante, não tão grandiosa, Marzeus; suas torres, chaminés e altos edifícios mostravam a localização do maior dos centros industriais de Atlan, onde existiam as oficinas e fábricas que construíam os *vailx*, os *naims* e toda espécie de máquinas e instrumentos de Poseidônis; e produtos têxteis, cereais e uma infinidade de artigos de uso e de arte. Cerca de mil artesãos trabalhavam ali de dia, mas à noite mal restavam cinqüenta mil; todos iam para casa, de carro ou *vailx*, a 80 e até 160 quilômetros dali — uma viagem de poucos minutos. E tudo isso ia perecer algumas centenas de anos após, por causa da maldade dos homens.

Olhamos de novo para a Poseidônis de três mil anos depois, aproximadamente. Como estava mudada! Caiphul perdera algo. Não na substância física, visível aos homens encarnados — não, essa continuava. Mas as pessoas que vimos não eram os homens elevados, de alma nobre, que Zailm e Anzimee haviam conhecido. E quando a humanidade entra em decadência, se degrada, a natureza em torno dela muda também para pior.

Marzeus, a cidade das fábricas, não existia mais. Tinha desaparecido antes que a corrupção se instalasse. A arte não tinha sofrido tanto quanto a ciência. A ciência, que se apoiava nas misteriosas forças da natureza — o *Navaz* — tinha desaparecido de tal modo que as naves aéreas estavam esquecidas, ou no máximo eram histórias meio míticas. E assim outros instrumentos que Zailm conhecera — como o *naim*, aquele maravilhoso transmissor sem fio que combinava telefone com imagem. E os vocalígrafos, os aparelhos de aquecimento, os geradores de água — todos perdidos. O homem do século vinte, entretanto, os descobrirá de novo.

As sementes da corrupção, plantadas nos corações dos homens pelo Malvado, mestre Mainin,[1] germinaram e floresceram, e iniciaram, alguns séculos depois da época de Gwauxln e Zailm, um longo processo de decadência, que enfraqueceu o respeito próprio dos homens e mulheres de Poseidônis, uma perda que se refletiu em inúmeras coisas, culminando na depravação geral e na ruína.

Foi uma dessas fases da decadência que contemplamos a seguir.

Vimos uma mulher em cuja face havia uma luz quase divina; refletia piedade e desespero. Ela havia denunciado o hediondo costume de sacrifícios religiosos sangrentos como diametralmente opostos ao que era certo, a Deus, aos homens, e responsável pela corrupção do povo.[2] A isso, os sacerdotes que se encontravam no meio da multidão responderam com gritos raivosos. Do alto onde se encontrava, no pedestal de um monumento, ela falou para as faces transtornadas abaixo:

— Pensais que *Incal* aceita o sangue de animais inocentes em troca de vossos crimes? Os que dizem isso mentem! *Incal* nunca aceitaria o sangue de ninguém, nem nada que coloque um inocente no lugar de um culpado! E o *Incalithlon*, e o Assento Sagrado, e a Luz do Maxin são desonrados sempre que um sacerdote coloca um animal na Pedra Divina e lhe crava uma faca no coração, o retira e o lança como sacrifício na Luz que Não se Apaga. Sim, a Luz o destrói instantaneamente. Mas pensais que com isso o misericordioso *Incal* fica satisfeito, ó raça de víboras, sacerdotes que sois charlatães e feiticeiros?

Um *incali* raivoso inclinou-se e pegou um pedaço de louça quebrada. Na frente dele estava uma liteira carregada por escra-

---

1 O leitor que deseje acompanhar fatos reais relativos a esse império dos magos negros na civilização atlante encontrará relatos circunstanciados nas obras ***Baratzil, a Terra das Estrelas***, e *Erg, o Décimo Planeta*, de Roger Feraudy, Ed. do Conhecimento. N.T.

2 O domínio que os magos das Sombras desejam estabelecer sobre a humanidade sempre exigiu o derramamento de sangue — animal ou humano — porque no vitalismo deste se apóiam para os processos energéticos de magia negra. Na época atual, a humanidade continua a fornecer-lhes esse combustível terrível, por meio da matança diária de animais para o consumo humano, as matanças das guerras e os sacrifícios rituais, sempre orquestrados pelos líderes do astral inferior, usando pretextos idênticos aos dos sacerdotes-feiticeiros daquela época terrível. N.T.

vos de faces tristes. Nela, reclinava-se entre almofadas de seda uma mulher de lânguida beleza, a própria personificação da liberalidade impudica. Deitada, naquela atmosfera tropical, sem nada que a cobrisse, exceto as ondas de seus cabelos que lhe ocultavam parcialmente a nudez. A cena não despertava atenção pela falta de pudor; a única atenção que recebia da densa e furiosa multidão em torno era admiração sensual de um ou outro. Essas cenas eram comuns naqueles últimos dias de Atl. Vendo o sacerdote pegar o pedaço de louça, a mulher disse:
— O que vais fazer com isso?
— Nada — respondeu ele.
— Nada, pois sim! Sei que gostarias de atirar naquela blasfemadora, se tivesses coragem!
— Coragem não me falta — foi a resposta mal-humorada.
Uma voz no meio da multidão ondulante gritou que a blasfemadora da religião devia ser sacrificada na Pedra Divina, e seu coração entregue ao Maxin.
— Escuta isso! O povo e os *incali* te apoiariam — disse a libertina. — Joga isso, e vê se acaso acertas.
O sacerdote levantou a mão para trás e balançou o projétil, enquanto a turba ao seu redor o fitava com olhos expectantes. E então o brutal pedaço de cerâmica cruzou os ares na direção da bela oradora à frente. Acertou-a direto na têmpora. Com uma exclamação de dor, ela ergueu as mãos, cambaleou, e caiu no pavimento duro. A turba, que silenciara por um instante, agora dava rugidos ferozes, e os mais próximos acorreram na direção da vítima. Vários sacerdotes ergueram o pobre corpo, e segurando-a pelos pés, braços e cabelos, como se o ataque tivesse sido planejado, dirigiram-se ao *Incalithlon*, cuja enorme pirâmide se via não longe dali.
— Vê! — disse Phyris — o primeiro sacrifício humano em Caiphul! Era eu, eu mesma que eles mataram por tentar lutar contra a maré de depravação e crimes dos sacerdotes. Eu lhes repeti a profecia do Maxin, mas eles não deram atenção, e me mataram. Aquela mulher era eu reencarnada, três mil anos depois que tu, Zailm, me deixaste, quando eu era Anzimee.
Os sacerdotes colocaram a vítima ainda inconsciente na Pedra. Então o sumo sacerdote, que ainda se chamava *incaliz*, desceu do que um dia fora o Assento Sagrado. Parou ao lado da vítima e profanou, não a Deus, mas ao ser humano, fazendo uma oração — pois ninguém pode ofender a Deus, senão ofendendo o ser humano. Depois abriu o vestido cinza e descobriu o colo alvo. Ergueu rapidamente a faca afiada e golpeou-a. O assassino então arrancou o coração e jogou-o na Luz que Não se Apaga, onde ele desapareceu sem deixar vestígio. Então o corpo foi retalhado e dividido entre a turba assassina, junto com as vestes ensangüentadas.

A maior parte do sangue correra para uma depressão na Pedra, feita para o sangue dos sacrifícios. Os sacerdotes lhe acrescentaram uma bebida alcoólica, e num frenesi alucinado, beberam a mistura em taças de ouro. A cena era nauseante, e senti meu próprio ser revoltado! E aquela pobre moça assassinada, que tinha dado a vida para tentar resgatar o seu povo do mal — era ela, que havia tantos séculos fora Anzimee, e agora era Phyris, parte de meu ser, porque nossos espíritos eram um só, unidos.

Depois desse sacrifício humano, a sede de sangue do povo tornou-se insaciável. Exigiram a vida do sacerdote que havia ferido a mulher, porque ainda não estavam habituados aos direitos que os *incali* acabavam de se arrogar, o de sacrificar pessoas. Gritaram que ele havia matado a mulher, que eles não queriam ir tão longe, e, portanto, o que a atingira devia morrer. O tumulto tornou-se tão violento, e a insurreição tão iminente, que o ignóbil sacerdote foi arrastado para fora e sacrificado pelos companheiros, como tinha sido a moça. Mas então deu-se o desfecho.

Quando o sumo sacerdote voltou-se para jogar o coração da vítima no Maxin, ele cambaleou como se tivesse sido golpeado, sua mão caiu ao lado dele, o coração caiu no chão, e o homem tombou inconsciente! A alta chama da Luz que Não se Apaga desaparecera, o Livro do Maxin desaparecera! Em seu lugar, havia uma figura humana, a de um Filho da Solidão. Na mão esquerda tinha uma espada, na direita, uma caneta.

— Cuidai, que se aproxima o dia da destruição que foi previsto há séculos! Atlan deixará de ser iluminada pelo Sol, e o mar irá engolir a todos vós! Ouvi!

E após, a temível figura desapareceu. Mas a Luz que Não se Apaga não retornou mais.

O povo fugiu, gritando, deixando o sacerdote caído no chão. Quando alguns se aventuraram a entrar no *Incalithlon* muitos dias depois, ele ainda estava lá, morto. Com o grande conhecimento que tinha, sabia, feiticeiro que era, que existia um poder maior que derrubaria a corrupção de Poseidônis, e o horrendo deboche que escravizava a nação.

Porém, o estúpido sensualismo das massas, vendo, depois de alguns anos, que nada de terrível acontecera, aos poucos decaiu ainda mais, pois os sacrifícios humanos tornaram-se comuns, a luxúria, a glutonaria e a embriaguês cresceram desbragadamente, e a escuridão de uma treva moral tornou-se ainda mais negra.

* * *

A terra se sacudiu e tremeu de forma assustadora. Os rios

transbordaram, ou desapareceram em enormes fendas na terra; montanhas foram sacudidas até virarem colinas.

Três dias e três noites de terror. A morte espalhou-se por toda parte, pois as montanhas tombaram sobre as planícies e inundações se espalharam, incontidas. Mas o pior estava por vir.

Na manhã do quarto dia parecia que toda a chuva do céu se derramava, e os trovões não cessavam. Ainda restavam milhares de pessoas, que se juntavam nos lugares altos. De repente, pareceu que os próprios alicerces do mundo eram tirados, pois num só movimento geral as terras ainda não submersas começaram a afundar. Sem uma pausa na horrenda sensação, tudo afundava — mais, mais e mais — um, dois, três metros! Então seguiu-se uma pausa. A chuva que caía em cataratas, as rajadas de vento furioso, o movimento — tudo parou. As pessoas, escondidas nos frágeis abrigos que haviam podido encontrar, começaram a respirar aliviadas — talvez a terrível destruição tivesse finalmente terminado. Mas não!

Um pequeno tremor, mal percebido depois dos três dias de horror, e então, com um baque, o grande continente da Atlântida mergulhou como uma pedra no oceano! Não três metros, nem mesmo cem — afundou quase dois quilômetros em um único tremendo baque.

* * *

Um pequeno grupo de pessoas fora impelido a fugir de barco, e depois de muitas semanas acabaram chegando à costa oeste de Umaur. Eram apenas algumas centenas de sobreviventes da catástrofe. Entretanto, deram início a uma nova raça que povoou aquela terra, e depois que séculos após séculos se passaram, foram encontrados[3] por Pizarro.

Não permitiram sacrifícios humanos, mas ofereciam frutos da terra a *Incal*, e guardaram o nome, ligeiramente alterado, que ficou sendo "inca", que era conferido aos soberanos.

Outros sobreviventes dirigiram-se mais para o norte, e repovoaram a terra conquistada por Cortez, séculos depois.[4] Mas esses não haviam aprendido a lição, pois assim que chegaram à terra, sacrificaram uma mulher para agradecer por terem escapado.

A Ásia não sofreu os efeitos da catástrofe como outras terras. Contudo, inundações haviam coberto a porção oeste do continente. A parte leste, e o que existia da Europa e da América, não permaneceram inundadas após o rápido retorno do gigantesco macaréu que se formou na região onde existira a

---

3 Melhor dito, conquistados e dizimados. N.T.
4 O México. Tudo indica que se referia aos astecas. N.T.

Atlântida, depois do recuo do oceano que a engoliu.
 Assim se encerrou a visão da cena para nós. O grande dilúvio terminara.

 Fim

A História de Atlântida
Breve relato geográfico, histórico e etnológico

W. Scott-Elliot
[1896]

Sumário

A história da Atlântida e da Lemúria perdida

Prefácio da primeira edição (A. P. Sinnett)	181
A história da Atlântida	
Um esboço geográfica, histórico etnológico por W. Scott-Elliot	187
Sondagens do fundo do mar	189
Distribuição da fauna e da flora	189
Semelhanças de línguas	192
Semelhança de tipos étnicos	193
Semelhanças de crenças religiosas, rituais e arquitetura	194
Testemunhos de autores antigos	196
Os registros ocultos	199
Época do primeiro mapa	200
Época do segundo mapa	201
Época do terceiro mapa	202
Época do quarto mapa	203
Manus	203
As sub-raças	204
A raça Rmoahal	205
A raça Tlavatli	206
A raça Tolteca	206
A primeira raça Turaniana	207
A raça Semita Original	207
A raça Acadiana	208
A raça Mongólica	208
Instituições políticas	209
Magia negra versus a Boa Lei	210
Migrações	215
Primeira colonização do Egito	217
Stonehenge	220

Artes e cinecias	221
Arquitetura	222
Educação	223
Agricultura	225
A Cidade das Portas de Ouro	226
Naves aéreas	228
Usos e costumes	230
Alimentos	231
Armas	232
Dinheiro	233
Posse da terra	233
Religião	236

A Lemúria perdida

Nota preliminar	247
O continente desaparecido da Lemúria	
Dados extraídos de antigos registros	249
Duração provável do continente da Lemúria	250
Os mapas	250
Os répteis e as florestas de pinheiros	254
O reino humano	255
Tamanho e consistência do corpo do homem	255
Órgãos de visão	257
Descrição do homem lemuriano	258
Processos de reprodução	260
Raças lemurianas que ainda habitam a Terra	262
Origem dos macacos pitecóide e antropóide	263
Origem da linguagem	264
A primeira vida roubada	266
As artes	267
Mestres da raça lemuriana	268
As artes continuaram	270
Grandes cidades e estátuas	271
Religião	272
Destruição do continente	272
Origem da raça atlante	274
Uma loja de iniciação	275

Prefácio da primeira edição
A. P. Sinnett

Aos leitores não familiarizados com o progresso feito nos últimos anos pelos estudantes sérios de ocultismo ligados à Sociedade Teosófica, o significado das afirmações contidas nas páginas desta obra ficaria mal compreendido sem algumas explicações preliminares.

Até hoje, a pesquisa histórica, para a civilização ocidental, baseou-se em registros escritos de alguma espécie. Quando as evidências escritas são insuficientes, os monumentos de pedra às vezes se mostram úteis, e restos fósseis têm nos fornecido algumas inequívocas, embora inarticuladas certezas, relativas à antiguidade da raça humana; mas a cultura contemporânea esqueceu ou não tomou conhecimento das possibilidades que residem na investigação de acontecimentos passados que independam das falíveis evidências que nos transmitem os autores antigos. O mundo em geral, na atualidade, acha-se tão pouco consciente do alcance das faculdades humanas, que para a maioria das pessoas até agora a simples existência, mesmo como possibilidade, dos poderes psíquicos – que alguns de nós exercem conscientemente todos os dias – é negada ironicamente e ridicularizada. A situação é tristemente burlesca do ponto de vista dos que estudam o curso da evolução, porque a humanidade está assim obstinadamente mantendo à distância um conhecimento fundamental para o seu próprio progresso. Enquanto negar a si próprio as possibilidades de sua consciência espiritual mais elevada, mesmo o máximo desenvolvimento que o intelecto do homem possa atingir nunca passará de um estágio preparatório, comparado com o que pode atingir quando suas faculdades forem suficientemente ampliadas para entrar em comunicação consciente com os planos ou aspectos suprafísicos da natureza.

Para quem quer que tenha paciência de estudar os resultados já publicados da investigação psíquica durante os últimos cinqüenta anos, a realidade da clarividência, como um fenômeno eventual da inteligência humana, se imporá como um pressuposto inegável.

Para aqueles que, sem serem ocultistas (ou seja, estudantes dos aspectos mais elevados da natureza, em condições de obter mais ensinamentos do que quaisquer livros possam oferecer), tiram proveito das evidências já estabelecidas, a negação por parte de outros da possibilidade da clarividência equivaleria à descrença de um habitante dos trópicos na existência do gelo.

Por outro lado, as experiências de clarividência que já se acumularam para aqueles que a estudaram em conexão com o mesmerismo, nada mais fazem que provar a existência, na natureza humana, de uma capacidade de cognição de fenômenos físicos distantes no tempo ou no espaço, independente dos sentidos físicos. Os que estudaram os mistérios da clarividência juntamente com os ensinamentos teosóficos podem compreender que as origens básicas dessa faculdade residem tão além dessas manifestações mais elementares – das quais se ocupam os pesquisadores desassistidos – quanto as possiblidades da matemática superior excedem as do ábaco.

A clarividência, na realidade, tem muitos tipos, e todos se explicam quando analisamos a forma como a consciência humana funciona nos diversos planos da natureza. A faculdade de ler as páginas de um livro fechado, ou de visualizar objetos de olhos vendados, ou à distância do observador, é totalmente diversa da que se utiliza para pesquisar acontecimentos passados. Esta última é o tipo sobre o qual é necessário dizer algo aqui, a fim de que a verdadeira natureza deste tratado sobre a Atlântida possa ser compreendida; apenas faço alusão aos outros tipos; que a explicação que passo a dar não seja tomada por uma teoria completa da clarividência, com todas as suas variedades.

Poderemos compreender melhor a clarividência relacionada a acontecimentos passados se analisarmos em primeiro lugar os fenômenos da memória. A teoria da memória que a explica como um hipotético remanejo das moléculas físicas do cérebro, que acontece a cada momento de nossas vidas, não é plausível a ninguém que possa atingir um degrau acima do nível de pensamento do materialista ateu descompromissado. Para qualquer um que aceite, ainda que só como uma hipótese razoável, a idéia de que o homem é algo mais que uma carcaça animada, deve ser uma hipótese razoável que a memória se relacione com aquele princípio do homem que é suprafísico.

Em resumo, a memória é uma função que pertence a um plano além do físico. Os registros da memória são gravados, é evidente, em algum meio não físico, e são acessíveis ao pensador encarnado, nos casos comuns, em conseqüência de um esforço que faz, tão inconsciente de sua verdadeira natureza como o é do impulso cerebral que age sobre o músculo cardíaco. Os acontecimentos que ele presenciou no passado são fotografados pela natureza, em uma página indelével de matéria suprafísica, e fazendo um esforço interior adequado, ele é capaz de traze-los novamente, quando deles necessita, ao alcance de um sentido interno, que então reflete suas percepções para o cérebro físico. Não somos todos capazes de efetuar esse esforço com a mesma habilidade, e assim a memória é às vezes confusa, mas mesmo nas experiências de pesquisa mesmérica, a superexcitação eventual da memória, sob a influência do mesmerismo, é um fato conhecido.

As circunstâncias demonstram cabalmente que os registros da natureza são acessíveis se sabemos como recuperá-los, ou mesmo se a nossa capacidade de fazer o esforço para essa recuperação aumentar, ainda que não tenhamos maior conhecimento da técnica empregada para isso. A partir dessa idéia, podemos chegar facilmente a outra: a de que, na verdade, os registros da natureza não são conjuntos separados de propriedade individual, mas constituem a memória da própria natureza que tudo abarca, da qual diferentes pessoas têm condições de fazer esboços, de acordo com suas diversas capacidades. Não estou afirmando que uma idéia decorre necessariamente da outra como conseqüência lógica. Os ocultistas sabem que aquilo que afirmei é um fato, mas meu objetivo imediato é mostrar ao leitor que não seja ocultista como um ocultista experiente atinge seus objetivos, sem ter a pretensão de resumir todos os estágios de seu progresso mental nesta breve explanação. A literatura teosófica como um todo deve ser consultada por aqueles que busquem maiores elucidações sobre as magníficas possibilidades e demonstrações práticas de seus ensinamentos, os quais, ao longo do desenvolvimento da teosofia, foram expostos ao mundo para beneficiar aqueles que sejam capazes de aproveitá-los.

A memória da natureza é, na realidade, uma estupenda unidade, assim como, em outro sentido, verifica-se que toda a humanidade constitui uma unidade espiritual, se ascendermos a um plano suficientemente elevado da natureza, em busca da maravilhosa convergência em que a unidade é atingida sem a perda da individualidade.

Para o comum da humanidade, entretanto, no estágio primitivo de evolução que é o da maioria hoje, as capacidades espirituais internas, além das que se expressam pelo cérebro, ainda se acham tão pouco desenvolvidas que não lhes permitem ter acesso a outros registros, dentre os vastos arquivos da memória da natureza, a não ser aqueles com os quais estiveram em contato no momento de serem criados. Os esforços interiores que conseguem efetuar, às cegas, via de regra não evocarão outros registros. Mas, de forma incipiente, experimentamos na vida diária esforços que têm mais sucesso. A "transmissão de pensamento" é um singelo exemplo. Nesse caso, "impressões da mente" de uma pessoa – cenas da memória da natureza com a qual ela está em relação normalmente – são captadas por outra pessoa, que é capaz, embora inconsciente do método utilizado, de ter acesso à memória da natureza um pouco além da área com a qual ela própria está comumente conectada.

Esta pessoa começou, embora levemente, a exercitar a faculdade da clarividência astral. Esse termo pode ser usado com propriedade para indicar o tipo de clarividência que estou procurando elucidar; o tipo que, em seu estágio mais notável, foi o utilizado para realizar as investigações que resultaram no presente relato sobre a Atlântida.

Não existe, na verdade, limite para a atuação da clarividência astral na investigação da história passada do planeta, quer se dirija a acontecimentos ocorridos com a raça humana em épocas pré-históricas, ao desenvolvimento do próprio planeta através de eras geológicas que antecederam o aparecimento do homem, ou a fatos mais recentes, cuja descrição atual foi distorcida por historiadores descuidados ou maldosos. A memória da natureza é infalivelmente precisa e ininterruptamente gravada. Chegará o dia, tão certo como a precessão dos equinócios, em que o método documental de pesquisa histórica será posto de lado como obsoleto. São muito poucas as pessoas entre nós capazes de exercitar a clarividência astral com toda a perfeição, e ainda não foram convocadas para exercer funções mais elevadas, na promoção do progresso humano – do qual a humanidade comum conhece ainda menos, na atualidade, do que um camponês entenderia de reuniões ministeriais. São muitos os que sabem o que esses poucos podem fazer, e através de que processo de treinamento e autodisciplina passaram, na busca de metas interiores (das quais, quando atingidas, a clarividência é apenas uma peculiaridade individual); contudo, ainda são uma pequena minoria se comparados com a sociedade culta do presente.

Porém, com o passar do tempo, num futuro que já podemos visualizar, temos razões para ter certeza de que o número dos clarividentes astrais competentes aumentará o suficiente para ampliar o círculo dos que têm consciência de suas capacidades, até que esse círculo inclua toda a porção inteligente e culta da humanidade, dentro de poucas gerações. Enquanto isso, a presente obra é a primeira que se apresenta como um ensaio pioneiro sobre o novo método de pesquisa histórica. Todos os que se interessam por ele acham engraçado o fato de que será inevitavelmente tomado por uma obra de ficção – durante algum tempo, e por leitores materialistas, incapazes de aceitar a sincera explicação aqui oferecida sobre os princípios que presidiram a sua criação.

Em favor de outros, mais intuitivos, seria bom dizer uma ou duas coisas que os impeçam de supor que, pelo fato de a pesquisa histórica com a clarividência astral não encontrar barreiras para lidar com períodos distanciados por centenas de milhares de anos, seja um processo isento de dificuldades. Cada um dos fatos constantes desta obra foi obtido pouco a pouco, com um cuidado sempre atento e vigilante, no curso de uma investigação que envolveu mais de um clarividente qualificado, ao longo de alguns anos, no intervalo de outras atividades. Para o êxito de seu trabalho, lhes foi permitido o acesso a alguns mapas e outros registros físicos daquelas remotas eras, que foram preservados – em lugares mais seguros, longe das turbulentas raças que na Europa têm se ocupado com o progresso da civilização nos breves intervalos de descanso entre as guerras, e pressionadas intensamente pelo fanatismo que por longo tempo qualificou a ciência de sacrilégio, durante a Idade Média.

A tarefa foi trabalhosa, porém o esforço exigido foi amplamente recompensado, como há de reconhecer qualquer um que seja capaz de perceber quão necessária se faz, para o entendimento de nosso mundo tal como é hoje, a compreensão adequada da época atlante. Sem esse conhecimento, todas as especulações sobre etnologia serão fúteis e enganosas. O processo de desenvolvimento das raças fica caótico e confuso sem a chave fornecida pela civilização atlante e pela configuração da Terra nos vários períodos que ela abrangeu. Os geólogos sabem que as superfícies terrestres e oceânicas devem ter mudado de lugar repetidas vezes, durante as épocas em que, como sabem pelos vestígios humanos das várias camadas geológicas, essas terras eram habitadas. E no entanto, pela exigência de informações precisas sobre as datas dessas mudanças, descartam essa possibilidade de suas considerações práticas; e exceto por algumas hipóteses propostas por naturalistas a respeito do Hemisfério Sul, têm procurado conciliar as migrações humanas com a configuração atual da Terra.

Dessa forma, tudo que nos antecedeu torna-se absurdo; e o panorama etnológico continua tão vago e obscuro que não consegue se contrapor a concepções primitivas sobre a origem da humanidade, que ainda dominam o pensamento religioso e atrasam o progresso espiritual da nossa era. A decadência e desaparecimento final da civilização atlante trazem tantos ensinamentos quanto sua ascensão e glória.

Dou por atingido com esta breve explanação o objetivo principal desta introdução à obra que agora se entrega ao público; e se o seu conteúdo não conseguiu dar aos leitores uma noção de sua importância, dificilmente o conseguiriam novas considerações de minha parte.

1896

A história da Atlântida
Um esboço geográfico, histórico e etnológico
por W. Scott-Elliot

O objetivo geral do tema que nos propomos será melhor compreendido se nos detivermos sobre o conjunto de informações que se pode obter sobre as diversas nações que compõem a nossa quinta grande raça, ou ariana.

Desde a época dos gregos e romanos se tem escrito sobre os povos que, cada um a seu turno, têm ocupado o palco da história. As instituições políticas, as crenças religiosas, os costumes sociais e familiares foram analisados e catalogados, e incontáveis obras, em muitas línguas, registraram para nós a marcha do progresso.

Por outro lado, deve-se lembrar que da história da Quinta Raça só possuímos uma parte – apenas o registro dos últimos ramos da sub-raça céltica, e dos primeiros de nosso próprio ramo teutônico.

Mas as centenas de milhares de anos que decorreram desde a época em que os primeiros árias deixaram seu lar às margens do mar no centro da Ásia até a dos gregos e romanos, testemunharam a ascensão e queda de incontáveis civilizações. Não sabemos praticamente nada da primeira sub-raça da raça ariana, que habitou a Índia e colonizou o Egito em épocas pré-históricas, e o mesmo se pode dizer das raças caldaica, babilônica e assíria, que compunham a segunda sub-raça, pois dos fragmentos de informação obtidos com a decifração dos hieróglifos e da escrita cuneiforme nas tumbas egípcias e tabuinhas babilônicas, mal se pode dizer que sejam história. Os persas, que pertenceram à terceira sub-raça, a iraniana, deixaram, é verdade, alguns vestígios a mais, porém das primeiras civilizações da quarta sub-raça, a celta, não possuímos absolutamente nada.[1] Apenas com o surgimento dos últimos

---

1 N.T. – Em 100 anos, esse panorama já se alterou um pouco, tanto em relação

ramos da raça céltica, isto é, os gregos e romanos, é que chegamos à época histórica.

Além das lacunas do passado, temos as do futuro, pois das sete sub-raças necessárias para completar a história de uma grande raça-raiz, somente cinco apareceram até agora. A teutônica, ou quinta sub-raça, já deu origem a várias nações, mas ainda não terminou sua trajetória, enquanto a sexta e a sétima sub-raças, que se desenvolverão respectivamente na América do Norte e do Sul, terão milhares de anos de história para oferecer ao mundo.

Portanto, se tentarmos resumir em poucas páginas informações sobre a evolução do mundo durante uma época que deve ter ocupado no mínimo um período de tempo igual ao acima referido, pode-se imaginar quão superficial este esboço inevitavelmente terá que ser.

Um registro da evolução planetária durante a época da Quarta Raça, a atlante, deve englobar a história de várias nações, e registrar a ascensão e queda de muitas civilizações.

Ocorreram também catástrofes, em mais de uma ocasião, durante o desenvolvimento da Quarta Raça, numa escala em que ainda não aconteceram durante a existência de nossa atual Quinta Raça. A destruição da Atlântida se deu através de uma série de catástrofes, que variaram desde grandes cataclismos em que grandes porções de terra e populações inteiras foram destruídos, até desabamentos relativamente pouco importantes, como os que acontecem hoje em nossas costas. Quando se iniciou a destruição, com a primeira grande catástrofe, não se interromperam os desabamentos, que continuaram lenta mas firmemente engolindo o continente. Quatro dessas grandes catástrofes se destacam entre todas, pela magnitude. A primeira teve lugar no Mioceno, há certa de 800.000 anos atrás. A segunda, de menor importância, ocorreu há cerca de 200.000 anos. A terceira – em torno de 80.000 anos atrás – foi muito grande. Destruiu tudo o que restava do continente atlante, com exceção da ilha a que Platão deu o nome de Poseidônis, e que por sua vez submergiu na quarta e derradeira catástrofe, no ano de 9564 a.C.

O testemunho dos mais antigos autores e da pesquisa científica moderna dão igualmente testemunho da existência de um antigo continente no lugar da perdida Atlântida.

Antes de abordar o tema em si, desejamos indicar ligeiramente as fontes, em geral conhecidas, que fornecem evidências para apoiar-nos. Podem ser agrupadas em cinco tipos:

Primeiro: os testemunhos das sondagens no fundo do mar.

---

aos celtas como a algumas outras civilizações, embora ainda longe de satisfatório.

Segundo: a distribuição da fauna e da flora.
Terceiro: as semelhanças de línguas e tipos étnicos.
Quarto: o testemunho de autores antigos, de tradições de antigas raças, e de lendas arcaicas sobre o dilúvio.

Sondagens do fundo do mar

O testemunho das sondagens no fundo do mar pode se resumir em poucas palavras. Graças principalmente às expedições das canhoneiras britânica e americana "Challenger" e "Dolphin" (embora a Alemanha também estivesse associada a essa exploração científica) o leito de todo o Oceano Atlântico agora se acha mapeado, e em conseqüência se demonstrou a existência, no meio dele, de uma imensa escarpa ou cordilheira de grande altitude. Essa cordilheira se estende na direção sudoeste desde cerca de 50° de latitude norte, em direção à costa da América do Sul, e depois na direção sudeste, para a costa da África, mudando de direção novamente perto da Ilha da Ascensão, e dirigindo-se diretamente para o sul, para a ilha de Tristão da Cunha. A escarpa se ergue quase perpendicularmente a cerca de 2.743 metros acima do leito do oceano em torno, e os Açores, o rochedo de São Paulo, as ilhas da Ascensão e de Tristão da Cunha são os picos dela que ainda permanecem acima d'água. É necessário um cabo de 3.500 braças ou 6.405 metros para sondar as partes mais profundas do Atlântico, no entanto as partes mais altas dessa escarpa se acham apenas desde 183 até poucas centenas de metros sob a superfície. As sondagens revelaram também que essa escarpa se acha coberta por fragmentos vulcânicos cujos vestígios são encontrados através do oceano até as costas americanas.

Foi definitivamente comprovado pelas investigações feitas nessas expedições que o leito do oceano, especialmente perto dos Açores, foi cenário de uma ação vulcânica de gigantescas proporções, num período geológico bem definido.

O sr. Starkie Gardner é de opinião que no período do Mioceno as Ilhas Britânicas faziam parte de uma ilha maior ou um continente que se estendia através do Atlântico, e que "existia uma grande extensão de terra onde hoje é o oceano, e a Cornualha, a Sicília e as ilhas do Canal (da Mancha), a Irlanda e a Grã-Bretanha são os remanescentes de seus picos mais altos".[2]

Distribuição da fauna e da flora

A existência comprovada de espécies similares ou idênticas

2 *Popular Science Review*, julho de 1878.

da fauna e da flora em continentes separados por grandes oceanos é um quebra-cabeças que se coloca igualmente diante de biólogos e botânicos. Porém, se houver existido uma ligação entre os continentes que permitisse a migração natural dessas espécies, ficaria resolvido o problema.

Restos fósseis de camelos foram encontrados na Índia, África, América do Sul e no Estado do Kansas (EUA), mas é uma das hipóteses geralmente aceitas dos naturalistas que todas as espécies de animais e plantas se originaram em um único lugar do globo, e desse centro gradualmente se espalharam por outras regiões. Como se pode admitir a evidência desses restos fósseis sem a existência de uma ligação terrestre em uma remota era? Descobertas recentes nas camadas fósseis do Estado de Nebraska (EUA) parecem comprovar que o cavalo se originou no Hemisfério Ocidental, pois é a única parte do mundo em que restos fósseis dele foram descobertos, mostrando as várias formas intermediárias que foram identificadas como as precursoras do cavalo propriamente dito. Portanto, seria difícil admitir a presença do cavalo na Europa a não ser com a hipótese de uma ligação terrestre contínua entre os dois continentes, uma vez que é inegável que o cavalo existiu em estado selvagem na Europa e na Ásia antes de ser domesticado pelo homem, o que pode ser rastreado quase até a Idade da Pedra. O gado bovino e as ovelhas, como os conhecemos hoje, também possuem ancestrais remotos. Darwin encontrou gado domesticado na Europa nas épocas mais remotas da Idade da Pedra, o qual durante muito tempo tinha se desenvolvido a partir de formas selvagens, de forma semelhante ao bisão americano.

Remanescentes do leão das cavernas da Europa também são encontrados na América do Norte.

Saindo do reino animal para o vegetal, parece que a maior parte da flora do Mioceno, na Europa – encontrada principalmente nas camadas fósseis da Suíça – existe atualmente na América, e um pouco dela na África. O fato notável na América do Norte (EUA) é que, enquanto a maioria das espécies se encontra no estados do leste, muitas estão ausentes na costa do Pacífico. Isso parece indicar que foi pela costa do Atlântico que elas penetraram no continente. O professor Asa Gray declara que dos 66 gêneros e 155 espécies encontradas nas florestas a leste das Montanhas Rochosas, apenas 31 gêneros e 78 espécies são encontrados a oeste dessa cadeia.

O maior de todos os enigmas é a banana. O professor Kuntze, um eminente botânico alemão, indaga: "De que maneira essa planta (nativa da Ásia e da África tropicais) que não pode suportar uma viagem pela zona temperada, foi levada para a América?" Como ele observa, essa planta não tem sementes, não pode ser cultivada por mudas, não possui tubérculos que pudessem ser facilmente transportados; sua raiz é como uma árvore.³ Precisaria de cuidados especiais para ser transportada, e não suporta longos percursos. A única forma que ele pode admitir para seu aparecimento na América é supor que tivesse sido transportada por uma população civilizada, numa época em que a regiões polares tivessem um clima tropical. Ele acrescenta: "Uma planta cultivada que não tenha sementes deve estar sendo cultivada por um período muito longo... talvez seja correto concluir que essas plantas já eram cultivadas no início da época antidiluviana". Por que, pode-se perguntar, essa conclusão não poderia nos levar a épocas ainda mais remotas, onde houvesse o nível de civilização necessário para o cultivo dessa planta, ou o clima e as condições requeridas para o seu transporte, a não ser que houvesse, em alguma época, uma ligação entre o Velho Mundo e o Novo?

O professor Wallace, em seu agradável *Island Life,* assim como muitos outros autores em obras importantes, apresentam hipóteses engenhosas para explicar a identidade da flora e da fauna em locais muito distantes entre si, e para o seu transporte pelo oceano, mas nenhuma delas é convincente, e todas falham em diversos pontos.

Sabe-se perfeitamente que o trigo, como o conhecemos, nunca existiu em estado verdadeiramente selvagem, e não há nenhuma evidência de que descenda de espécies fósseis. Cinco variedades de trigo já eram cultivadas na Europa na Idade da Pedra – sendo que uma das variedades encontradas nas "moradias lacustres" é conhecida como trigo egípcio; a partir disso, Darwin argumenta que os "povos lacustres ou mantinham ainda relações comerciais com alguns povos do sul, ou procediam originalmente de colonizadores vindos do sul". Conclui que o trigo, a cevada, a aveia, descendem de várias espécies hoje extintas, ou já tão extremamente diferenciadas que fogem à identificação, e conclui: "O homem deve ter cultivado cereais desde uma época extremamente remota". Tanto as regiões onde essas espécies remotas cresciam, como a civilização que as cultivou com uma seleção inteligente, se explicam pela existência do Continente Perdido, a partir do qual colonizadores as levaram para leste e para oeste.

Da fauna e da flora chegamos agora ao homem.

---

3   N.T. – Na verdade, o que parece ser a raiz, é na verdade o caule subterrâneo da bananeira, e o que vemos à superfície são galhos dele, não troncos.

Semelhança de línguas

A língua basca é única entre as línguas européias, e não tem afinidade com nenhuma delas. De acordo com Farrar,"nunca houve dúvida de que essa língua isolada, que preservou sua identidade num recanto ocidental da Europa, entre dois poderosos reinos, se parece, em sua estrutura, às línguas nativas do vasto continente oposto (a América), e somente a essas".[4]

Os fenícios foram, aparentemente, a primeira nação do Hemisfério Ocidental a utilizar um alfabeto fonético, em que os caracteres são apenas símbolos de sons. É um fato curioso que numa época igualmente remota encontramos um alfabeto fonético na América Central, entre os maias do Iucatã, cujas tradições colocam a origem de sua civilização numa terra além do mar, a leste. Le Plongeon, a grande autoridade nessa matéria, escreve: "Um terço dessa língua (maia) é grego puro. Quem trouxe o dialeto de Homero para a América? Ou quem levou o dos maias para a Grécia? O grego descende do sânscrito. O maia também? Ou são contemporâneos? Ainda mais surpreendente é encontrar treze letras do alfabeto maia que apresentam inconfundível analogia com os símbolos dos hieróglifos egípcios para as mesmas letras. É provável que a forma mais antiga do alfabeto fosse hieroglífica, "a escrita dos deuses", como os egípcios a chamavam, e que se tenha desenvolvido depois, na Atlântida, em fonética. Seria natural admitir que os egípcios foram uma colônia atlante ancestral (o que efetivamente foram), e que esses atlantes tenham levado com eles o tipo antigo de escrita, que dessa forma deixou vestígios nos dois hemisférios, enquanto os fenícios, que eram um povo de navegadores, adquiriram e assimilaram a forma posterior de alfabeto dos povos a oeste, em suas incursões comerciais.

Outro ponto que deve ser mencionado é a extraordinária semelhança entre muitas palavras da língua hebraica e outras que possuem exatamente o mesmo sentido na língua dos chiapenecs – uma ramo da raça maia, que está entre os mais antigos da América Central.[5]

A similaridade de línguas entre as várias raças selvagens das ilhas do Pacífico tem sido usada como argumento, por autores que trataram desse tema. A existência de línguas semelhantes entre raças separadas por quilômetros de oceano, sem possuírem, nos tempos históricos, nenhum meio conhecido de transporte entre elas, é decerto um argumento em favor de sua origem a partir de uma úni-

---

4 *Families of Speech*, p. 132.
5 Uma lista dessas palavras se encontra em *North Americans of Antiquity*, p. 475.

ca raça que ocupasse o mesmo continente; mas o argumento não pode ser usado no presente caso, porque o continente em questão não era a Atlântida, mas a ainda mais remota Lemúria.

Semelhança de tipos étnicos

Na Atlântida, como veremos, diz-se que habitavam raças vermelhas, amarelas, brancas e negras.

Hoje está provado, por pesquisas de Le Plongeon, De Quatrefages, Bancroft e outros que até épocas recentes existiam populações de tipo negróide na América. Muitos monumentos da América Central são decorados com faces negras, e alguns dos ídolos encontrados ali claramente representam negros, com crânios pequenos, cabelos curtos crespos e lábios grossos. O *Popul Vuh*, falando do lar original da raça da Guatemala (maias), diz que "homens brancos e negros juntos" viviam nessa terra feliz "em grande paz", falando "uma só língua".[6] O *Popul Vuh* continua relatando como o povo emigrou de sua terra ancestral, como sua língua se modificou, e como alguns se dirigiram para leste, enquanto outros viajaram para oeste (para a América Central).

O professor Retzius, no seu *Smithsonian Report*, entende que os primitivos dolicocéfalos da América são estreitamente aparentados com os Guanches das Ilhas Canárias, e com a população das costas atlânticas da África, que Latham engloba sob a denominação de atlântidas egípcios. O mesmo formato de crânio é encontrado nas Ilhas Canárias, ao largo da costa africana, e nas ilhas do Caribe, ao largo da costa americana, e a cor da pele, em ambos os casos, é de um castanho avermelhado.

Os antigos egípcios se consideravam de raça vermelha, e tinham a pele igual à que possuem ainda hoje algumas tribos de índios americanos.

"Os antigos peruanos", diz Short, "parecem ter sido, de acordo com numerosos exemplos de cabelo encontrados em suas tumbas, uma raça de cabelos ruivos".

Um fato notável a respeito dos índios norte-americanos, e que constitui um quebra-cabeças para os etnólogos, é o vasto espectro de cores de pele que se encontra entre eles. Desde a cor branca das tribos Menominee, Dakota, Mandan e Zuni, muitos dos quais têm cabelos ruivos e olhos azuis, até a pele escura quase negra dos Karos do Kansas e das agora extintas tribos da Califórnia, as raças indígenas passam por todas as tonalidades de marrom avermelhado, cobre, cor de oliva, canela e bronze.[7]

---

6 Vide *Native Races*, de Bancroft, p.547.
7 Vide *North Americans of Antiquity*, de Short, *Pré-Adamites*, de Winchell, *In-*

Vamos constatar aos poucos que a diversidade de colorações da pele do continente americano se deve às variedades de cores originais do continente atlante, seu ancestral.

Semelhança de crenças religiosas, rituais e arquitetura
Nada parece ter surpreendido mais os primeiros aventureiros espanhóis ao chegarem ao México e ao Peru que a extraordinária semelhança das crenças religiosas, ritos e símbolos que encontraram no Novo Mundo, com os do Velho.

Os padres espanhóis consideravam essa semelhança como obra do demonio. A adoração da cruz pelos nativos, e sua presença constante em todos os templos religiosos e cerimônias, foi o principal objeto de sua estupefação; na verdade, em parte alguma – nem mesmo na Índia e no Egito – esse símbolo mereceu mais profunda veneração que entre as tribos nativas das Américas; e o significado que havia por trás de sua veneração era idêntico. No Ocidente como no Oriente, a cruz era o símbolo da vida – às vezes da vida física, e com mais freqüência da vida eterna.

De forma análoga, nos dois hemisférios a adoração do disco solar e da serpente foi universal; e mais surpreendente ainda é a semelhança das palavras que significam "Deus" nas principais línguas do Oriente e do Ocidente. Compare-se o sânscrito *Dyaus* ou *Dyauspitar*, o grego *Theos* e *Zeus*, o latino *Deus* e *Júpiter*, o celta *Dia* e *Ta*, que se pronuncia "tia" (e parece ter afinidade com o egípcio *Tau*), o hebraico *Jah* ou *Yah*, e finalmente o mexicano *Teo* ou *Zeo*.

Os ritos batismais foram praticados por todas as nações. Na Babilônia e no Egito os candidatos à iniciação nos Mistérios eram primeiro batizados. Tertuliano, em seu *De Baptismo*, diz que em decorrência lhes era prometida "a regeneração e o perdão dos perjúrios". As nações escandinavas praticavam o batismo das crianças recém-nascidas; e quando nos voltamos para o México e o Peru, encontramos ali o batismo das crianças como uma cerimônia solene, consistindo de aspersão de água, o sinal da cruz e preces para lavar os pecados.[8]

---

dians of North America, de Catlin; e também *Atlantis*, de Ignatius Donnelly, que reuniu uma grande quantidade de evidências desse e de outros títulos.
8 Vide *Historia de Nueva España*, de Sahagun, livro VI.

Além do batismo, as tribos do México, América Central e Peru se assemelhavam ao Velho Mundo nos rituais de confissão, absolvição, jejum e casamento diante de um sacerdote, unindo as mãos. Possuíam até mesmo uma cerimônia semelhante à eucaristia, em que pão marcado com o símbolo do Tau (uma forma de cruz egípcia) era comido, e o povo o considerava como o corpo de seu deus. Parece-se exatamente com os pães sagrados do Egito e outras nações orientais. Como estas, também os povos do Novo Mundo possuíam ordens monásticas, masculinas e femininas, em que a quebra dos votos era punida com a morte. Embalsamavam seus mortos e adoravam o Sol, a Lua e os planetas, como os egípcios, mas além e acima disso adoravam uma deidade "onipresente, que sabia todas as coisas – invisível, incorpórea, um deus de absoluta perfeição".[9]

Eles possuíam também uma deusa-mãe virgem, "Nossa Senhora", cujo filho, o "Senhor da Luz", era chamado de "Salvador", tendo uma nítida correspondência com Ísis, Beltis e muitas outras deusas-virgens do Oriente com seus divinos filhos. Seus ritos de adoração do Sol e do fogo se parecem exatamente com os dos antigos celtas da Inglaterra e da Irlanda, e como estes, declaravam ser "filhos do Sol".

Uma arca ou argha era um dos símbolos sagrados que encontramos de forma análoga na Índia, na Caldéia, na Assíria, no Egito, na Grécia e entre os povos celtas. Lord Kingsborough, em seu *Mexican Antiquities*[10] dia: "A arca, como entre os judeus, era uma espécie de templo portátil no qual se supunha que a divindade estava sempre presente; assim, entre os mexicanos, os cherokees e os índios de Michoacan e Honduras, a arca era tida na mais elevada veneração e considerada um objeto tão sagrado que não devia se tocado por ninguém salvo os sacerdotes".

Quanto à arquitetura religiosa, vemos que nos dois lados do Atlântico uma das mais antigas edificações sagradas é a pirâmide.

Embora haja controvérsias sobre as finalidades a que se destinavam essas construções, uma coisa é inegável: que se relacionavam estreitamente com alguma idéia ou sistema religioso. O formato idêntico das pirâmides do Egito, do México e da América Central é impressionante demais para ser simples coincidência. É verdade que algumas – a maioria – das pirâmides americanas são do tipo truncado ou achatado, porém, de acordo com Bancroft e outros, muitas das que foram descobertas no Iucatã, e especial-

---

9 Vol. VIII, pág. 250.
10 Vide *Mexican Researches*, de Humboldt, e *Mexico*, de Prescott. Para uma descrição completa dos ritos de batismo vide *The Great Law* de W. Williamson, cap. "Sacramentos e Pactos de Sangue".

mente as próximas de Palenque, têm extremidades em ponta, à maneira tipicamente egípcia; e por outro lado, existem algumas pirâmides egípcias do tipo truncado. Cholula foi comparada aos grupos de Dachour, Sakkara e à pirâmide de degraus de Médourn. Semelhantes na orientação, na estrutura, e até nas galerias e câmaras internas, esses misteriosos monumentos do Oriente e do Ocidente são testemunhos de uma origem comum de que seus construtores tiraram a planta.

Os remanescentes de cidades e templos do Mèxico e do Iucatã se assemelham estranhamente aos do Egito; as ruinas de Teotihuacan têm sido freqüentemente comparadas às de Karnak. O "falso arco" – camadas de pedra horizontais, uma se sobrepondo ligeiramente a outra - é idêntico na América Central, nos mais antigos edifícios gregos, e nas ruínas etruscas. Os "construtores de montículos" dos hemisférios Oriental e Ocidental faziam túmulos parecidos para seus mortos, e colocavam os corpos em ataúdes de pedra semelhantes. Nos dois continentes existem grandes montículos serpentiformes; compare-se os do condado de Adams, em Ohio, com os belos montículos serpentiformes descobertos em Argyleshire, ou os exemplos menos perfeitos de Avebury em Wilts. Os próprios entalhes e decorações dos templos da América, Egito e Índia têm muito em comum, e algumas das decorações murais são absolutamente idênticas.

Testemunho de autores antigos

Resta-nos agora resumir algumas das evidências que se pode extrair de autores antigos, de primitivas tradições de povos, e de lendas arcaicas do dilúvio.

Aeliano, em sua ***Varia Historia***[11] relata que Teopompo (400 a.C.) se recordava de um encontro do rei da Frigia com Sileno, em que este mencionava a existência de um grande continente além do Atlântico, maior que a Ásia, a Europa e a Líbia juntas.

Proclus cita uma passagem de um autor antigo que menciona as ilhas do oceano além das Colunas de Hércules (Estreito de Gibraltar) e diz que os habitantes de uma dessas ilhas guardavam de seus ancestrais a tradição da existência de uma ilha extremamente grande chamada Atlântida, que durante muito tempo reinara sobre todas as ilhas do Oceano Atlântico.

Marcellus fala de sete ilhas do Atlântico, e relata que seus habitantes guardavam a lembrança de uma outra muito maior, Atlântida, "que durante muito tempo dominou as menores".

Diodoro Siculo relata que os fenícios descobriram "uma gran-

---

[11] Livro III, cap. XVIII.

de ilha no Oceano Atlântico, além das Colunas de Hércules, a alguns dias de viagem das costas da África".

Porém a maior autoridade neste assunto é Platão. No *Timeu*, ele se refere ao continente-ilha, enquanto *Crítias* ou *Atlântida* é nada menos que uma narrativa pormenorizada da história, das artes, dos usos e costumes daquele povo. No *Timeu*, ele menciona "uma poderosa força armada, saindo do Atlântico e derramando-se com fúria agressora sobre a Europa e a Ásia. Pois nessa época o Oceano Atlântico era navegável e havia uma ilha defronte desse estreito que é chamado por vós de Colunas de Hércules. Mas essa ilha era maior que a Líbia e a Ásia juntas, e permitia o acesso fácil a outras ilhas próximas, assim como era fácil passar dessas ilhas para o continente que margeava o Oceano Atlântico".

Há tantas coisas importantes no *Crítias*, que não é fácil escolher, mas damos a citação seguinte porque trata dos recursos materiais do país: "Possuíam igualmente tudo que lhes era necessário, tanto nas cidades como em qualquer outro lugar, e que se entende útil para a vida. Muitas coisas eram trazidas de países estrangeiros, devido à grandeza desse império; mas a própria ilha produzia a maior parte de tudo que lhes era necessário. Em primeiro lugar, a ilha fornecia tudo que se extrai das minas em estado sólido e derretido; e o oricalco, que hoje é raramente mencionado, mas era então muito apreciado, era extraído da terra em muitos pontos da ilha, e era considerado, com exceção do ouro, o mais precioso dos metais. Havia abundância de madeira para construção. E também pastagens suficientes para animais domésticos e selvagens, junto com enorme quantidade de elefantes. Havia alimento para todos os animais que vivem em lagos e rios, nas montanhas e planícies. E da mesma forma havia alimento suficiente para os animais maiores e mais vorazes. Além disso, todas as espécies de plantas aromáticas que a terra produz, raízes, ervas e árvores, e para sucos, e resinas, flores e frutos – tudo isso a ilha produzia em abundância".

Os gauleses conservavam tradições da Atlântida que foram recolhidas pelo historiador romano Timagenes, que viveu no primeiro século a.C. Parece que três populações diferentes habitavam a Gália. A primeira, dos povos nativos (provavelmente remanescentes de alguma raça lemuriana); a segunda, dos invasores da distante ilha da Atlântida; e a terceira, dos gauleses arianos.

Os toltecas do México se diziam originários de um lugar chamado Atlan ou Aztlan; os astecas também declaravam ter vindo de Aztlan.[12]

---

[12] Vide *Native Races*, de Bancroft, vol. V, pp. 221 e 321.

O *Popul Vuh*[13] fala de uma visita feita pelos três filhos do rei dos quiches a uma terra "a leste das margens do oceano, de onde seus pais tinha vindo", e da qual trouxeram, entre outras coisas, "um sistema de escrita".[14]

Entre os índios da América do Norte existe uma crença generalizada de que seus antepassados vieram de uma terra "na direção do nascente". Os índios Iowa e Dakota, de acordo com o major J. Lind, acreditavam que "todas as tribos de índios foram outrora uma só, e habitavam juntos em uma ilha...na direção do nascente. Atravessaram o oceano em enormes barcos com os quais os Dakotas antigos navegaram durante semanas, finalmente chegando a terra firme".

Os livros da América Central declaram que uma parte do continente americano se estendia bastante pelo Oceano Atlântico, e que essa região foi destruída por uma série de assustadores cataclismos em longos intervalos de tempo. Três deles são mencionados com freqüência.[15] É uma confirmação curiosa disso que os celtas da Grã-Bretanha tenham uma lenda de que uma parte de seu país se estendia outrora pelo Oceano Atlântico e foi destruída. Nas tradições galesas, são mencionadas três catástrofes.

De Quetzalcoalt, a divindade mexicana, se diz que veio "do leste distante". É descrito como um homem branco com uma barba natural (Os índios das Américas do Norte e do Sul não possuem barba). Ele introduziu a escrita e organizou o calendário mexicano. Depois de lhes haver ensinado muitas lições e ofícios de paz, navegou *para o leste* em uma canoa feita de peles de serpentes. Conta-se a mesma história a respeito de Zamna, o autor da civilização do Iucatã.

Falta apenas tratar da maravilhosa uniformidade das lendas do dilúvio em todas as partes do globo. Quer sejam versões arcaicas da história da Atlântida e sua submersão, ou ecos de uma grande alegoria cósmica outrora ensinada e perpetuada reverentemente em algum ponto comum, de onde se difundiu pelo mundo, no momento não é de interesse para nós precisar. É suficiente para nossos objetivos apontar a apropriação universal dessas lendas. Seria uma desnecessária perda de tempo e espaço citar essas histórias do dilúvio uma por uma. É suficiente lembrar que na Índia, na Caldéia, na Babilônia, na Média, na Grécia, na Escandinávia, na China, entre os judeus e as tribos celtas da Grã-Bretanha, essa lenda é

---

13 Pág. 294
14 Vide Bancroft, vo. V, p. 553.
15 Vide *North Americans of Antiquity*, de Short, pp. 268-271.

absolutamente idêntica em seus pontos essenciais. Examinemos o Ocidente: o que encontramos? A mesma história, em todos os detalhes, preservada entre os mexicanos[16] (cada tribo com sua própria versão), os povos da Guatemala, Honduras, Peru, e quase todas as tribos de índios da América do Norte. Seria pueril pretender que essa identidade essencial se deva a simples coincidência.

A citação a seguir, da tradução feita por Le Plongeon do famoso Manuscrito Troano, que se encontra no Museu Britânico, dá um fecho adequado a este tema. O Manuscrito Troano parece ter sido escrito há cerca de 3500 anos atrás, entre os maias do Iucatã, e o que segue é a descrição da catástrofe que submergiu a ilha de Poseidônis:

> No sexto ano de Kan, no décimo-primeiro Muluc, no mês de Zac, houve terríveis terremotos, que continuaram sem interrupção até o décimo-terceiro Chuen. O país das colinas de barro, a terra de Mu, foi destruída; erguendo-se duas vezes, desapareceu subitamente durante a noite, e o local foi sacudido por contínuas erupções vulcânicas. Ficando presas, fizeram a terra afundar e se erguer diversas vezes e em vários lugares. Finalmente, a superfície cedeu e dez reinos foram feitos em pedaços e se dispersaram. Incapazes de suportar a força das convulsões, afundaram com seus 64.000.000 de habitantes, 8060 anos antes que este livro fosse escrito.

Os registros ocultos

Já concedemos espaço suficiente aos fragmentos de evidências – todas mais ou menos convincentes – que se possui até agora. Aos que se interessem em seguir qualquer linha de investigação particular, indicamos as diversas obras acima referidas e citadas.

Agora passaremos a tratar de nosso tema.

Os fatos aqui reunidos não se baseiam em hipóteses ou conjecturas, pois foram extraídos de registros da época, compilados e transmitidos através das idades de que iremos nos ocupar. O autor pode ter falhado em não compreender inteiramente os fatos, e assim pode ter se equivocado parcialmente ao relata-los. Porém, os registros originais estão abertos à investigação dos que tenham as qualificações requeridas, e os que se dispuserem a passar pelo treinamento necessário podem adquirir as condições de conferi-los e verificar.

---

16 N.T. – Leia-se: entre os *antigos habitantes do México*, pré-colombianos – que obviamente não se chamavam mexicanos.

No entanto, mesmo que *todos* os registros ocultos estivessem disponíveis para nosso exame, deve-se compreender quão incompleto será um esboço que tenta resumir em poucas páginas a história de raças e nações que se estende por no mínimo algumas centenas de milhares de anos. Contudo, quaisquer pormenores desse assunto – por mais desconexos que possam ser – merecem ser conhecidos, e devem portanto interessar ao mundo, como um todo.

Entre os registros acima referidos encontram-se mapas do mundo em diversas épocas de sua história, e foi um grande privilégio para o autor que lhe fosse permitido obter cópias – mais ou menos completas – de quatro deles, que representam a Atlântida e as terras a seu redor em diferentes períodos de sua história.

Esses períodos correspondem aproximadamente aos que se situam entre as catástrofes mencionadas anteriormente, e neles, conforme representados nos quatro mapas, os registros da raça atlante se distribuem naturalmente.

Época do primeiro mapa

Antes de começar a história dessa raça, porém, devemos fazer algumas observações sobre a geografia das quatro diferentes épocas.

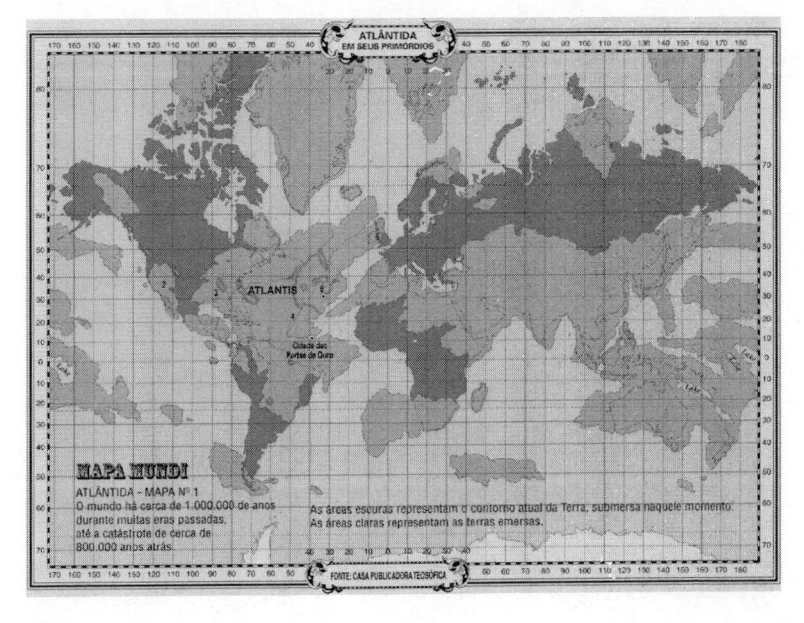

O primeiro mapa representa a superfície sólida da Terra tal como era há cerca de um milhão de anos atrás, quando a raça atlante estava no apogeu, e antes que o primeiro grande afundamento ocorresse, por volta de 800.000 anos atrás. O continente atlante, como se verá, estendia-se desde alguns graus a leste da Islândia até perto de onde hoje se situa o Rio de Janeiro, na América do Sul. Incluindo o Golfo do México, os estados do sul e do leste do EUA, até o Labrador, que também fazia parte dele, estendia-se oceano afora até as ilhas da Escócia e da Irlanda, e a uma pequena parte da Inglaterra, formando um de seus promontórios, enquanto a sua porção equatorial incluía o Brasil e toda a extensão do Oceano Atlântico até próximo da atual Costa do Ouro, na África.

Nesse mapa aparecem também algumas partes esparsas do que mais tarde se transformou nos continentes da Europa, África e América, assim como restos do ainda mais antigo e outrora vasto continente da Lemúria. Os restos do continente Hiperbóreo, mais antigo ainda, que foi habitado pela segunda raça-raiz, aparecem, como a Lemúria, à direita no mapa.

Época do segundo mapa

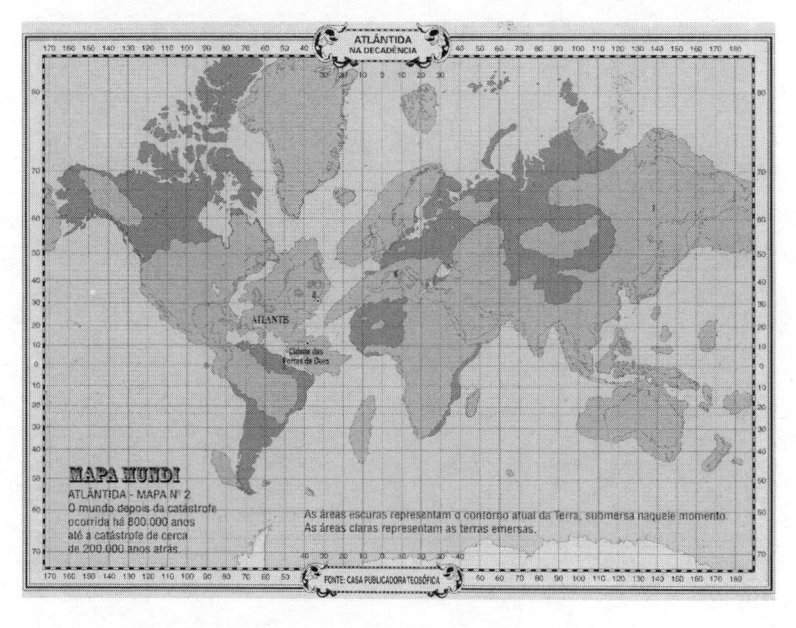

Como se pode ver no segundo mapa, a catástrofe de 800.000 anos atrás produziu grandes alterações na distribuição de terras do globo. O grande continente atlante agora perdeu sua parte norte, e o restante dele foi ainda dilacerado. O continente americano, agora aumentado, acha-se separado por uma brecha de seu continente original, a Atlântida, o qual não inclui mais as novas terras que apareceram, mas ocupa a parte central da bacia atlântica, de 50º de latitude norte até alguns graus ao sul do equador. Os afundamentos e elevações da superfície em outras partes do mundo também foram consideráveis – as Ilhas Britânicas, por exemplo, agora fazem parte de uma imensa ilha que engloba a península escandinava, o norte da França, e todas as regiões entre elas, e algumas ao redor. Pode-se notar que as dimensões dos remanescentes da Lemúria diminuíram ainda mais, enquanto a Europa, a África e a América tiveram acréscimos em seu território.

Época do terceiro mapa

O terceiro mapa mostra os resultado da catástrofe que teve lugar em torno de 200.000 anos atrás. Com exceção das rupturas nos continentes da Atlântida e da América, e a submersão do Egito, pode-se ver que foram relativamente pouco importantes os afundamentos e elevações da superfície da Terra nessa época; o fato de que essa catástrofe não foi considerada uma das maiores se nota da descrição, já mencionada, do livro sagrado dos guatemaltecos – apenas três são citadas ali. Contudo, a ilha escandinava aparece agora unida ao continente. As duas ilhas em que a Atlântida se dividiu eram conhecidas pelos nomes de Ruta e Daitya.

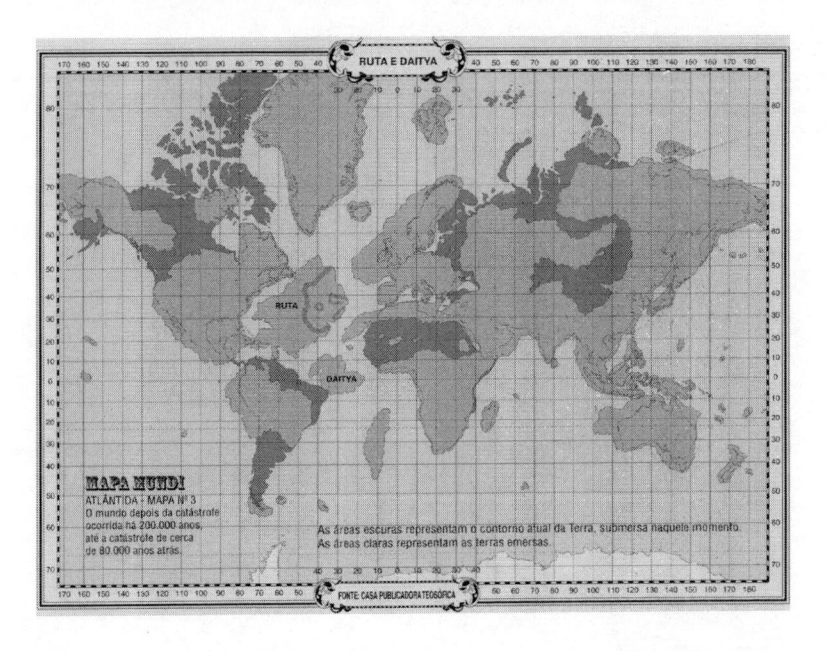

Época do quarto mapa

A tremenda intensidade da convulsão natural que ocorreu em torno de 80.000 anos atrás fica evidenciada no quarto mapa.Daitya, a menor e mais meridional das ilhas, desapareceu quase inteiramente, enquanto de Ruta ficou apenas a ilha relativamente pequena de Poseidônis. Este mapa foi feito há aproximadamente 75.000 anos, e sem dúvida representa bem a superfície da Terra tal como era desde essa época até a submersão final de Poseidônis, em 9564 a.C., embora, nesse período, algumas alterações menores devam ter acontecido. Pode-se notar que os contornos das terras começaram a assumir, em grandes linhas, a mesma aparência que possuem hoje, embora as Ilhas Britânicas estivessem ainda unidas ao continente europeu, o Mar Báltico não existisse, e o deserto do Sahara ainda fizesse parte do leito do oceano.

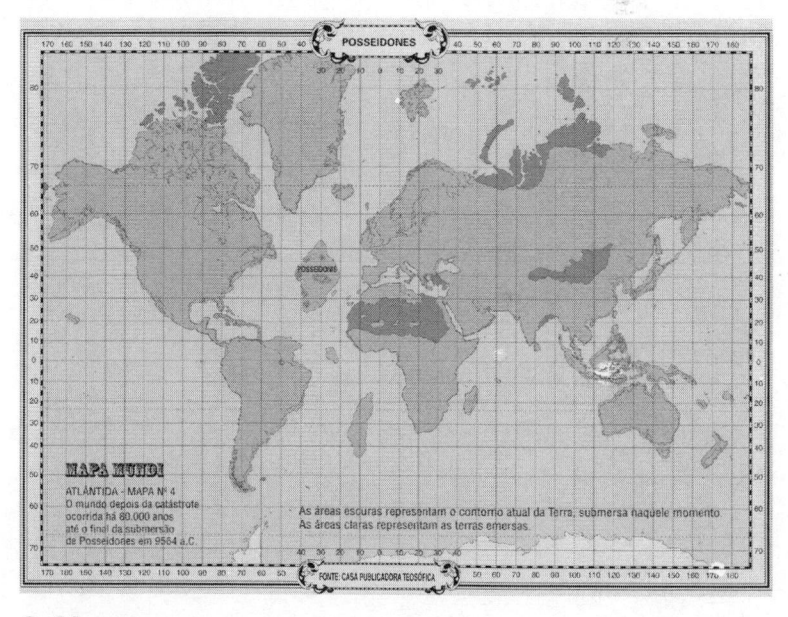

Os Manus

Uma referência ao tema místico dos Manus é uma preliminar necessária antes de entrarmos em considerações sobre a origem das raças-raízes. No Tratado nº 26 da Loja de Londres,[17] se faz referência ao trabalho que é feito por esses seres muito elevados, que inclui não só o planejamento dos modelos de todo o Manvantara,[18]

---
17 N.T. – Da Sociedade Teosófica.
18 N.T. – Período de atividade criadora em que um universo é criado e evolui,

mas também a supervisão da formação e educação de cada raça-raiz. A citação seguinte refere-se a esse plano: "Também existem Manus[19] cuja tarefa é atuar de forma semelhante em relação a cada raça-raiz, em cada planeta da Ronda; o Manu-Semente planeja o progresso que se inicia com cada raça-raiz, sucessivamente, e o Manu da raça encarna na nova raça como um líder e mestre para dirigir seu desenvolvimento e assegurar o progresso.

Num próximo tratado se poderá abordar a forma como o Manu que está atuando efetua a necessária separação dos espécimes selecionados, e o posterior cuidado do conjunto em crescimento. Neste momento, só precisamos fazer uma referência ao processo.

Naturalmente, foi de uma das sub-raças da Terceira Raça-Raiz do continente que conhecemos como Lemúria que foi realizada a seleção que se destinaria a produzir a Quarta Raça-Raiz.

Para acompanhar a história dessa raça durante as quatro épocas representadas pelos mapas, propomos dividir o tema nos seguintes tópicos:

1. Origem e localização territorial das diferentes sub-raças
2. Instituições políticas que elas desenvolveram
3. Suas migrações para outras regiões do mundo
4. As artes e ciências que desenvolveram
5. Os usos e costumes que adotaram
6. A ascensão e declínio das idéias religiosas entre elas.

As sub-raças
Inicialmente listemos os nomes da sub-raças:
1. Rmoahal
2. Tlavati
3. Tolteca
4. Primeira Turaniana
5. Semita original
6. Acadiana
7. Mongólica

É necessário que se dê uma pequena explicação dos princípios que guiaram a escolha desses nomes. Sempre que os modernos etnologistas hajam descoberto traços de uma dessas sub-raças, ou mesmo identificado uma pequena parte de alguma, os nomes que

---

seguindo-se depois um período de repouso (Pralaya) até o próximo Manvantara. São as "respirações" e "pausas" do Criador, também conhecidos como O Dia e a Noite de Brahma.

19 N. E. - Grandes seres que são os dirigentes espirituais de cada raça do planeta.

eles deram foram usados por nós, para simplificar; porém, no caso das duas primeiras sub-raças, como dificilmente se encontrarão quaisquer traços de que a ciência possa se apropriar, adotamos os nomes que elas utilizavam para si próprias.

A raça Rmoahal

A época indicada no mapa nº 1 mostra a superfície da Terra tal como era há cerca de um milhão de anos, porém a raça rmoahal começou a existir entre quatro a cinco milhões de anos atrás, época em que extensas porções do grande continente meridional da Lemúria ainda existiam, e o continente atlante ainda não tinha as proporções que finalmente atingiu. Foi num contraforte dessa terra lemuriana que nasceu a raça rmoahal. Pode ser localizado aproximadamente na latitude de 7° norte e longitude 5°oeste, o que, consultando-se um Atlas moderno, se verifica situar-se na costa atual de Ashanti. Era uma região quente e úmida, onde imensos animais antidiluvianos viviam em pântanos de juncos e florestas úmidas. Os rmoahals eram uma raça escura – possuíam tez como de um mogno escuro. Sua altura, nessa época inicial, era de uns 3,05 a 3,66 metros – uma raça de gigantes – mas com o passar dos séculos, sua estatura diminuiu gradativamente, como a de todas as raças a seu turno, e mais tarde os veremos reduzidos à estatura do "Homem de Furfooz".

Finalmente eles migraram para o litoral sul da Atlântida, onde se empenharam em guerras constantes com a sexta e sétima sub-raças dos lemurianos que então habitavam essa região. Uma grande parte da tribo acabou indo para o norte, enquanto os que restaram estabeleceram-se ali e mesclaram-se com esses lemurianos aborígenes negros. A conseqüência foi que, no período de que estamos tratando – a época do primeiro mapa – não havia mais uma raça pura no sul, e como veremos, foi entre essas raças escuras que habitavam as províncias equatoriais e o extremo sul do continente que os conquistadores toltecas futuramente buscaram seus escravos. Entretanto, o restante da raça atingiu os promontórios ao extremo do nordeste, próximo da Islândia, e habitando ali por incontáveis gerações, gradualmente tornaram-se de cor mais clara, até que à época do primeiro mapa os vemos como um povo razoavelmente agradável. Seus descendentes, no futuro, tornaram-se – ao menos nominalmente – súditos dos reis semitas.

Dizer que habitaram ali por incontáveis gerações não significa que não se movessem dali; a pressão das circunstâncias os levou algumas vezes para o sul. O frio das épocas glaciais naturalmente agiu também sobre as outras raças; mas o pouco que se pode dizer sobre o assunto pode ser colocado agora.

Sem entrar no assunto das variações de rotação da Terra, que, juntamente com os variados graus de excentricidade de sua órbita, têm sido apontados como a causa das eras glaciais, é um fato – já reconhecido por alguns astrônomos – que uma glaciação menor acontece a cada 30.000 anos. Acrescente-se a isso o fato de que houve duas ocasiões, na história da Atlântida, em que o cinturão de gelo assolou não apenas as regiões do norte, mas, invadindo o centro do continente, forçou todos os seres vivos a migrar para regiões equatoriais. A primeira delas ocorre à época dos rmoahals, em torno de três milhões de anos atrás, e a segunda deu-se durante a supremacia dos toltecas, há cerca de 850.000 anos.

Deve ser dito, a respeito das épocas glaciais, que embora os habitantes das regiões do norte fossem obrigados a estabelecer-se, durante o inverno, bem ao sul do cinturão de gelo, ainda havia grandes regiões a que podiam retornar no verão, e onde acampavam em função da caça, até serem levados de novo para o sul pelo frio hibernal.

A raça Tlavatli

O local de origem da raça tlavatli, ou segunda sub-raça, foi uma ilha ao largo da costa ocidental da Atlântida. O ponto se acha marcado no primeiro mapa com o número 2. Dali se espalharam pela Atlântida propriamente dita, em especial no meio do continente, gradualmente, porém, tendendo para o norte, em direção à faixa da costa que ficava diante do promontório da Groelândia. Fisicamente, eram uma raça forte e resistente, de cor marrom-avermelhada, mas não eram tão altos como os rmoahals, a quem empurravam ainda mais para o norte. Sempre foram um povo amante das montanhas, e estabeleceram-se principalmente nas regiões montanhosas do interior; uma comparação dos mapas 1 e 4 mostrará que ela correspondia ao que viria a ser mais tarde a ilha de Poseidônis. Na época deste primeiro mapa, como foi dito, eles povoavam também as costas do norte do continente, enquanto uma mistura das raças tlavatli e tolteca habitava as ilhas do oeste, que posteriormente passaram a fazer parte do continente americano.

A raça Tolteca

Agora chegamos à tolteca, ou terceira sub-raça. Ela fez um progresso magnífico. Reinou sobre todo o continente atlante por milhares de anos, com grande poder material e esplendor. Tão dominante e dotada de vitalidade era essa raça, que os casamentos com as sub-raças seguintes não conseguiram modificar seu tipo, que continuou essencialmente tolteca; e centenas de milhares de anos após, vamos encontrar um de seus antigos ramos reinando magnificamente no México e Peru, muito tempo antes que seus descendentes, já degenerados, fossem conquistados pelas tribos dos astecas do norte, mais ferozes. A tez dessa raça era também de um castanho-avermelhado, mas eram mais vermelhos ou cor de cobre que os tlavatlis. Eram altos também, medindo cerca de 2,44 metros durante a época de seu predomínio, porém diminuíram, como todas as raças, até atingir as dimensões comuns de hoje. Seu tipo constituía um avanço sobre as duas sub-raças anteriores; as feições eram firmes e bem marcadas, não muito diferentes das dos antigos gregos. O lugar aproximado de origem desta raça pode ser visto no primeiro mapa, indicado com o n° 3. Ficava perto da costa ocidental da Atlântida, próximo da latitude 30° norte, e a região em torno, que incluía o centro da costa oeste do continente, era povoada pela pura raça tolteca. Como veremos ao examinar a organização política, seu território, no futuro, expandiu-se pelo continente, e foi a partir de sua grande capital na costa leste que os imperadores toltecas estenderam sua influência quase mundial.

A primeira raça Turaniana

A turaniana ou quarta sub-raça teve origem na região leste do continente, ao sul da área montanhosa habitada pelos tlavatlis. O lugar se acha indicado com o n° 4 no primeiro mapa. Os turanianos foram desde o início colonizadores, e um grande número deles migrou para as terras que ficavam a leste do continente atlante. Nunca foram efetivamente uma raça dominante no seu continente de origem, embora algumas tribos e ramos tenham se tornado bastante poderosos. As extensas regiões centrais do continente, que ficavam a oeste e ao sul da área montanhosa dos tlavatlis, foram sua moradia específica, embora não exclusiva, porque partilhavam essas terras com os toltecas. As curiosas experiências políticas e sociais feitas por este sub-raça serão tratadas mais adiante.

A raça Semita Original

Os etnólogos ficaram um tanto confusos a respeito da raça semita original ou quinta sub-raça, o que é natural, considerando as informações bastante insuficientes que têm para se basear. Essa sub-raça se originou nas regiões montanhosas que constituíam a extremidade meridional das duas penínsulas do nordeste que, como vimos, hoje são representadas pela Escócia, Irlanda e algumas regiões adjacentes. O local é indicado com um Ɛ no mapa nº 1. Nessa porção menos atraente do grande continente, essa raça cresceu e desenvolveu-se, mantendo por séculos a sua independência em face dos agressivos reis do sul, até que chegou a sua vez de se expandirem para o exterior e se tornarem colonizadores. Deve-se lembrar que à época em que os semitas adquiriram poder, centenas de milhares de anos já tinham se passado, e já se tinha atingido a época do segundo mapa. Eram uma raça turbulenta e insatisfeita, sempre em guerra com os vizinhos, especialmente com o poder, à época emergente, dos acadianos.

A raça Acadiana

O lugar de nascimento da acadiana ou sexta sub-raça se encontra no mapa nº 2 (indicado com o nº 6), pois foi depois da grande catástrofe de 800.000 anos atrás que essa raça apareceu pela primeira vez. Teve origem nas terras a leste da Atlântida, no meio da grande península cuja extremidade sudeste se estendia em direção ao velho continente. O local pode ser encontrado aproximadamente à latitude 42º norte e longitude 10º leste. No entanto, eles não ficaram por muito tempo restritos a sua região natal, e espalharam-se pelo agora diminuído continente atlante. Lutaram com os semitas em muitas batalhas, na terra e no mar, e grandes frotas foram usadas pelos dois lados. Finalmente, há cerca de 100.000 anos, os acadianos conquistaram definitivamente os semitas, e dessa época em diante uma dinastia acadiana foi entronizada na capital semita e reinou sabiamente durante algumas centenas de anos. Eram um povo de navegadores, comerciantes e colonizadores, e estabeleceram muitos centros de intercâmbio com terras distantes.

A raça Mongólica

A raça mongol, ou sétima sub-raça, parece ser a única que não teve nenhum contato com o continente original. Com origem nas planícies da Tartária (indicada pelo nº 7 no mapa nº 2), perto da latitude 63º norte e longitude 140º leste, desenvolveu-se a partir de descendentes da raça turaniana, que acabou suplantando na maior parte da Ásia. Essa sub-raça multiplicou-se excessivamente, e mesmo hoje a maioria dos habitantes do planeta faz parte dela, embora a maior parte de suas ramificações esteja tão profundamente mesclada com outras raças mais recentes que dificilmente se distingue delas.

Instituições políticas

Num resumo como este seria impossível descrever como cada uma das sub-raças se subdividiu posteriormente em nações, cada uma com seus tipos e características diversas. Só o que podemos tentar fazer é esboçar em largos traços as várias instituições políticas que existiram ao longo das grandes épocas dessa raça. Embora reconhecendo que cada sub-raça, assim como cada raça-raiz, se destina a atingir, em determinados aspectos, um nível mais alto que a precedente, a natureza cíclica do desenvolvimento deve ser apontada; ela conduz cada raça, como o ser humano, através das diversas fases da infância, juventude e idade adulta, e de volta à infância na velhice. A evolução necessariamente significa um progresso final, embora o retorno da espiral ascendente faça com que a história da política e da religião pareça conter não só desenvolvimento e progresso mas também degradação e queda.

Portanto, ao afirmarmos que a primeira sub-raça teve em seu início o mais perfeito sistema de governo imaginável, deve-se compreender que isso se devia às necessidades de sua infância, não ao mérito de sua idade adulta. Os rmoahals eram incapazes de desenvolver qualquer forma de governo estabelecido, e tampouco atingiram um estágio tão elevado de civilização como a sexta e sétima sub-raças lemurianas. Porém o Manu que realizou a sua seleção encarnou nessa raça e reinou sobre ela. Depois que não a governava mais de forma tangível, adeptos ou divinos condutores foram proporcionados àquela comunidade infantil. Como sabem os estudiosos da Doutrina Secreta, nossa humanidade, à época, ainda não havia alcançado o estágio de desenvolvimento necessário para produzir adeptos com plena iniciação. Os condutores acima referidos, incluindo o próprio Manu, eram portanto oriundos da evolução em outros sistemas solares.

Os tlavatlis demonstram alguns sinais de progresso na arte do governo. Suas diversas tribos ou nações eram dirigidas por chefes ou reis que em geral recebiam esse posto por aclamação popular. Naturalmente, eram os mais forte e melhores guerreiros os escolhidos. Mais tarde, um grande império se estabeleceu entre eles, no qual um rei era o cabeça, oficialmente, mas seus poderes consistiam mais de uma posição honorífica que de autoridade real.

Foi a raça tolteca que desenvolveu a mais elevada civilização e construiu o império mais poderoso de todas as raças atlantes, e foi então que o princípio da sucessão hereditária foi estabelecido pela primeira vez. A princípio, eles se dividiam em certo número de pequenos reinos independentes, constantemente em guerra uns com os outros, e todos guerreando os lemurio-rmoahals do sul. Estes foram sendo aos poucos vencidos e se tornaram súditos dos toltecas- sendo muitas de suas tribos reduzidas à escravidão. Em torno de um milhão de anos atrás, entretanto, esses reinos separados se uniram numa grande federação com um imperador à testa. Isso, naturalmente, foi conseguido depois de longas guerras, mas a resultante foi paz e prosperidade para a raça.

Deve-se lembrar que a humanidade ainda era, em grande parte, detentora de capacidades psíquicas, e por essa época os mais adiantados tinham passado pelo necessário treinamento nas escolas de ocultismo, tendo obtido vários graus de iniciação – alguns tendo mesmo atingido o adeptado. O segundo imperador era um adepto, e durante milhares de anos a dinastia divina reinou, não somente sobre todos os reinos em que se dividia a Atlântida, mas também sobre as ilhas a oeste e a parte sul da terra mais próxima, a leste. Quando necessário, a dinastia era recrutada da Loja de Iniciados, mas como regra o poder era transmitido de pai para filho, todos qualificados em maior ou menor grau, e o filho, em alguns casos, recebia um grau mais avançado das mãos do pai. Durante toda essa época, os reis iniciados mantiveram contato com a Hierarquia Oculta que governa o mundo, submetendo-se a suas leis, e agindo em harmonia com seus planos. Essa foi a Idade de Ouro da raça tolteca. O governo era justo e benévolo; as artes e ciências eram cultivadas – na verdade, os que trabalhavam nesses campos, guiados como eram pelo conhecimento oculto, alcançaram notáveis resultados; as crenças religiosas e o ritual ainda eram relativamente puros; e de fato, a civilização atlante atingiu nessa época o seu apogeu.

Magia negra versus a Boa Lei

Após uns 100.000 dessa idade de ouro, começou a degeneração e decadência da raça tolteca. Muitos dos reis tributários, e grande número de sacerdotes e pessoas deixaram de usar suas faculdades e poderes de acordo com as leis estabelecidas pelos reis divinos, cujos preceitos e conselhos passaram a ser ignorados. A conexão com a Hierarquia Oculta se desfez. A exaltação pessoal, a obtenção de riquezas e poder, a humilhação e a destruição dos inimigos tornaram-se cada vez mais os objetivos a que se voltavam os poderes ocultos: assim distorcidos de seu uso legítimo, e empregados para toda espécie de propósitos egoístas e maldosos, eles inevitavelmente conduzem àquilo que é preciso dar-se o nome de magia negra.

Sendo este mundo envolto como é pelo ódio que se associou

durante muitos séculos a esse tema, com a credulidade de um lado e a impostura de outro, devemos refletir um momento sobre seu real significado e os terríveis efeitos que sua prática pode produzir. Os integrantes mais intelectualizados e ativos dessa raça, em parte devido a suas faculdades psíquicas – que ainda não se haviam extinguido nos extremos de materialismo a que a raça desceu depois – e em parte através de suas conquistas científicas, nesse período culminante da civilização da Atlântida, gradualmente foram obtendo mais compreensão do funcionamento das leis da natureza, e cada vez maior controle sobre algumas de suas forças ocultas. Ora, a profanação desse conhecimento e o seu uso para finalidades egoístas é o que constitui a magia negra. As terríveis conseqüências dessa profanação são muito bem exemplificadas pelas tremendas catástrofes que surpreenderam essa raça. Quando as práticas negras se iniciaram, estavam destinadas a se propagar em círculos cada vez mais amplos. Assim, a orientação espiritual mais elevada tendo se retirado, o princípio kâmico[20] passou a dominar, e naturalmente teve seu apogeu durante a Quarta Raça-Raiz, afirmando-se cada vez mais na humanidade. A luxúria, a brutalidade e a ferocidade se acentuaram, e a natureza animal do homem estava atingindo sua expressão mais degradada. Tratava-se de uma questão moral que, desde o início, dividiu a raça atlante em dois campos hostis, e o que tinha começado na época dos rmoahals se acentuou terrivelmente na dos toltecas. A batalha do Armagedon se trava de novo a cada era da história humana.

Os seguidores das "artes negras", não aceitando mais as sábias leis dos imperadores iniciados, rebelaram-se e constituíram um novo imperador, que depois de muito esforço e luta, expulsou o imperador branco de sua capital, a *Cidade das Portas de Ouro*, e ocupou o seu trono.

O imperador branco, dirigindo-se para o norte, estabeleceu-se numa cidade (identificada com o nº 8, nos mapas nº 1 e 2) que fora originalmente fundada pelos tlavatlis, no limite sul da região montanhosa, e que agora era sede de um dos reinos toltecas tributários. O rei acolheu com satisfação o imperador branco e colocou a cidade a seu dispor. Alguns dos outros reis tributários também permaneceram leais a ele, porém a maioria transferiu sua fidelidade ao novo imperador que reinava na velha capital. No entanto, essa fidelidade não durou muito. Constantes declarações de independência começaram a ser feitas pelos reis, e batalhas contínu-

---

20 N.T. *Kama* é o princípio emocional do ser humano, correspondente ao corpo astral. (Não confundir com "karma".)

as se desenrolavam em diversas regiões do império, e apelava-se largamente para a prática da magia negra, para complementar os poderes ofensivos dos exércitos.

Isso se deu por volta de 50.000 anos antes da primeira catástrofe.

Dessa época em diante a coisas foram de mal a pior. Os feiticeiros usavam seu poder de forma cada vez mais ousada, e um número cada vez maior de pessoas aprendia e praticava as terríveis "artes negras".

Então veio a terrível conseqüência, quando milhões e milhões de criaturas pereceram. A grande "Cidade das Portas de Ouro" havia se tornado um completo antro de iniqüidade. As ondas a varreram e aniquilaram seus habitantes, e o imperador "negro" e sua dinastia caíram para sempre. O imperador do norte, assim como os sacerdotes iniciados de todo o continente, há muito tinham plena consciência dos dias infelizes que se avizinhavam, e as páginas seguintes tratarão das muitas migrações lideradas por eles que antecederam essa catástrofe, bem como as subseqüentes.

O continente estava agora terrivelmente despedaçado. Mas a extensão de terras submersas não era o único dano, pois os macaréus varreram grandes áreas de terra, que se transformaram em pântanos desolados. Províncias inteiras se tornaram estéreis, e durante gerações permaneceram incultas e desertas.

A população que restou tinha recebido um aviso terrível. Foi entendido, e a magia negra, durante algum tempo, diminuiu. Passou-se um bom tempo antes que se estabelecesse qualquer governo forte. Finalmente, vamos encontrar uma dinastia semita de feiticeiros entronizada na "Cidade das Portas de Ouro"; porém nenhum governo tolteca se destacou durante a época do segundo mapa. Ainda havia muitas populações toltecas, mas muito pouco sangue puro restava no seu continente original.

Entretanto, à época do terceiro mapa, na ilha de Ruta, uma dinastia tolteca assumiu o poder e reinou sobre grande parte da ilha, por meio de reis que lhe eram submissos. Essa dinastia havia aderido às artes negras, as quais durante os quatro períodos tornou-se cada vez mais influente, até que isso culminou na catástrofe inevitável que purificou a terra, em grande parte, desse mal monstruoso.[21] Deve-se ter em mente que até o derradeiro fim, quando Poseidônis desapareceu, um imperador ou rei iniciado – ou pelo

---

21 N.T. – A quem desejar inteirar-se de pormenores sobre esse combate ancestral entre magos negros e brancos na Atlântida, e vários outros aspectos dessa civilização e outras que dela descenderam, as obras de Roger Feraudy, *A Terra das Araras Vermelhas, Baratzil, a Terra das Estrelas*, e *Erg, o Décimo Planeta*, da Editora do Conhecimento, oferecem extenso material.

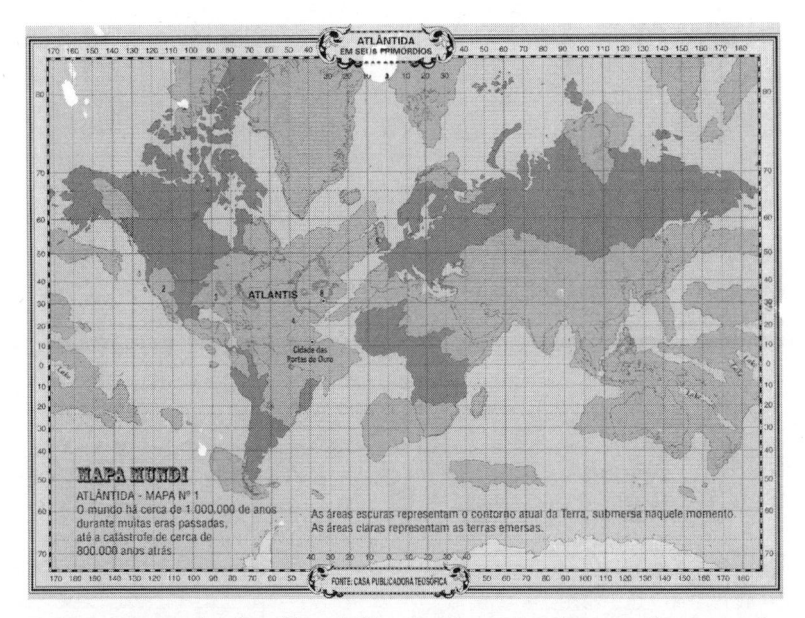

MAPA MUNDI
ATLÂNTIDA - MAPA Nº 1
O mundo há cerca de 1.000.000 de anos, durante muitas eras passadas, até a catástrofe de cerca de 800.000 anos atrás.

As áreas escuras representam o contorno atual da Terra, submersa naquele momento.
As áreas claras representam as terras emersas.

FONTE: CASA PUBLICADORA TEOSÓFICA

menos que conhecia a "boa lei" – manteve o poder em algum ponto do continente-ilha, agindo sob a orientação da Hierarquia Oculta para controlar quanto possível os feiticeiros do mal, e guiar e instruir a pequena minoria que ainda desejava viver de forma pura e íntegra. Nos últimos dias esse rei "branco" era, via de regra, eleito pelos sacerdotes – o punhado deles que ainda seguia a "boa lei".

Pouco resta para ser dito sobre os toltecas. Em Poseidônis, toda a população estava mais ou menos mesclada. E ilha estava dividida entre dois reinos e uma pequena república a oeste. A parte norte era governada por um rei iniciado. Ao sul, o princípio hereditário tinha dado lugar à eleição popular. As dinastias raciais estavam terminando, mas ocasionalmente reis de sangue tolteca assumiam o poder tanto ao norte como ao sul; o reino do norte era constantemente invadido por seu rival do sul, e cada vez novas porções de seu território eram anexadas.

Tendo descrito razoavelmente as condições da Atlântida sob os toltecas, não precisamos nos deter nas características da política predominante nas quatro sub-raças seguintes, porque nenhuma delas atingiu os altos níveis de civilização dos toltecas; na realidade, a degeneração da raça começara.

Parece que por disposição natural a raça turaniana tendeu a desenvolver um tipo de sistema feudal. Cada chefe era a autoridade suprema em seu território, e o rei era apenas um *primus inter pa-*

res. Os chefes que integravam seu conselho às vezes matavam o rei e colocavam um deles em seu lugar. Era uma raça turbulenta e sem lei, e também brutal e cruel. O fato de que em algumas épocas de sua história regimentos de mulheres participaram das guerras diz bem dessas duas últimas características.

Porém o fato mais interessante de sua história é a curiosa experiência que ensaiaram em sua vida social, e que, por sua origem, seria melhor enquadrada em "usos e costumes". Sendo constantemente vencidos nas guerras pelos vizinhos toltecas, por serem muito pouco numerosos, e desejando mais que tudo aumentar sua população, instituíram leis que liberavam todos os homens da responsabilidade de sustentar a família. O estado tomou conta das crianças, que passaram a ser de sua propriedade. Isso, naturalmente, fez aumentar a taxa de natalidade ente os turanianos, e a instituição do casamento passou a ser desprezada. Os laços familiares e o sentimento de amor paterno e materno foram destruídos; como o esquema provou ser um fracasso, acabou finalmente por ser abandonado. Outras tentativas de encontrar soluções socialistas para problemas econômicos que ainda hoje nos afligem foram experimentadas e abandonadas por essa raça.

Os semitas originais, que eram uma raça de saqueadores briguentos e vigorosos, sempre tenderam para uma forma de governo patriarcal. Seus colonizadores, que geralmente se voltaram para a vida nômade, adotaram quase que com exclusividade esse modelo; mas, como vimos, eles construíram um notável império na época do segundo mapa, e dominaram a grande **Cidade das Portas de Ouro**. Finalmente, porém, tiveram que render-se diante do poder crescente dos acadianos. Foi à época do terceiro mapa, há cerca de 100.000 anos, que os acadianos finalmente derrubaram o poder dos semitas.

A sexta sub-raça aceitava muito mais a lei que seus predecessores. Comerciantes e marinheiros, viviam em comunidades organizadas, e naturalmente estabeleceram uma forma de governo oligárquica. Uma peculiaridade deles – da qual Esparta é o único exemplo mais moderno – era o sistema de dois monarcas reinando numa cidade. Como conseqüência, provavelmente, de seu gosto pelas viagens marítimas, o estudo das estrelas tornou-se uma atividade característica, e esta raça fez grandes progressos tanto na astronomia como na astrologia.

A raça mongol representava um progresso sobre seus antecedentes imediatos, o tronco primitivo dos turanianos. Nascidos nas imensas estepes da Sibéria oriental, nunca tiveram contato com o continente atlante; e, sem dúvida por causa do ambiente, tornaram-se nômades. Mais psíquicos e mais religiosos que os turanianos de que se originaram, tenderam para uma forma de governo com um suserano que era a autoridade suprema, tanto como senhor da terra como sumo-sacerdote.

Migrações
    Três causas foram responsáveis pelas migrações. A raça turaniana, como vimos, desde o início foi imbuída do espírito de colonização, que desenvolveu em grande escala. Os semitas e acadianos também foram, em certa medida, raças de colonizadores.

    Então, à medida que o tempo passava e a população começava a ultrapassar os limites que permitiam a subsistência, a necessidade impeliu os menos abastados de todas as raças, de forma análoga, a buscarem um meio de vida em terras menos populosas. Deve-se lembrar que, quando os atlantes atingiram o apogeu, na época dos toltecas, a densidade populacional por quilômetro quadrado, no continente atlante, era equivalente, se não maior, à da Inglaterra e da Bélgica na época moderna. De qualquer forma, é certo que as áreas desocupadas disponíveis para colonização eram muito maiores naquela época que na nossa; enquanto a população total do mundo, que no momento atual[22] não é provavelmente mais do que 1,2 a 1,5 bilhões de pessoas, chegava naquela época à enorme soma de uns dois bilhões.

    Finalmente, havia as migrações conduzidas pelos sacerdotes, que tiveram lugar antes de cada catástrofe – e houve muitas mais, além das quatro grandes que acima mencionamos. Os reis e sacerdotes iniciados, que seguiam a "boa lei", eram avisados com antecedência das catástrofes iminentes. Assim, cada um tornou-se ao natural uma voz profética, e finalmente, o líder de um grupo de colonizadores. Pode-se acrescentar que nas épocas derradeiras, os soberanos se ressentiam enormemente dessas migrações conduzidas pelos sacerdotes, que empobreciam e despovoavam os seus reinos, e se fez necessário que os emigrantes embarcassem secretamente durante a noite.

    Tendo esboçado em largos traços o curso das migrações seguidas por cada sub-raça, podemos finalmente chegar às terras que são hoje ocupadas por seus descendentes.

    As primeiras migrações nos levam de volta à época dos rmoahals. O leitor lembrará que somente a parte dessa raça que habitava o litoral nordeste do continente conservava sua pureza. Acossa-

---
22 N.T. – Década de 1890.

dos pelos guerreiros tlavatlis ao sul de seu território, e empurrados ainda mais para o norte, começaram a espalhar-se pelos territórios próximos, a leste, e sobre o promontório da Groelândia, ainda mais próximo. À época do segundo mapa, já não havia rmoahals puros, no seu já reduzido continente nativo, mas os promontórios do continente que começava a se formar a oeste eram ocupados por eles, assim como a Groelândia, e o litoral oeste da grande ilha escandinava. Também havia uma colônia ao norte do mar existente na Ásia central.

A Grã-Bretanha e a Picardia faziam então parte da ilha escandinava, que à época do terceiro mapa passou a integrar o continente europeu em formação. É na França que foram encontrados vestígios dessa raça em estratos do Quaternário, e o espécime braquicéfalo, ou de cabeça arredondada, conhecido como *Homem de Furfooz*, pode ser considerado um bom exemplo do tipo dessa raça em sua decadência.

Forçados muitas vezes a se deslocar para o sul pelos rigores dos períodos glaciais, e empurrados seguidamente para o norte por causa da avidez de seus vizinhos mais poderosos, os remanescentes dispersos dessa raça podem ser encontrados hoje nos lapões, embora com mistura de outras raças.

Os colonizadores tlavatlis parecem ter se espalhado em todas as direções. À época do segundo mapa, seus descendentes estavam estabelecidos na costa oeste do continente americano nascente (Califórnia), assim como no litoral de seu extremo sul (Rio de Janeiro). Vamos encontra-los também ocupando a costa oriental da ilha escandinava, enquanto muitos deles seguiram pelo oceano Atlântico, contornaram as costas da África e alcançaram a Índia. Ali, miscigenando-se com a população lemuriana nativa, formaram a raça dravídica. Futuramente, esta recebeu a mistura do sangue ariano, ou da Quinta Raça, e resultou o tipo complexo que encontramos na Índia atual. Na realidade, aqui temos um ótimo exemplo da grande dificuldade de decidir qualquer questão racial baseando-nos unicamente na aparência física, pois teria sido muito possível que ali houvesse egos da Quinta Raça reencarnados entre os brâmanes, egos da Quarta Raça entre as castas menores, e alguns retardatários da Terceira Raça entre as tribos das montanhas.

À época do quarto mapa, encontramos uma população tlavatli ocupando o extremo sul da América do Sul, do que podemos inferir que os patagônios provavelmente têm uma origem ancestral tlavatli.

Remanescentes dessa raça, assim como dos rmoahals, foram

encontrados nos estratos do Quaternário da Europa Central, e o dolicocéfalo *Homem do Cro-Magnon*[23] pode ser considerado um exemplar comum dessa raça em seu período de decadência, enquanto os "Povos Lacustres" da Suíça constituíam um ramo ainda mais antigo e não totalmente puro. Os únicos povos que podem ser apontados como representantes razoavelmente puros dessa raça, atualmente, são algumas das tribos de índios de pele escura da América do Sul. Os birmaneses e siameses também possuem sangue tlavatli nas veias, mas nesse caso misturado com, e suplantado, pela linhagem mais nobre de uma das sub-raças arianas.

Agora chegamos aos toltecas. Suas migrações se dirigiram principalmente para oeste, e à época do segundo mapa, as costas vizinhas do continente americano eram povoadas por uma raça tolteca pura, sendo a maior parte da que restara no continente natal já muito miscigenada. Foi nos continentes da América do Norte e do Sul que esta raça se expandiu e floresceu, e onde, milhares de anos mais tarde, se estabeleceram os impérios do México e do Peru. Sua grandeza faz parte da história, ou pelo menos da tradição, complementada pelas evidências de magníficos remanescentes de sua arquitetura. Pode-se acrescentar que, embora o império mexicano tenha sido durante séculos grande e poderoso, em todos os sentidos em que se traduz poder e grandeza em nossa atual civilização, nunca atingiu as culminâncias alcançadas pelo do Peru há cerca de 14.000 anos, com os soberanos incas, pois no que tange ao bem-estar geral do povo, à justiça e à beneficência do governo, às condições justas de posse da terra, e à vida pura e religiosa de seus habitantes, o império peruano daquela época pode ser considerado um eco fiel, embora mais débil, da Idade de Ouro dos toltecas no seu continente natal.

Os índios peles-vermelhas da América do Norte e do Sul são os melhores representantes atuais do povo tolteca, embora naturalmente não se comparem com os indivíduos altamente civilizados dessa raça em seu apogeu.

Primeira colonização do Egito

Agora vamos tratar do Egito, e esta matéria deve lançar uma luz sobre sua história ancestral. Embora o primeiro assentamento

---

23 Os estudantes de geologia e paleontologia sabem que essas ciências consideram o "Homem de Cro-Magnon" anterior ao "Homem de Furfooz", e sabendo-se que essas duas raças existiram paralelamente durante longo tempo, pode muito bem dar-se o caso de o esqueleto do indivíduo do Cro-Magnon, embora sendo um representante da Segunda Raça, ter se depositado nas camadas do Quaternário milhares de anos antes que o indivíduo de Furfooz vivesse sobre a Terra.

no Egito não fosse uma colônia no sentido exato do termo, foi a partir da raça tolteca que surgiu depois a primeira grande leva de imigrantes programada para miscigenar-se com a população nativa e dominá-la.

Primeiramente houve a transferência de uma grande Loja de Iniciados. Isso se deu por volta de 100.000 anos atrás. A Idade de Ouro dos toltecas havia muito terminara. A primeira grande catástrofe acontecera. Acentuava-se a degradação moral do povo e a conseqüente prática das "artes negras", que se expandia largamente. Era necessário um ambiente mais puro para a Loja Branca. O Egito era isolado e escassamente povoado, e por isso foi escolhido. O estabelecimento ali atingiu os objetivos, e sem ser perturbada por condições adversas, a Loja de Iniciados realizou seu trabalho por cerca de 200.000 anos.

Há cerca de 210.000 anos atrás, quando o momento chegou, a Loja Oculta fundou um império – a primeira "Dinastia Divina" no Egito – e começou a ensinar o povo. Foi então que a primeira grande leva de colonizadores foi trazida da Atlântida, e em algum momento durante os dez mil anos que decorreram até a segunda catástrofe, as duas grandes pirâmides de Gizé foram construídas, em parte para servir de câmaras de iniciação permanentes, mas também para servir de santuário para a guarda de alguns importantes talismãs de poder durante as inundações que os iniciados sabiam que estavam iminentes. O mapa nº 3 mostra o Egito embaixo d'água naquela época. Assim permaneceu por um tempo considerável, mas ao emergir novamente foi repovoado pelos descendentes de seus antigos habitantes que se haviam retirado para as montanhas da Abissínia (que aparece no mapa nº 3 como uma ilha), assim como por novos grupos de colonizadores atlantes vindos de várias partes do mundo. Uma grande leva de emigrantes acadianos ajudou a modificar o tipo egípcio. Essa é a época da segunda "Dinastia Divina" do Egito – os soberanos do país eram novamente adeptos iniciados.

A catástrofe de 80.000 anos atrás inundou novamente o país, mas dessa vez foi apenas uma vaga momentânea. Quando passou, a terceira "Dinastia Divina" começou a reinar, e foi sob os primeiros reis dessa dinastia que o grande templo de Karnak e muitas das construções mais antigas ainda encontradas no Egito foram erguidas. Na verdade, com exceção das duas pirâmides, nenhuma construção do Egito é anterior à catástrofe de 80.000 anos atrás.

A submersão final de Poseidônis enviou outro macaréu sobre o Egito. Essa também foi uma calamidade passageira, mas terminou com as Dinastias Divinas, pois a Loja de Iniciados havia se transferido para outras terras.

Vários pontos que não foram tratados aqui já tinham sido desenvolvidos no tratado da Loja de Londres intitulado *As Pirâmides e Stonehenge*.

Os turanianos que, à época do primeiro mapa, haviam colonizado a região norte da terra que ficava imediatamente a leste da Atlântida, ocuparam, na época do segundo mapa, o litoral sul dela (que inclui hoje o Marrocos e a Algéria). Também os encontramos vagueando para leste, e povoaram tanto a costa leste como a oeste do mar existente na Ásia central. Grupos deles, por fim, avançaram ainda mais para o leste; e o tipo mais próximo dessa raça, hoje, pode ser encontrado nos chineses do interior. Deve-se lembrar ainda um curioso capricho do destino, relativo a um de seus ramos ocidentais. Tendo sido dominados através dos séculos por seus vizinhos toltecas mais poderosos, estava escrito que um pequeno ramo dessa raça turaniana iria conquistar e tomar o lugar do último grande império construído pelos toltecas, pois os brutais e pouco civilizados astecas eram de puro sangue turaniano.

As migrações semitas foram de dois tipos. Primeiro, as impulsionadas pela natural tendência da raça; segundo, a migração especial que foi realizada sob a condução direta do Manu; pois, estranho como possa parecer, não foi dos toltecas, mas desta sub-raça turbulenta e desregrada, embora forte e vigorosa, que foi escolhido o núcleo destinado a se desenvolver para formar nossa Quinta Raça, a dos árias. A razão, sem dúvida, reside na característica manásica[24] com a qual sempre se associa o número cinco. A sub-raça desse número (semita original) estaria inevitavelmente desenvolvendo o poder de seu cérebro físico e do intelecto, embora às custas das percepções psíquicas; esse desenvolvimento do intelecto em níveis infinitamente mais elevados é ao mesmo tempo a glória e a finalidade programada para nossa Quinta Raça-Raiz.

Com relação às migrações naturais, inicialmente vemos que à época do segundo mapa os semitas, deixando no continente natal poderosas nações, expandiram-se tanto para oeste como para leste; a oeste, para as terras que hoje constituem os Estados Unidos, o que explica o tipo semita que se encontra em algumas nações índias; e para leste, para o litoral norte do continente vizinho, que incluía tudo o que então existia da Europa, Ásia e África. O tipo dos antigos egípcios, assim como de outras nações vizinhas, foi em certa medida modificado por esse sangue semita original. Hoje,

---

24 N.T.– Manásica: de mânas, a mente ou princípio mental.

porém, com exceção dos judeus, os únicos representantes relativamente preservados da raça são os kebylas, de cor mais clara, das montanhas da Algéria.

As tribos resultantes da seleção realizada pelo Manu para a formação da nova raça-raiz dirigiram-se por fim para o litoral sul do mar da Ásia central, e ali se estabeleceu o primeiro grande reino dos árias. Quando o tratado que analisará a origem das raças-raizes for escrito, se verá que muitos dos povos que estamos habituados a chamar de semitas realmente são de sangue ariano. Será esclarecido o que significa a alegação dos hebreus que se consideram um "povo escolhido". Em resumo, pode-se dizer que eles constituem uma conexão entre a Quarta e a Quinta Raças-Raízes.

Os acadianos, embora mais tarde tenham se tornado senhores supremos do continente atlante, tinham como local de origem, conforme vimos na época do segundo mapa, o continente vizinho – sendo sua terra natal, especificamente, o local ocupado hoje pela bacia do Mediterrâneo, perto da atual ilha da Sardenha. A partir desse ponto eles se espalharam para leste, ocupando o que mais tarde seriam as costas do Levante, e chegando até a Pérsia e a Arábia. Como vimos, também auxiliaram a povoar o Egito. Os primitivos etruscos, os fenícios, incluindo os cartagineses e os sumero-acadianos, foram ramos dessa raça, enquanto os bascos de hoje possuem provavelmente mais sangue acadiano do que qualquer outro que lhes corra nas veias.

Stonehenge

Cabe fazer aqui uma referência aos antigos habitante da Ilhas Britânicas, pois foi à época acadiana, há cerca de 100.000 anos atrás, que a colônia de iniciados que fundou Stonehenge aportou a estas costas – "estas costas" sendo, naturalmente, as da porção escandinava do continente europeu, como mostra o mapa n° 3. Os sacerdotes iniciados e seu seguidores parecem ter pertencido a um ramo muito antigo da raça acadiana – eram mais altos, mais bem-feitos e de crânios mais alongados que os habitantes primitivos da região, que eram uma raça muito miscigenada, constituída sobretudo de remanescentes degenerados dos rmoahals. Como sabem os leitores do tratado da Loja de Londres sobre *As Pirâmides e Stonehenge*, a simplicidade rústica de Stonehenge foi planejada como um protesto contra os ornamentos extravagantes e o excesso de decoração dos templos então existentes na Atlântida, onde a adoração aviltante de suas próprias imagens estavam sendo feita pela população.

Os mongóis, como já vimos, nunca tiveram contato com o continente atlante. Nascidos nas extensas planícies da Tartária, suas migrações durante muito tempo se deram dentro dos limites dessa região, porém mais de uma vez tribos descendentes dos mongóis se derramaram do norte da Ásia para a América, através do Estreito de Behring, e a última dessas migrações – a dos kitans, uns 1.300 anos atrás – deixou vestígios que alguns sábios ocidentais foram capazes de seguir. A presença de sangue mongol em algumas tribos de índios norte-americanos também foi reconhecida por vários etnólogos. Sabe-se que tanto os húngaros como os malaios são ramos dessa raça, no primeiro caso enobrecidos por um traço de sangue ária, e no segundo diminuído pela mistura com os decadentes lemurianos. O detalhe interessante sobre os mongóis é que seu último ramo ainda se acha em pleno vigor – na realidade, ainda não alcançou seu apogeu – e a nação japonesa ainda tem uma história a mostrar ao mundo.

Artes e ciências

É preciso, naturalmente, reconhecer que nossa raça, a ariana, conseguiu muito maiores realizações, em quase todos os sentidos, que os atlantes, mas embora sem ter chegado ao mesmo patamar, a lembrança do que fizeram é de interesse, pois indica o alto nível que sua vaga civilizatória atingiu.

Por outro lado, as conquistas científicas, em que nos ultrapassaram, são tão esplêndidas, que o espanto é o sentimento que nos toma diante de um desenvolvimento tão desigual.

As artes e ciências desenvolvidas pelas duas primeiras sub-raças eram, naturalmente, toscas ao extremo; mas não é nossa intenção descrever o progresso de cada sub-raça separadamente. A história da raça atlante, como da ariana, foi entremeada por períodos de progresso e decadência. Épocas de maior cultura foram seguidas por outras desregradas, em que se perdeu todo o avanço artístico e científico; e logo após, outras culturas alcançaram níveis ainda mais altos. Naturalmente, é aos períodos de maior cultura que se referem as considerações a seguir, e entre eles, principalmente, a época notável dos toltecas.

A arquitetura e a escultura, a pintura e a música eram cultivadas na Atlântida. A música, mesmo nas épocas mais avançadas, era incipiente, e os instrumentos eram do tipo mais primitivo. Toda as raças atlantes tinham predileção pelas cores, e suas casas eram decoradas interna e externamente com tons brilhantes; mas a pintura como arte nunca se cultivou muito, embora nas épocas avançadas se ensinasse nas escolas um pouco de desenho e pintura. Por outro lado, a escultura, que também era ensinada na escola, era amplamente cultivada, e alcançou elevado nível de qualidade. Como veremos adiante sob o tema "religião", tornou-se comum a todas as pessoas que tivessem condições para isso, colocar em algum templo uma imagem de si próprias. Eram feitas de madeira ou de uma pedra negra e dura, semelhante ao basalto; mas entre os abastados tornou-se moda faze-las de metais preciosos, como o oricalco, o ouro e a prata. Guardavam geralmente uma razoável semelhança com o original, que em alguns casos era notável.

Arquitetura

A arquitetura era, de todas as artes, a mais largamente cultivada. Suas construções eram estruturas sólidas, de proporções gigantescas. As casas residenciais, nas cidades, não eram, como as nossas, aglomeradas umas junto das outras em ruas. Algumas, como as casas de campo, ficavam em meio do seu próprio jardim, outras eram separadas por canteiros em áreas compartilhadas, mas todas eram isoladas. Quando se tratava de prédios importantes, quatro deles eram colocados em torno de um pátio central, no centro do qual geralmente havia uma fonte, uma daquelas cuja quantidade, na Cidade das Portas de Ouro, havia granjeado para esta uma segunda denominação, a de *Cidade das Águas*.

Não se expunha mercadorias para vender como nas ruas de hoje. Todas as operações de compra e venda eram feitas particularmente, exceto em determinadas ocasiões em que grandes feiras se faziam em espaços abertos das cidades.

Mas o detalhe característico das casas toltecas era a torre que se erguia num dos cantos ou no centro de um dos blocos. Uma escada externa em espiral levava aos pavimentos superiores, e uma cúpula em ponta encimava a torre – e essa parte superior era geralmente usada como observatório. Como já foi dito, as casas eram decoradas em cores vivas. Algumas eram ornamentadas com esculturas, outras com afrescos ou pinturas. Nas janelas colocava-se um material parecido com o vidro, porém menos transparente. Os interiores não eram mobiliados com todos os detalhes de nossas moradias de hoje, porém o seu estilo de vida era extremamente civilizado.

Os templos eram imensos recintos que se pareciam como nenhum outro aos gigantescos edifícios egípcios, porém em escala ainda mais estupenda. As colunas que sustentavam o teto eram geralmente quadradas, raramente redondas. Na época da decadência, as naves laterais eram rodeadas de inúmeras capelas, nas quais eram colocadas as estátuas dos cidadãos mais importantes. Na verdade, esses santuários laterais às vezes eram tão grandes que podiam conter todo um séqüito de sacerdotes, que alguns homens muito importantes mantinham a seu serviço para o culto cerimonial a suas imagens. Como as casas particulares, os templos também não seriam completos sem as torres terminadas em cúpulas, que possuíam tamanho e suntuosidade proporcionais a eles. Eram utilizadas para observações astronômicas e para a adoração ao sol. Os metais preciosos eram amplamente usados na decoração dos templos, e muitas vezes o interior era não apenas marchetado, mas laminado de ouro. O ouro e a prata eram altamente cotados, mas, como veremos mais adiante ao tratar do dinheiro, o seu uso era totalmente artístico e nada tinha a ver com a cunhagem de moedas. Pode-se dizer que as grandes quantidades que eram produzidas pelos químicos – ou, como os chamaríamos hoje, alquimistas – os retiravam da categoria de metais preciosos. Essa habilidade de transmutação de metais não era universal, mas era possuída em tão larga escala que se produzia enormes quantidades deles. Na verdade, a produção desses metais muito procurados era uma das indústrias da época, e um meio de vida desses alquimistas. O ouro era ainda mais admirado que a prata, e conseqüentemente produzido em muito maior quantidade.

Educação

Como introdução ao exame da instrução ministrada nas escolas e faculdades da Atlântida, algumas palavras sobre a língua desse povo devem ser ditas. Durante a época do primeiro mapa, o tolteca era a língua universal, não apenas em todo o continente, como também nas ilhas a oeste dele, e nas regiões do continente ali situado (americano) que aceitavam a autoridade do imperador. Remanescentes das línguas rmoahal e tlavatli ainda se encontravam, é verdade, em regiões afastadas, assim como as línguas celta e galesa sobrevivem ainda hoje na Irlanda e no País de Gales. A língua tlavatli foi usada como base pelos turanianos, que introduziram tantas modificações nela que acabou se criando uma língua totalmente diversa, enquanto os semitas e acadianos, adotando uma base tolteca, a modificaram cada qual a seu modo, e assim resultaram duas variedades distintas.

Dessa forma, nos últimos dias de Poseidônis, havia várias línguas inteiramente diversas – todas, porém, do tipo aglutinante, pois foi somente na época da Quinta Raça que os descendentes dos semitas e acadianos desenvolveram uma língua com flexões. Entretanto, a língua tolteca conservou bastante a sua pureza ao longo do tempo, e a mesma língua que era falada na Atlântida à época de seu esplendor era a usada milhares de anos depois no México e no Peru, com pequenas diferenças.

As escolas e faculdades da Atlântida à época do esplendor dos toltecas, assim como nas posteriores em que houve cultura, eram todas mantidas pelo estado. Embora todas as crianças tivessem que freqüentar a escola primária, os estudos posteriores variavam bastante. A escola primária oferecia uma espécie de base seletiva. Os que demonstrassem real aptidão para o estudo eram encaminhados – junto com os filhos das classes dominantes, que naturalmente apresentavam maiores habilidades – para as escolas secundárias, por volta dos doze anos. Ler e escrever, considerados simples preliminares, já tinham sido ensinados na escola primária.

Ler e escrever, contudo, não se considerava necessário para a grande massa da população, que iria passar a vida cultivando a terra, ou manufaturando os produtos necessários à comunidade. Portanto, a grande maioria das crianças entrava diretamente para as escolas técnicas que atendiam a suas diversas habilidades. As principais dentre elas eram as escolas agrícolas. Alguns ramos da mecânica faziam parte do currículo; e nas províncias mais afastadas e no litoral, a caça e a pesca eram incluídas. Assim, todas as crianças recebiam a instrução ou treinamento que lhes era adequado.

As crianças com qualidades superiores, que já haviam aprendido a ler e escrever, tinham uma educação bem mais apurada. As características das plantas e suas propriedades terapêuticas constituíam uma importante matéria de estudo. Não havia médicos propriamente ditos – toda pessoa educada conhecia mais ou menos a medicina, assim como a cura magnética. Química, matemática e astronomia também eram ensinadas. O estudo dessas matérias tinha analogia com o que ensinamos hoje, porém o objetivo a que visavam os professores era o desenvolvimento das faculdades psíquicas dos alunos, o seu conhecimento das forças mais ocultas da natureza. As propriedades ocultas das plantas, metais e pedras preciosas, assim como os processos alquímicos de transmutação, se incluíam nessa categoria. Com o passar do tempo, porém, o que as escolas superiores atlantes se ocupavam fundamentalmente em desenvolver na juventude era a força que Bulver Lytton chama de *vril*, cuja utilização ele tão bem descreveu em sua obra *A Raça Futura*. A grande mudança que se deu quando se iniciou a decadência da raça atlante foi que, ao invés de se considerar o mérito e a aptidão como requisitos para acesso aos níveis superiores de instrução, as classes dominantes, ficando cada vez mais exclusivistas, só permitiram a seus próprios filhos adquirir esse conhecimento superior que dava tanto poder.

Agricultura

Num império como o dos toltecas, a agricultura, naturalmente, era muito importante. Não só os agricultores eram treinados nas escolas técnicas, mas havia escolas superiores, em que se ensinava aos estudantes capacitados o conhecimento necessário para realizarem experiências de cruzamento de animais e plantas.

Diz-se que o trigo não surgiu neste planeta. Foi uma dádiva do Manu, que o trouxe de outro planeta de fora de nosso sistema. Porém a aveia e alguns outros cereais resultaram de cruzamentos entre o trigo e as ervas nativas do globo. As experiências que os criaram foram realizadas nas escolas agrícolas da Atlântida. Naturalmente, esses experimentos eram dirigidos por conhecimentos avançados. A conquista mais notável a ser creditada aos técnicos em agricultura da Atlântida foi a evolução da banana. No seu estado selvagem original, ela se assemelhava a um melão alongado, com pouca polpa, e cheia de sementes como os melões. Foi somente com séculos (senão milênios) de seleção e eliminação sucessiva que se criou a planta atual, sem sementes.

Entre os animais domesticados da época dos toltecas havia alguns que pareciam pequenas antas. Alimentavam-se ao natural de raízes e ervas, mas, como os porcos de hoje, aos quais se pareciam em vários sentidos, não eram muito asseados, e comiam o que lhes aparecesse. Animais semelhantes aos gatos e ancestrais do cachorro, parecidos com os lobos, também se encontravam em torno das moradias. Os carros dos toltecas parecem ter sido puxados por animais parecidos com camelos de pequeno porte. As lhamas do Peru provavelmente são descendentes deles. Os ancestrais do alce irlandês também vagueavam em bandos nas encostas das colinas, como faz hoje o nosso gado montanhês – selvagem demais para permitir a aproximação com facilidade, porém ainda sob o controle dos homens.

Fazia-se constantemente experiências de criação e cruzamento de diferentes espécies de animais, e embora possa parecer estranho, o aquecimento artificial era muito utilizado para apressar o desenvolvimento, para que os resultados das hibridações e cruzamentos pudessem aparecer mais rápido. Costumava-se usar também luzes de várias cores nos locais onde tais experiências se realizavam, para obter resultados diversos. O controle e criação de formas animais pela vontade do homem nos leva a considerar um ponto ainda mais surpreendente e misterioso. Fizemos referência antes ao trabalho realizado pelos Manus. É na mente do Manu que têm origem todos os melhoramentos de espécies e de potencialidades latentes em todas as formas de vida. A fim de poder realizar com todos os detalhes o aperfeiçoamento das formas animais, era necessária a ajuda e a cooperação do homem. As formas de répteis e anfíbios que existiam em abundância tinham cumprido seu propósito, e estavam prontas para transformar-se nos tipos mais adiantados, de pássaros ou mamíferos. Aquelas formas constituíam o material básico colocado à disposição do homem; a argila estava pronta a assumir a forma em que as mãos do oleiro quisessem moldá-la.

As experiências acima referidas foram feitas principalmente com animais em estágio intermediário, e sem dúvida os animais domésticos, como o cavalo, que hoje prestam tantos serviços ao homem, são o resultado desses experimentos em que os homens daquela época atuaram colaborando com o Manu e seus auxiliares. Essa colaboração, porém, cessou logo adiante. O egoísmo prevaleceu, e a guerra e as disputas causaram o fim da Idade de Ouro dos toltecas. Quando, ao invés de trabalhar lealmente para um fim comum, sob a direção dos reis iniciados, os homens começaram a usurpar uns aos outros, os animais que poderiam ter aos poucos assumido, sob os cuidados do homem, formas cada vez mais domesticáveis e úteis, ficando entregues aos próprios instintos, naturalmente seguiram o exemplo de seus amos, e tornaram-se cada vez mais predadores uns dos outros. Alguns já tinham, na verdade, sido treinados e utilizados pelos homens em caçadas, e dessa forma os animais semidomesticados semelhantes aos gatos, que acima mencionamos, tornaram-se os ancestrais dos leopardos e onças.

A Cidade das Portas de Ouro

Precisamos descrever a "Cidade das Portas de Ouro" e seus arredores antes que possamos tratar do seu notável sistema de abastecimento de água. Ela ficava, como vimos, no litoral leste do continente, perto do oceano, a cerca de 15° ao norte do equador. Uma linda área arborizada, como um parque, cercava a cidade. Espalhadas por ela, situavam-se as residências das classes mais abastadas. A oeste ficava uma cadeia de montanhas, da qual provinha a água que abastecia a cidade. A cidade propriamente dita fora edificada nas encostas de uma colina, que se erguia a uns 150 metros acima da planície. No topo dela ficavam o palácio e os jardins do imperador, no centro dos quais brotava do solo uma fonte perene de água, que abastecia inicialmente o palácio e as fontes dos jardins, depois corria nas quatro direções, e caía em cascatas em um canal que circundava os jardins do palácio, separando-os da cidade que os cercava por todos os lados, mais abaixo. Desse canal, outros quatro conduziam a água para os quatro quadrantes da cidade, e daí, em cascatas, para outro canal circular em nível inferior. Havia três desses canais, em círculos concêntricos, e o mais baixo e externo ainda ficava acima do nível da planície. Ali, um quarto canal, porém retangular, recebia as águas que corriam constantemente, e as levava para o mar. A cidade se estendia um pouco pela planície, até a margem desse enorme canal externo, que a cercava e defendia com uma via líquida de uns dezenove quilômetros de extensão e cobria uma área de 26 quilômetros quadrados.

Percebe-se então que a cidade era dividida em três grandes faixas, cada qual cercada por um canal. O que caracterizava a faixa superior, logo abaixo dos jardins do palácio, era uma pista de corridas circular e grandes jardins públicos. A maioria das casas dos funcionários reais ficava ali, onde existia também uma instituição que não tem similar em nossa época. O termo "Casa dos Estrangeiros", para nós, sugere um aspecto desagradável e arredores sórdidos; mas ali, era um palácio onde todos os estrangeiros que chegassem à cidade eram alojados pelo tempo que quisessem, sendo tratados como hóspedes do governo.

As outras duas faixas eram ocupadas pelas casas isoladas da população e os diversos templos que se espalhavam pela cidade. À época da grandeza dos toltecas parece não ter havido pobreza de verdade – o séquito de escravos que servia a maioria das casas era bem alimentado e vestido – mas havia uma certa quantidade de casas relativamente mais pobres ao norte da faixa mais baixa, assim como fora do canal externo, em direção ao mar. Os moradores dessa zona eram, na maioria, ligados à navegação, e suas casas, embora separadas, eram mais próximas que as de qualquer outra zona.

Constata-se do acima exposto que a população dispunha de um suprimento inesgotável de água pura que circulava pela cidade; as faixas superiores e o palácio do imperador eram protegidos pelos círculos de canais sucessivamente mais altos. A água era retirada de um lago que ficava nas montanhas a oeste da cidade, a uma altitude de uns 792 metros.

Não é necessário um grande conhecimento técnico para compreender quão fantásticas devem ter sido as obras necessárias para permitir esse abastecimento, pois à época do seu esplendor a "Cidade das Portas de Ouro" abrigava dentro de suas quatro faixas de canais cerca de dois milhões de habitantes. Nenhum sistema semelhante de abastecimento de água jamais foi construído na Grécia, em Roma ou em nossos dias; na verdade, é de se duvidar que nossos melhores engenheiros, mesmo a um custo incalculável, pudessem chegar a esse resultado.

Naves aéreas

Se o sistema de abastecimento de água na "Cidade das Portas de Ouro" era extraordinário, os meios de locomoção atlantes devem ser considerados ainda mais extraordinários, pois as naves aéreas ou máquinas voadoras,[25] já eram uma realidade naquela época. Nunca constituíram um meio de transporte geral. Os escravos, os criados e as massas de trabalhadores manuais tinham que caminhar pelas estradas do país ou utilizar carros rústicos com sólidas rodas, puxados por animais rudes. As naves aéreas podem ser consideradas os carros particulares da época, ou antes os iates particulares, se levarmos em conta o número dos que os possuíam, pois deve ter sido sempre difícil e cara a sua produção.

Não eram, via de regra, projetados para muitos passageiros. Muitos eram feitos para duas pessoas somente, alguns acomodavam seis ou oito passageiros. Nas épocas derradeiras, quando a guerra e a discórdia já tinham acabado com a Idade de Ouro, naves de guerra aéreas substituíam em grande parte os navios de guerra – tendo comprovado a sua maior eficácia como meios de destruição. Eram feitos para transportar cinqüenta, às vezes até cem homens armados.

O material utilizado na construção dessas naves era madeira ou metal. As primeiras foram feitas de madeira, em chapas extremamente finas, e era injetada nela uma substância que não aumentava o peso e conferia uma resistência parecida à do couro, combinando força e leveza. Quando eram feitas de metal, usava-se geralmente uma liga com dois metais de cor branca e um vermelho. O resultado era uma cor esbranquiçada como de alumínio, e de peso ainda menor que este. Uma lâmina grande desse metal era moldada no formato, ao longo da rígida estrutura do barco aéreo, e soldada eletricamente onde necessário. Porém, quer fossem feitos de metal ou madeira, a superfície externa das naves era aparentemente sem emendas e perfeitamente lisa, e brilhava no escuro como se pintada com tinta luminosa.

O formato era parecido com o de um barco, mas eram sempre fechados, pois senão, quando se moviam a plena velocidade não

---
25   N.T. – O primeiro vôo de Santos Dumont data de 1906.

seria possível, mesmo que fosse seguro, permanecer no convés superior. Seu mecanismo propulsor e de direção podia ser acionado de qualquer das extremidades.

A questão mais interessante, porém, é a que diz respeito à energia de propulsão utilizada. Em épocas mais antigas, o *vril* parece ter sido a energia motora – não importando muito se associado a algum dispositivo mecânico; posteriormente, porém, foi substituído por uma energia que, embora obtida de forma que nos é desconhecida,[26] operava através de esquemas mecânicos bem definidos. Essa energia, que a nossa ciência ainda não descobriu, assemelha-se mais à que Keely usou nos EUA que à energia elétrica usada por Maxim. Na realidade, era de natureza etérea; e embora não estejamos próximos da solução desse enigma, a sua forma de atuação pode ser descrita. Os esquemas mecânicos sem dúvida eram diferentes nas diversas naves. A descrição a seguir é a de um barco aéreo no qual, certa vez, três embaixadores do soberano que reinava ao norte de Poseidônis fizeram uma viagem à corte do reino do sul.

Uma sólida caixa de metal pesado que ficava no centro do barco era o gerador. Dali a energia fluía através de dois grandes tubos flexíveis para as duas extremidades da nave, e também passava por oito tubos secundários fixados da popa à proa, no costado. Estes possuíam aberturas duplas dirigidas verticalmente, para cima e para baixo. Quando ia ser dada a partida, as válvulas dos oito tubos do costado que eram dirigidas para baixo se abriam, enquanto as demais ficavam fechadas. A corrente de energia, passando através delas, incidia sobre o solo com força, fazendo o barco subir, e o próprio ar continuava a sustenta-lo. Quando se atingia a altitude necessária, o tubo flexível na extremidade da nave, em sentido oposto ao do rumo seguido, era acionado, enquanto eram fechadas parcialmente as válvulas dos oito tubos verticais, e a corrente que passava ali se reduzia só ao suficiente para manter a mesma altitude. A grande intensidade da corrente de energia, agora passando através do grande tubo da popa dirigido para baixo, num ângulo de 45 graus, fornecia o empuxo para impelir a nave pela atmosfera.

A direção da nave se fazia com a descarga da corrente de energia através desse tubo, pois a mais leve mudança em sua direção alterava o curso. Não era necessário, porém, um controle

---

26 N.T. – Para maiores informações sobre essa energia, naves aéreas e inúmeros aspectos da civilização de Poseidônis, vide a primeira parte dessa obra **Entre Dois Mundos**, ditada a Frederick S. Oliver por um ex-atlante daquela época.

permanente. Ao fazer uma longa viagem, o tubo podia ser fixado de maneira que não precisasse ser mudado quase até chegar ao destino. A velocidade máxima que podia ser atingida era de cerca de 160 km por hora; o curso do vôo não era em linha reta, mas sempre em forma de ondas alongadas, que ora se aproximavam ora se distanciavam do solo. A altitude de vôo era somente de poucas centenas de metros. Na verdade, quando houvesse montanhas altas no curso, era preciso alterá-lo e contorna-las, pois o ar muito rarefeito não oferecia a sustentação necessária. O máximo que podiam sobrevoar eram colinas de cerca de 30 metros. A forma de deter a nave, ao atingir-se o destino – o que podia ser feito também em pleno ar – era deixar escapar um pouco da corrente de energia pelo tubo na extremidade dianteira do barco, o qual, incidindo sobre o solo ou a atmosfera diante dele, agia como uma trava, ao mesmo tempo que a força motriz atrás era diminuída gradualmente com o fechamento das válvulas.

Resta explicar a razão da existência dos oito tubos existentes no costado e dirigidos para baixo. Eram utilizados principalmente nos combates aéreos. Com uma força tão potente à sua disposição, as naves de guerra naturalmente dirigiam essa corrente de energia umas contra as outras. Isso podia prejudicar o equilíbrio da nave atingida e virá-la de cabeça para baixo – do que o inimigo certamente se aproveitaria para abalroá-la. Havia também o risco de ser precipitada ao solo, se não fossem instantaneamente abertas e fechadas as válvulas necessárias. Em qualquer posição em que estivesse a nave, os tubos dirigidos para o solo eram os que deviam conduzir a corrente de energia, enquanto os voltados para cima deviam permanecer fechados. A maneira de fazer com que uma nave virada de cabeça para baixo se endireitasse era usar os quatro tubos dirigidos para baixo só de um lado, enquanto os quatro do outro lado ficavam fechados.

Os atlantes também possuíam naves marítimas, propelidas por uma energia semelhante à mencionada acima, mas a força que se descobriu ser a mais eficiente para esse caso era mais densa que a utilizada nas naves aéreas.

Usos e costumes

Sem dúvida, houve tanta variação nos usos e costumes dos atlantes, nas diferentes épocas de sua história, como tem havido entre as diversas nações que compõem a nossa raça ariana. Não nos ocuparemos dos variados estilos dos diversos séculos. As observações a seguir tratarão apenas das principais características que diferenciavam seus hábitos dos nossos, selecionadas quanto possível entre aquelas da grande era dos toltecas.

Já mencionamos as experiências feitas pelos turanianos em relação ao casamento e às relações entre os sexos. A poligamia preponderou em diversas épocas entre todas as sub-raças, mas à época dos toltecas, embora a lei permitisse possuir duas esposas, um grande número de homens tinha apenas uma. As mulheres não eram – como em países atuais onde existe a poligamia – consideradas inferiores, ou oprimidas. Sua posição era igual à dos homens; e a aptidão que muitas apresentavam para obter a força do *vril* as fazia perfeitamente iguais, se não superiores ao outro sexo. Essa igualdade era reconhecida desde a infância, e não havia separação de sexos nas escolas ou faculdades. Meninos e meninas estudavam juntos. Era regra também, e sem exceção, para que houvesse harmonia nas famílias com duas esposas, que as mães ensinassem seus filhos a buscar amor e proteção igualmente nas duas esposas de seu pai. As mulheres também não era excluídas do governo. Por vezes faziam parte dos conselhos, e ocasionalmente eram escolhidas pelo imperador adepto para representa-lo nas províncias como soberanas.

O material de escrita dos atlantes consistia de finas lâminas de metal, em cuja superfície branca e semelhante à porcelana as palavras eram escritas.[27] Tinham também meios de reproduzir o texto colocando sobre a lâmina escrita outra chapa fina de metal previamente banhada em algum líquido. O texto assim gravado na segunda chapa podia ser reproduzido à vontade em outras lâminas, e um grande número delas juntas constituíam um livro.

Alimentos

Precisamos citar, em relação a seus hábitos alimentares, uma prática que diferia consideravelmente das nossas. É um tema desagradável, mas dificilmente poderíamos omiti-lo. Eles descartavam habitualmente a carne dos animais, enquanto as partes que nós não utilizamos como alimento eram consumidas por eles.[28] Tam-

---

27 N.T. – Essa descrição parece evocar uma espécie de *notebook*, enquanto a "reprodução do texto" descrita parece corresponder à de uma impressora de computador atual – que obviamente não encontravam paralelo nem podiam ter melhor descrição à época do autor.

28 N.T. – Talvez, entre os teosofistas da Inglaterra de 1890, houvesse essa suposição de que "há partes animais não consumidas pelo homem moderno". A realidade é bem outra, como sempre foi entre a população em geral: não há partes animais, das patas às vísceras, dos intestinos ao cérebro, passando pelo coração e os testículos, as orelhas e a cauda, incluindo o tutano dos ossos, que os "civilizados" da Quinta Raça não consumam. Escapa o couro... E alguns animais, como as ostras, são engolidos vivos.

bém tomavam o sangue dos animais – muitas vezes ainda quente – e vários pratos eram preparados com ele.²⁹

Contudo, não se deve imaginar que eles não dispusessem de outros tipos mais leves — e pra nós mais palatáveis – de alimentos. Os mares e rios forneciam peixes, cuja carne consumiam, embora às vezes em tão adiantado grau de decomposição que seria repulsivo para nós. Os diversos tipos de grãos eram largamente cultivados, e com eles fazia-se pão e bolos. Também utilizavam leite, frutas e vegetais.

Uma pequena minoria da população, é verdade, nunca adotou os repulsivos hábitos acima referidos. Era o caso dos reis e imperadores adeptos e dos sacerdotes iniciados de todo o império. Tinham hábitos totalmente vegetarianos; mas embora muitos dos conselheiros do imperador e dos funcionários da corte simulassem preferir uma alimentação mais pura, muitas vezes abandonavam-se em segredo a seus apetites mais grosseiros.

Também não eram desconhecidas à época as bebidas alcoólicas. Uma bebida fermentada muito forte esteve muito tempo em voga em certa época. Tornava, porém, os que a consumiam tão perigosamente alterados que foi promulgada uma lei proibindo de forma absoluta o seu consumo.

Armas

As armas de guerra e caça diferiam consideravelmente de uma época para outra. Para os rmoahals e tlavatlis, via de regra, eram suficientes as espadas e lanças, arcos e flechas. Os animais caçados naquela época remota eram mamutes de pêlos longos, elefantes e hipopótamos. Também eram abundantes os marsupiais, assim como sobreviventes de formas intermediárias – alguns meio répteis e meio mamíferos, outros meio répteis e meio aves.

O uso de explosivos começou em época remota, e alcançou grande perfeição em épocas posteriores. Alguns eram feitos para explodir com o impacto, outros após determinado tempo, mas em qualquer caso a morte parecia resultar da liberação de alguma substância venenosa, e não do impacto das balas. Tão potentes se tornaram esses explosivos, nos últimos dias dos atlantes, que sabemos de companhias inteiras de soldados que foram destruídas em combate pelo gás tóxico resultante da explosão de uma dessas bombas acima de suas cabeças, lançada por uma espécie de alavanca.

---

29 Nada diferindo de certos embutidos atuais, feitos de sangue animal.

Dinheiro
Devemos tratar agora do sistema monetário. À época das três primeiras sub-raças não existia cunhagem de moedas pelo governo. Pequenas peças de metal ou couro com um valor gravado eram, é verdade, usadas como um espécie de moeda. Tinham uma perfuração no centro, e eram reunidas e geralmente carregadas no cinto. Cada qual cunhava suas próprias moedas, e as peças de couro ou metal fabricadas por uma pessoa e trocadas com outra por um determinado valor eram apenas uma garantia de débito, como as notas promissórias para nós. Ninguém tinha o direito de fabricar mais dessas moedas do que poderia resgatar com a entrega de mercadorias que possuísse. Essas espécies de moedas não circulavam como as propriamente ditas, e o que as recebia tinha meios de avaliar com exatidão os recursos de seu devedor pela faculdade de clarividência, que todos eles possuíam em maior ou menos grau, e que em caso de dúvida era imediatamente utilizada para definir a realidade dos fatos.

Deve-se registrar, entretanto, que nos últimos dias de Poseidônis foi adotado um sistema monetário parecido com o nosso, e a montanha de três cumes que se avistava na grande capital do sul era o símbolo preferido para a cunhagem oficial de moedas.

Posse da terra
O sistema de posse da terra é o assunto mais importante deste título.

Entre os rmoahals e os tlavatlis, que vivam principalmente da caça e da pesca, o problema naturalmente não se colocava, embora um certo sistema de cultivo existisse nas aldeias ao tempo dos tlavatlis.

Foi com o aumento populacional e civilizatório ao início da época dos toltecas que a terra se tornou valorizada como objeto de disputa. Não nos propomos descrever o sistema ou a ausência de sistema que imperou nas épocas turbulentas anteriores ao advento da Idade de Ouro. Os registros desta época, porém, trazem matéria do maior interesse e importância à consideração, não só dos economistas políticos, como de todos os que se preocupam com o bem-estar de nossa raça.

Deve-se recordar que a população crescera constantemente, e sob o governo dos imperadores adeptos havia alcançado as cifras muito altas que já mencionamos; no entanto, pobreza e necessidade eram coisas inimagináveis nessa época, e esse bem-estar social era, sem dúvida, devido em parte ao sistema de ocupação da terra.

Não só toda a terra e seus produtos eram considerados propriedade do imperador, como todos os rebanhos existentes nela. O país era dividido em diversas províncias ou distritos, e cada um tinha à testa um dos reis tributários ou vice-reis, nomeados pelo imperador. Cada um desses vice-reis era responsável pelo governo e o bem-estar da população sob seu comando. O cultivo da terra, a colheita das safras e o apascentamento dos rebanhos estavam sob sua supervisão, assim como a condução dos experimentos agrícolas a que já nos referimos.

Cada vice-rei tinha junto de si um conselho de consultores e assistentes que, entre outros deveres, tinham que ser bastante versados em astronomia, que não era uma ciência improdutiva, à época. As influências ocultas sobre a vida vegetal e animal eram estudadas e aproveitadas. A capacidade de produzir chuva de acordo com a vontade não era incomum, e os efeitos das glaciações foram em mais de uma ocasião neutralizados parcialmente, nas regiões do norte do continente, através da ciência oculta. O dia adequado para o início de cada atividade agrícola era naturalmente calculado com exatidão,[30] e o trabalho era levado a feito pelos funcionários cujo dever era supervisionar todos os detalhes. A produção de cada distrito ou reino era em geral consumida ali, mas às vezes os soberanos combinavam trocas de produtos agrícolas entre si.

Depois que uma pequena porção era separada para o imperador e o governo central, na *Cidade das Portas de Ouro*, a produção de todo o distrito ou reino era dividida entre seus habitantes – o vice-rei e seu séquito de funcionários naturalmente recebiam as quantidades maiores, porém o mais humilde trabalhador do campo recebia o suficiente para assegurar-lhe meios de subsistência e conforto. Todo o aumento de produtividade da terra, ou das riquezas minerais que ela produzia, era dividido proporcionalmente entre todos – e todos, em conseqüência, se interessavam em tornar o fruto de seu trabalho comum tão lucrativo quanto possível.

O sistema funcionou admiravelmente por um período muito longo. Mas, com o passar do tempo, a negligência e o egoísmo se insinuaram. Aqueles que deviam supervisionar, jogavam a responsabilidade cada vez mais sobre seus subordinados, e finalmente tornou-se raro que os soberanos interferissem ou se interessassem por qualquer dos procedimentos. Foi o início dos maus dias. Os membros da classe dominante, que antes de dedicavam inteiramente aos deveres

---

30 N.T. – Esses consultores teriam que ser versados também em astrologia – a única ciência capaz de fornecer as informações aqui indicadas; e sabemos que os atlantes o eram.

de estado, começaram a querer tornar suas vidas mais agradáveis. O exagero do luxo teve início.

Uma coisa em particular produziu grande descontentamento entre as classes mais baixas. Já nos referimos ao sistema pelo qual a juventude era conduzida às escolas técnicas. Era sempre alguém da classe superior, cujas faculdades psíquicas tinham sido adequadamente cultivadas, que tinha o dever de selecionar as crianças a fim de que cada uma recebesse treinamento, e finalmente se dedicasse, à ocupação à qual mais se adequava naturalmente. Mas quando os que possuíam a clarividência, que era o único meio de efetuar essa seleção, delegaram sua obrigação aos subordinados que não possuíam essas qualidades psíquicas, a conseqüência foi que as crianças passaram a ser com freqüência colocadas em situações errôneas, e enquanto sua capacidade e gosto tinham uma direção, acabavam presos por toda a vida a outra ocupação de que não gostavam, e na qual, portanto, raramente teriam êxito.

Os sistemas de ocupação da terra que se sucederam, em diferentes partes do império, após a derrocada da grande dinastia tolteca, foram muitos e variados. Não é necessário descreve-los. Nos últimos dias de Poseidônis tinham, em geral, dado lugar ao sistema de propriedade particular que tão bem conhecemos.

Fizemos referência, sob o título "Migrações", ao sistema de ocupação da terra que prevaleceu durante o glorioso período da história do Peru em que os incas detinham o poder, há cerca de 14.000 anos atrás.

Um pequeno resumo dele pode ser útil para ilustrar a origem em que se fundamentava, assim como dar um exemplo das variantes que foram adotadas a partir de um sistema original que era um tanto mais complicado.

Todo o direito de posse da terra era, em primeiro lugar, do inca, porém metade dela era cedida aos agricultores, que naturalmente constituíam a grande massa da população. A outra metade era dividida entre o inca e os sacerdotes que celebravam o culto do sol.

Do produto de suas terras o inca devia manter o exército, as estradas que atravessavam o império inteiro, e toda a máquina governamental. Esta era mantida por uma classe dirigente especial, onde todos eram mais ou menos aparentados com o próprio inca, e representavam uma cultura e civilização muito avançadas em relação à grande massa da população.

A quarta parte restante – "as terras do sol" – sustentavam não apenas os sacerdotes que dirigiam o culto por todo o império, mas também toda a educação do povo nas escolas e faculdades, as pessoas enfermas, e finalmente todas as pessoas que atingiam a idade de quarenta e cinco anos, que era a determinada para que o trabalho pesado cessasse e começasse o lazer e a recreação (com exceção, claro, da classe dirigente, para a qual o trabalho nunca se encerrava).

Religião
O único assunto que ainda nos resta abordar é a evolução das idéias religiosas.

Entre a aspiração espiritual de uma raça rude mas simples, e os rituais degradados de um povo intelectualmente culto porém espiritualmente morto, jaz um abismo que só o termo religião, tomado em sua acepção mais ampla, pode abarcar. Não obstante, é esse processo sucessivo de geração e degeneração que precisa ser traçado na história do povo atlante.

O leitor recordará que o governo sob o qual os rmoahals começaram sua trajetória foi descrito como sendo o mais perfeito possível, porque era o próprio Manu que se tornara seu rei. A memória desse divino soberano foi naturalmente preservada nos anais da raça, e com o tempo ele veio a ser considerado como um deus, entre um povo que era psíquico ao natural, e conseqüentemente tinha lampejos daqueles estados de consciência que transcendem nosso estado comum de vigília. Conservando esses atributos mais elevados, era natural que esse povo primitivo adotasse uma religião que, embora não fosse de maneira alguma o reflexo de uma filosofia elevada, estava longe de ser ignóbil. Posteriormente, essa etapa da crença religiosa transformou-se num tipo de adoração dos antepassados.

Os tlavatlis, conquanto tivessem herdado a tradicional reverência e adoração do Manu, foram ensinados pelos instrutores adeptos da existência de um Ser Supremo, cujo símbolo foi reconhecido como o Sol. Dessa forma, desenvolveram uma espécie de adoração do Sol, para cuja prática iam para o alto dos montes. Ali construíam grandes círculos de monólitos verticais. Simbolizavam o curso anual do Sol, mas também eram utilizados para fins astronômicos – eram colocados de forma tal que, para quem se colocasse no altar-mor, o Sol nasceria no solstício de inverno atrás de um desses monólitos, no equinócio vernal[31] atrás de outro, e assim por diante, durante o ano inteiro. Esses círculos de pedra também

---

31 N.T. – Início da primavera no Hemisfério Norte, e do outono no Hemisfério Sul, marcando também o início do ano astrológico (Áries), a 21/22 de abril.

auxiliavam a efetuar observações astronômicas de tipo mais complexo, relacionadas às mais distantes constelações.

Já vimos, sob o título "Migrações", como uma sub-raça posterior – os acadianos – voltou a essa construção primitiva de monólitos, na ereção de Stonehenge.

Embora os tlavatlis fossem dotados de certa forma de maior capacidade de desenvolvimento intelectual que a sub-raça anterior, seu culto ainda era de um tipo primitivo.

Com a maior difusão do conhecimento à época dos toltecas, e especialmente com o posterior estabelecimento de uma classe de sacerdotes iniciados, e com um imperador iniciado, maiores oportunidades se ofereciam ao povo para chegar a uma concepção mais verdadeira da divindade. Os poucos que estavam em condições de aproveitar integralmente os ensinamentos oferecidos, após terem sido testados e experimentados, eram admitidos na classe sacerdotal, que então constituía uma imensa fraternidade oculta. Não iremos, entretanto, nos ocupar desses que tinham ultrapassado tanto a massa comum da humanidade que estavam prontos para iniciar o progresso na senda oculta; o objeto de nossa investigação são as religiões praticadas pelos habitantes da Atlântida.

Naturalmente, a capacidade de elevar-se às alturas filosóficas do pensamento faltava às massas daquela época, como falta à grande maioria dos habitantes do planeta hoje. A maior aproximação que o mais bem dotado instrutor poderia fazer, ao tentar transmitir uma idéia da essência inominada que permeia todo o cosmo, seria necessariamente comunicada sob forma de símbolos, e o Sol naturalmente foi o primeiro a ser adotado. Como em nossos dias, os mais cultos e espiritualizados enxergariam através do símbolo, e poderiam às vezes elevar-se nas asas da devoção até o Criador de nossas almas, o

> "Motivo e centro do anelo de nossa alma,
> Meta e refúgio ao fim de nossa estrada",

enquanto a multidão mais comum não veria mais que o símbolo, e o adoraria, como a Madona esculpida ou a imagem de madeira do Crucificado são adorados hoje na Europa católica.

A adoração do Sol e do fogo tornou-se então um culto, para cuja celebração foram erigidos magníficos templos em todas as direções do continente atlante – mas sobretudo na grande *Cidade das Portas de Ouro*; e o serviço dos templos era realizado por um contingente de sacerdotes mantidos pelo estado para esse fim.

Nessa época recuada, não se admitia qualquer imagem da divindade. O disco solar era considerado o único símbolo adequado do Divino, e como tal era usado em todos os templos; um disco de ouro era em geral colocado de forma a receber os primeiros raios do sol nascente por ocasião do equinócio vernal ou do solstício de verão.

Exemplo interessante de um remanescente quase puro desse culto ao disco solar pode ser visto nas cerimônias xintoístas do Japão. Nessa crença, todas as outras representações da divindade são consideradas ímpias, e mesmo o espelho circular de metal polido é oculto dos olhares comuns, a não ser em ocasiões cerimoniais. Ao contrário dos magníficos templos decorados da Atlântida, porém, os templos xintoístas se caracterizam pela absoluta ausência de decorações – o primoroso acabamento de madeira natural não é entremeado por qualquer escultura, pintura ou verniz.

O disco solar, entretanto, não permaneceu para sempre como o único símbolo admissível da divindade. Posteriormente, a imagem de um homem – um homem arquetípico – foi colocada nos templos e adorada como a mais elevada representação da divindade. De certa forma, isso poderia ser considerado como um retorno à adoração do Manu pelos rmoahals. Mas ainda nessa época a religião era relativamente pura, e a fraternidade oculta da "Boa Lei" naturalmente fazia o possível para manter viva, no coração do povo, a concepção espiritual.

Aproximavam-se, porém, os maus dias, em que não restaria qualquer idéia altruísta que salvasse a raça atlante do abismo de egoísmo em que estava fadada a submergir. A decadência ética foi a preliminar inevitável à deturpação do espiritual. Cada um só se preocupava consigo mesmo, e o conhecimento foi utilizado para fins inteiramente egoístas, até que se tornou crença generalizada que no universo não existia nada maior ou melhor que eles. Cada qual era sua própria "lei, senhor e deus", e o próprio culto dos templos deixou de ser a adoração de qualquer ideal, e tornou-se a do homem, tal como era. Como diz o *Livro de Dzyan*: "Então a Quarta cresceu em orgulho. Nós somos reis, diziam; nós somos deuses... Construíram imensas cidades. De materiais e metais preciosos as fizeram; e das pedras brancas das montanhas, e da pedra negra, fizeram a sua imagem e semelhança, e a adoraram". Colocaram nos templos santuários em que a estátua de cada um, forjada em ouro ou prata, ou esculpida em pedra ou madeira, era adorada por ele mesmo. Os mais ricos mantinham séqüitos inteiros de sacerdotes a seu serviço, para o culto e cuidado dos santuários, e fazia-se oferendas a essas estátuas, como para deuses. A apoteose do ego não poderia ser maior.

Deve-se lembrar que todas as verdadeiras idéias religiosas que ganharam as mentes dos homens lhes foram conscientemente sugeridas pelos divinos instrutores ou iniciados da Loja Branca, que através dos tempos foram os guardiões dos divinos mistérios, e das realidades dos estados supra-sensíveis da consciência. A humanidade só lentamente se torna capaz de assimilar algumas dessas divinas idéias, enquanto as monstruosas produções e terríveis distorções pelas quais as religiões foram responsáveis, devem ser atribuídas à própria natureza inferior do homem. Pareceria até que ele não tem condições para lhe ser confiado mesmo o simples conhecimento dos símbolos que velam a luz da divindade, pois à época do domínio dos turanianos algo desse conhecimento foi ensinado erradamente.

Já vimos como, em épocas iniciais, as características de doação de luz e vida do Sol foram usadas como símbolo para trazer às mentes das criaturas o máximo que podiam conceber da Causa Primária. No entanto, outros símbolos de muito maior profundidade e significado mais verdadeiro eram conhecidos e guardados entre os sacerdotes. Um deles era a concepção da trindade na unidade. As trindades mais sagradas nunca foram divulgadas para o povo, mas a trindade que personificava as forças cósmicas do universo como criador, conservador e destruidor[32] tornaram-se conhecidas de forma distorcida à época dos turanianos. Essa idéia foi depois materializada e deformada pelos semitas numa trindade inteiramente antropomórfica consistindo de pai, mãe e filho.

Uma manifestação ulterior e mais terrível da época dos turanianos precisa ser mencionada. Com a prática da feitiçaria, muitos tinham, naturalmente, se tornado conscientes da existência de poderosos elementais – criaturas trazidas à existência, ou pelo menos animadas, por sua própria vontade poderosa, e que, dirigidos para fins maléficos, produziam elementais de poder e maldade. Os sentimentos de reverência e adoração das criaturas haviam se degradado tanto que começaram a adorar essas criações semiconscientes de seu próprio pensamento maligno. O ritual de adoração a esses entes foi desde o início sangrento, e é claro que cada sacrifício oferecido nos santuários conferia vitalidade e permanência a essas

---

[32] N.T. – Essa concepção foi herdada pelo hinduismo – cujos textos talvez sejam o mais puro resquício do conhecimento sagrado dos atlantes que ainda possuímos – no simbolismo de Brahma (o criador), Shiva (o destruidor) e Vishnu (o conservador).

criações vampirescas[33] – tanto é assim que até hoje, em várias partes do mundo, os elementais criados pela vontade poderosa desses antigos feiticeiros atlantes continuam a cobrar o seu tributo de inocentes comunidades aldeãs.

Iniciados e largamente praticados pelos brutais turanianos, esses rituais sangrentos parecem nunca ter se espalhado de qualquer forma entre as outras sub-raças, embora os sacrifícios humanos não tenham sido incomuns entre alguns ramos dos semitas.

No grande império tolteca do Mèxico a adoração do Sol de seus ancestrais ainda era a religião nacional, e as oferendas sem sangue a seu benevolente deus, Quetzalcoatl, consistiam apenas de flores e frutos. Foi só com a chegada dos selvagens astecas que esses inofensivos rituais tiveram o acréscimo do sangue de sacrifícios humanos, que encharcaram os altares de seu deus da guerra, Huitzilopochtli; e a prática de arrancar os corações das vítimas no alto do *teocali* pode ser considerada como um prolongamento direto do culto aos elementais de seus antepassados turanianos da Atlântida.

Pode-se notar, pois, que tal como hoje em dia, a vida religiosa do povo incluía as mais diversas formas de crença e de culto. Desde a pequena minoria que aspirava à iniciação, e tinha contato com a vida espiritual mais elevada – e sabia que as condições preliminares necessárias para a obtenção dos estados mais elevados de consciência e a maior amplitude de visão eram a boa vontade para com todos os seres, o controle dos pensamentos e a pureza de vida e de atos – inúmeros graus levavam, desde a adoração mais ou menos inconsciente das forças cósmicas, ou de deuses antropomórficos, ao degradado mas amplamente difundido ritual em que cada um adorava sua própria imagem, até os rituais sangrentos de culto dos elementais.

É preciso lembrar que estamos tratando apenas da raça atlante, e portanto não caberia referência aos cultos fetichistas, de tipo ainda mais primitivo, que ainda existiam – e existem – entre os representantes dos povos lemurianos.

Os vários rituais estabelecidos para celebrar essas diversas formas de culto continuaram através dos séculos, até a submersão final de Poseidônis, época em que inúmeros contingentes de emi-

---

33 N.T. – Trata-se do mesmo processo que ocorre ainda hoje, não só nos deploráveis rituais com sacrifícios de sangue, como na oferta de sangue das guerras e na matança de animais para atender ao carnivorismo humano, todos devidamente aproveitados pelos magos negros do além (Vide, a propósito, *Magia de Redenção*, de Ramatís, Editora do Conhecimento, e os capítulos "Intercessão" e "Vampirismo" da obra *Missionários da Luz*, de André Luiz, Editora FEB).

grantes da Atlântida já haviam estabelecido, em terras estrangeiras, os diversos cultos de seu continente de origem.

Delinear o surgimento e o progresso detalhado dessas religiões arcaicas, que nos tempos históricos floresceram em formas tão diversas e antagônicas, seria uma incumbência de grande dificuldade, mas a luz que isso traria para assuntos de transcendental importância talvez algum dia nos leve a tenta-la.

Concluindo, seria inútil querer resumir o que já é praticamente um resumo. Em vez disso, esperamos que o que aqui se contém possa servir para inspirar outros relatos sobre os muitos ramos das diversas sub-raças – relatos que possam examinar de forma analítica aspectos políticos e sociais que aqui foram esboçados de maneira a mais fragmentada.

Uma palavra ainda deve ser dita a respeito da evolução de nossa raça – o progresso que toda a criação, com a humanidade à frente, está destinada a conquistar, século após século, milênio após milênio, *manvantara* após *manvantara*, *kalpa* após *kalpa*. A descida do espírito à matéria – esses dois pólos da eterna substância única – é o processo que ocupa a primeira metade de cada ciclo. O período que estivemos examinando nas páginas anteriores – durante o qual a raça atlante fez sua trajetória – constituiu o exato ponto médio ou ponto de transição do presente *manvantara*. O processo evolutivo que agora tem lugar, em nossa atual Quinta Raça – o retorno da matéria para o espírito – naquela época se revelava apenas em uns poucos casos individuais isolados, precursores desse renascimento espiritual.

Entretanto, o problema que ainda aguarda solução, como devem ter sentido todos os que têm dedicado alguma reflexão a esse assunto, é o surpreendente contraste entre as qualidades da raça atlante. Ao lado de suas paixões primitivas, suas inclinações inferiores animalizadas, encontramos suas faculdades psíquicas e sua divina intuição.

A solução para esse enigma aparentemente insolúvel resido no fato de que recém havia se iniciado ali a construção da ponte de *manas*, a mente, que se destina a unir, no ser perfeito, as forças em ascensão do animal, e o espírito divino que desce ciclicamente. O reino animal, atualmente, é um componente da natureza onde a construção dessa ponte ainda não começou; e na humanidade da época atlante essa conexão era tão tênue que as qualidades espirituais tinham pouco controle sobre a natureza animal inferior. As qualidades mentais que possuíam eram suficientes para acrescentar prazer à gratificação dos sentidos, mas não para vitalizar as faculdades espirituais ainda adormecidas – as quais, no ser perfeito, deverão tornar-se soberanas absolutas. Nossa metáfora da ponte pode esclarecer-nos ainda mais se a considerarmos em processo de construção na atualidade, mas destinada a permanecer incompleta, para a humanidade em geral, por incontáveis milênios – na verdade, até que a humanidade tenha completado outro ciclo nos sete planetas e a grande Quinta Ronda esteja a meio de seu curso.

Embora tenha sido durante a segunda metade da Terceira Raça-Raiz e o começo da Quarta que os *Manasaputra* desceram para dotar de mente a massa da humanidade que ainda não possuía essa centelha, sua luz ardeu tão debilmente durante a época atlante que pode-se dizer que poucos atingiram o nível do pensamento abstrato. Por outro lado, a sua atuação da mente sobre as coisas concretas foi bem sucedida, e como vimos, foi nos assuntos práticos da vida quotidiana, em especial quando suas faculdades psíquicas eram dirigidas para as mesmas coisas, que obtiveram esses notáveis e estupendos resultados.

É preciso lembrar também que *kâma*, o quarto principio, teve seu máximo desenvolvimento na Quarta Raça. Isso teria influenciado o seu mergulho nas profundezas da brutalidade animal, enquanto a chegada do ciclo próximo de seu ponto mais baixo acentuou inevitavelmente o movimento descendente; portanto, não é de surpreender que tenha ocorrido a perda progressiva de suas faculdades psíquicas e o mergulho no egoísmo e na materialidade.

Tudo isso deve ser considerado como parte do grande processo cíclico que obedece à lei eterna.

Todos nós passamos por esses dias difíceis, e as experiências que acumulamos construíram o caráter que hoje possuímos. Contudo, brilha sobre a raça ariana uma luz mais intensa que aquela que clareou a senda de seus ancestrais atlantes. Menos dominados pelas paixões dos sentidos, mais sensíveis às influências da mente, os homens da nossa raça conquistaram e estão adquirindo uma compreensão mais sólida do conhecimento, um alcance maior do intelecto. Este arco ascendente do grande ciclo do *manvantara* sem dúvida levará uma quantidade maior de seres ao ingresso na Senda, e há de conferir maior atrativo às oportunidades transcendentes que ela oferece para o contínuo fortalecimento e purificação do caráter – não mais efetuado por meros esforços eventuais, interrompidos constantemente por atrações ilusórias, mas guiado e protegido a cada passo pelos mestres de sabedoria, para que a ascensão, uma vez iniciada, não seja mais hesitante e incerta, porém conduza diretamente a sua gloriosa meta.

Igualmente as faculdades psíquicas e a divina intuição, perdidas durante algum tempo, mas que são a herança legítima de nossa raça, aguardam apenas o esforço individual para serem readquiridas, para conferirem uma compreensão mais profunda e poderes mais transcendentes. Dessa forma serão acrescidas e reforçadas as hostes dos instrutores adeptos – os mestres de sabedoria – e mesmo entre nós, hoje, devem existir certamente aqueles que, indistinguíveis a não ser pelo entusiasmo incessante que os anima, irão, antes que a próxima raça-raiz seja estabelecida neste planeta, constituir-se em mestres de sabedoria para auxiliar esta raça em seu progresso futuro.

A Lemúria Perdida
W. Scott-Elliot

Nota preliminar

O propósito deste ensaio não é tanto apresentar uma informação surpreendente a respeito do continente desaparecido da Lemúria e seus habitantes, mas confirmar, pelos dados obtidos através da geologia e do estudo da distribuição relativa de animais e plantas existentes e extintos, bem como dos processos de evolução física observados nos reinos inferiores, os fatos relatados em *A Doutrina Secreta* e em outras obras referentes a essas terras hoje submersas.

O continente desaparecido da Lemúria

Dados extraídos de antigos registros

Os dados que temos quanto à Lemúria e seus habitantes foram extraídos da mesma fonte e da mesma maneira que nos tornaram possível a redação d'*A História da Atlântida*. Também neste caso o autor teve o privilégio de obter cópias de dois mapas, um correspondente à Lemúria (e aos territórios limítrofes) durante o período da maior extensão atingida pelo continente, o outro mostrando seus contornos após seu desmembramento pelas grandes catástrofes, mas muito antes de sua destruição definitiva.

Jamais se sustentou que os mapas da Atlântida fossem exatos quanto a um único grau de latitude ou longitude, mas, a despeito da enorme dificuldade de se obter informações no presente caso, deve-se mencionar que a exatidão destes mapas da Lemúria é mais precária ainda. No primeiro caso, havia um globo, um bom baixo-relevo de terracota, e um mapa de pergaminho, ou de algum tipo de pele, muito bem conservado, permitindo, assim, uma ótima reprodução.

No caso em questão, havia apenas um modelo arruinado de terracota e um mapa muito mal conservado e amarrotado, de modo que a dificuldade de reconstituir a lembrança de todos os detalhes e, conseqüentemente, de reproduzir cópias exatas foi enorme.

Fomos informados de que os mapas atlantes eram feitos, nos dias da Atlântida, pelos poderosos Adeptos, mas não sabemos se os mapas lemurianos foram modelados por alguns dos instrutores divinos nos dias em que a Lemúria ainda existia, ou se em tempos posteriores, na época atlante.

Contudo, embora resguardando-se de depositar excessiva confiança quanto à absoluta exatidão dos mapas em questão, quem transcreveu dos antigos originais acredita que estes possam, em seus pormenores mais importantes, ser considerados aproximadamente corretos.

Duração provável do continente da Lemúria

Um período de, aproximadamente, quatro a cinco milhões de anos corresponde, provavelmente, à duração do continente da Atlântida, pois foi mais ou menos nessa época que os rmoahals, a primeira sub-raça da Quarta Raça-Raiz que habitou a Atlântida, surgiram numa porção do continente lemuriano, que, nesse tempo, ainda existia. Relembrando que, no processo evolucionário, o algarismo quatro invariavelmente corresponde não só ao nadir do ciclo mas também ao período de mais curta duração, quer no caso de um Manvantara quer no de uma raça, pode-se supor que o total de milhões de anos que se pode atribuir à duração máxima do continente da Lemúria deve ser muitíssimo maior do que aquele que corresponde à duração da Atlântida, o continente da Quarta Raça-Raiz. No caso da Lemúria, porém, não se pode estipular nenhum período de tempo, nem mesmo com uma precisão aproximada. As épocas geológicas, tanto quanto são conhecidas pela ciência moderna, constituem um instrumento de referência contemporânea mais adequado, e dele lançaremos mão.

Os mapas

Mas nem mesmo épocas geológicas, deve-se dizer, são atribuídas aos mapas. Contudo, se nos fosse permitido fazer uma inferência a partir dos dados de que dispomos, o mais antigo dos dois mapas lemurianos, ao que parece, corresponde à configuração do globo terrestre desde o período permiano até o período jurássico, passando pelo triássico, ao passo que o segundo mapa, provavelmente, corresponde à configuração do globo terrestre desde o período cretáceo até o período eoceno.

Pode-se deduzir, a partir do mais antigo dos dois mapas, que o continente equatorial da Lemúria, na época de sua maior extensão, quase circundava o globo, estendendo-se, então, desde o local onde hoje se situam as ilhas do Cabo Verde, a uns poucos quilômetros da costa de Serra Leoa, de onde se projetava para o sudeste, através da África, Austrália, ilhas da Sociedade e de

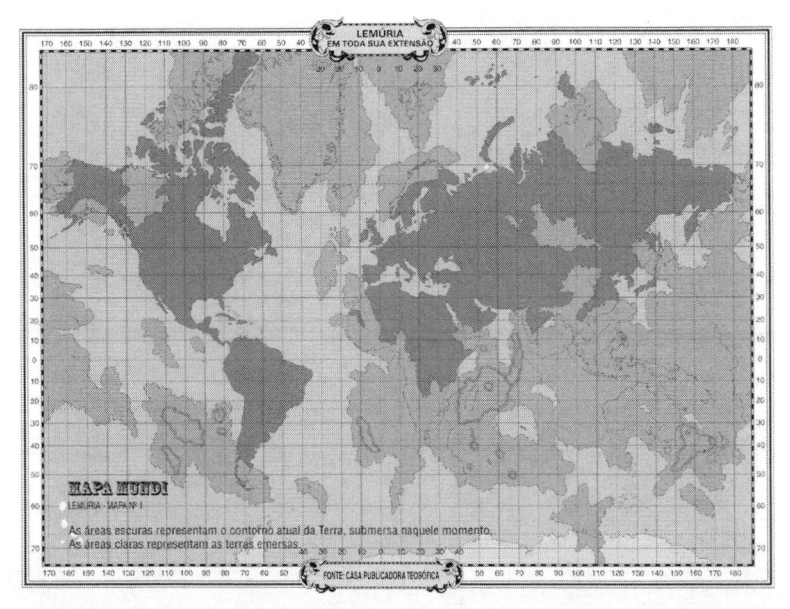

MAPA MUNDI
LEMÚRIA - MAPA Nº I
As áreas escuras representam o contorno atual da Terra, submersa naquele momento.
As áreas claras representam as terras emersas.

LEMÚRIA EM TODA SUA EXTENSÃO
FONTE: CASA PUBLICADORA TEOSÓFICA

todos os mares interpostos, até um ponto, a poucos quilômetros de distância de um grande continente insulano (mais ou menos do tamanho da atual América do Sul), que se prolongava através do oceano Pacífico, abrangendo o cabo Horn e partes da Patagônia.

Um fato notável, observado no segundo mapa da Lemúria, é o grande comprimento e, em alguns lugares, a excessiva estreiteza do canal que separava os dois grandes blocos de terra nos quais o continente, nessa época, tinha sido dividido. Deve-se observar que o canal hoje existente entre as ilhas de Bali e Lomboque coincide com uma porção do canal que então dividia os dois continentes. Pode-se constatar ainda que esse canal avançava para o norte pela costa oriental de Bornéu, e não pela ocidental, como supôs Ernst Haeckel.

No que diz respeito à distribuição da fauna e da flora e à existência de muitas espécies encontradas tanto na Índia como na África, relacionadas pelo sr. Blandford, pode-se observar que, entre algumas regiões da Índia e grandes trechos da África havia, durante o período do primeiro mapa, uma ligação por terra e que uma comunicação semelhante também foi parcialmente mantida no período do segundo mapa. Além disso, uma comparação dos mapas da Atlântida com os da Lemúria demonstrará que sempre houve uma comunicação por terra, ora

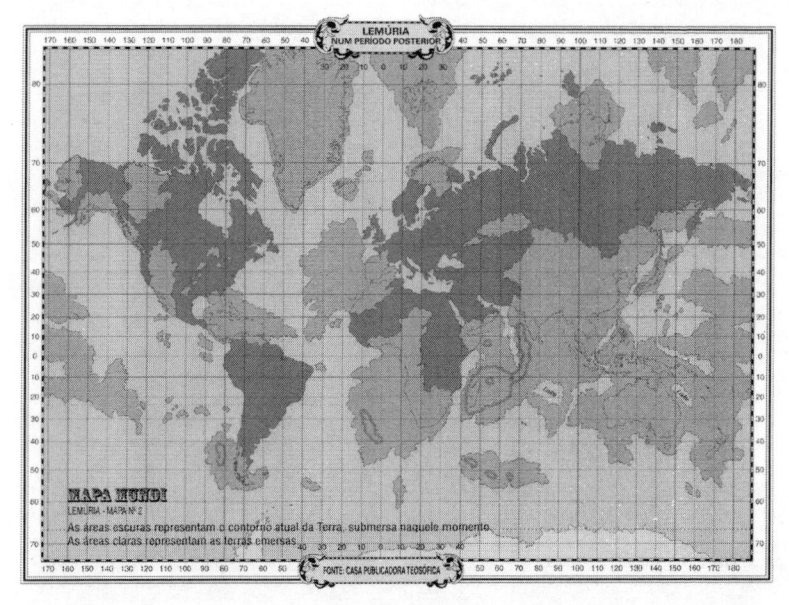

MAPA MUNDI
LEMÚRIA - MAPA Nº 2
As áreas escuras representam o contorno atual da Terra, submersa naquele momento.
As áreas claras representam as terras emersas.
FONTE: CASA PUBLICADORA TEOSÓFICA

LEMÚRIA NUM PERÍODO POSTERIOR

numa época, ora noutra, entre regiões bastante diferentes da superfície terrestre hoje separadas pelo mar, de modo que a atual distribuição da fauna e da flora nas duas Américas, na Europa e nos países orientais, que tem sido um verdadeiro enigma para os naturalistas, pode ser facilmente explicada.

A ilha indicada no mapa lemuriano mais antigo, localizada a noroeste do extremo promontório daquele continente e diretamente a oeste da atual costa da Espanha, foi, provavelmente, um centro de onde proveio, durante muitas épocas, a distribuição da fauna e da flora acima mencionada. Pode-se perceber — e este é um fato muito interessante — que essa ilha deve ter sido do começo ao fim o núcleo do subseqüente grande continente de Atlântida. Ela existia, como vemos, nesses mais remotos tempos lemurianos. No período do segundo mapa, estava unida ao território que, anteriormente, fazia parte do grande continente lemuriano; e, de fato, nessa época ela recebera tantos acréscimos de território que poderia ser mais apropriadamente considerada um continente do que uma ilha. Ela foi a grande região montanhosa da Atlântida em seus primórdios, quando a Atlântida abrangia grandes extensões de terra que hoje se tornaram as Américas do Sul e do Norte. Ela permaneceu a região montanhosa da Atlântida na sua decadência, e a de Ruta, na época de Ruta e Daitya, e praticamente constituiu a ilha de

Posseidonis — o último fragmento do continente da Atlântida —, cuja submersão definitiva ocorreu no ano de 9564 a.C.

Comparando-se estes dois mapas com os quatro mapas da Atlântida, verifica-se ainda que a Austrália, a Nova Zelândia, Madagascar, porções da Somália, o sul da África e a extremidade meridional da Patagônia são territórios que, provavelmente, existiram durante todas as catástrofes que se sucederam desde os primeiros anos do período lemuriano. O mesmo pode-se dizer das regiões meridionais da Índia e do Ceilão, salvo uma submersão temporária do Ceilão na época de Ruta e Daitya.

É verdade que, atualmente, ainda existem extensões de terra que pertenceram ao continente hiperbóreo, muito mais antigo; são, naturalmente, as mais antigas regiões conhecidas na face da terra: a Groenlândia, a Islândia, Spitzbergen, a maior parte das regiões ao norte da Noruega e da Suécia e a extremidade setentrional da Sibéria.

Os mapas mostram que o Japão permaneceu acima da água, quer como ilha, quer como parte de um continente, desde a época do segundo mapa lemuriano. A Espanha também existia, sem dúvida, desde esse tempo. A Espanha é, portanto, provavelmente, com exceção da maior parte das regiões setentrionais da Noruega e da Suécia, o território mais antigo da Europa.

O caráter indeterminado das afirmações feitas torna-se necessário pelo nosso conhecimento de que aí ocorreram afundamentos e elevações de diferentes porções da superfície terrestre durante épocas situadas entre os períodos representados pelos mapas.

Por exemplo, sabemos que, logo após a época do segundo mapa lemuriano, toda a península malaia submergiu e assim permaneceu por longo tempo, mas uma subseqüente elevação dessa região deve ter ocorrido antes da época do primeiro mapa atlante, pois o que é hoje a península malaia nele aparece como parte de um grande continente. De modo análogo, em épocas mais recentes, ocorreram repetidos afundamentos e elevações de menor importância bem próximos da minha terral natal, e Haeckel está perfeitamente correto ao dizer que a Inglaterra — ele poderia, com maior precisão, ter dito as ilhas da Grã-Bretanha e Irlanda, que naquela época, estavam unidas — "tem sido repetidamente ligada ao continente europeu, e repetidamente dele apartada".

A fim de tomar o assunto mais claro, anexamos a este texto uma tabela, fornecendo uma história condensada da vida animal e vegetal em nosso globo, equiparada — segundo Haeckel — aos estratos de rocha que lhe são coetâneos. As outras duas colunas fornecem as raças humanas coetâneas e os grandes cataclismos que são do conhecimento de estudiosos do Ocultismo.

Os répteis e as florestas de pinheiros

Pode-se observar nessa tabela que o homem lemuriano viveu na época dos répteis e das florestas de pinheiros. Os monstruosos anfíbios e os fetos gigantescos do período permiano ainda medravam nos climas úmidos e moderadamente quentes. Os plesiossauros e ictiossauros existiam em grande número nos tépidos pântanos do período mesolítico, mas, com o secamento de muitos dos mares interiores, os dinossauros — os monstruosos répteis terrestres — gradualmente tomaram-se a espécie dominante, enquanto os pterodáctilos — os sáurios que desenvolveram asas semelhantes às do morcego — não só rastejavam pela terra como também voavam pelo ar. Destes, o menor era mais ou menos do tamanho de um pardal; o maior, no entanto, com uma envergadura superior a cinco metros, excedia o maior dos pássaros hoje existentes. A maior parte dos dinossauros — os dragões — eram terríveis animais carnívoros, répteis colossais que chegavam a ter de doze a quinze metros de comprimento.[1] Escavações posteriores revelaram esqueletos de dimensões ainda maiores. Consta que o professor Ray Lankester, numa reunião da *Royal Institution*, a 7 de janeiro de 1904, referiu-se a um esqueleto de brontossauro com vinte metros de comprimento, descoberto numa jazida de oólito, na região meridional dos Estados Unidos da América.

Como está escrito nas estâncias do arcaico *Livro de Dzyan*, "Animais com ossos, dragões das profundezas e diabos-marinhos voadores somaram-se às criaturas rastejantes. Os que rastejavam no chão ganharam asas. Os aquáticos, de pescoços longos, tornaram-se os progenitores das aves do ar". A ciência moderna registra o seu endosso. "A classe dos pássaros, como já foi observado, está tão estreitamente associada aos répteis quanto à estrutura interna e ao desenvolvimento embrionário, que, sem dúvida, originaram-se de um ramo dessa classe. ...A derivação de pássaros a partir dos répteis ocorreu, pela primeira vez, na época mesolítica, mais exatamente durante o triásico".[2]

No reino vegetal, essa época também conheceu o pinheiro

---
1 Ernst Haeckel, *History of Creation*, Vol. II, pp. 22-56.
2 Ernst Haeckel, *History of Creation*, Vol. II, pp. 226-7.

e a palmeira que, gradualmente, substituíram os gigantescos fetos. Nos últimos anos da época mesolítica, apareceram pela primeira vez os mamíferos, mas os restos fósseis do mamute e do mastodonte, seus representantes mais primitivos, encontram-se, sobretudo, nos estratos posteriores, correspondentes aos períodos eoceno e mioceno.

O reino humano

Antes de fazer qualquer referência ao que, mesmo nesta época primitiva, deve ser chamado de o reino humano, é preciso deixar claro que nenhum daqueles que, no momento atual, podem apresentar uma razoável dose de cultura mental ou espiritual podem pretender ter vivido nessa época. Foi apenas com o advento das três últimas sub-raças dessa Terceira Raça-Raiz que o menos desenvolvido do primeiro grupo de *Pitris Lunares* principiou a retomar à encarnação, enquanto o mais avançado dentre eles não nasceu antes das primeiras sub-raças do período atlante.

Na verdade, o homem lemuriano, ao menos durante a primeira fase da raça, deve ser considerado muito mais como um animal, destinado a atingir o gênero humano, do que um humano, segundo a nossa compreensão do termo; pois, embora o segundo e terceiro grupos de Pitris, que constituíram os habitantes da Lemúria durante suas quatro primeiras sub-raças, tenham alcançado suficiente auto-consciência no Manvantara Lunar para diferenciá-los do reino animal, ainda não tinham recebido a Centelha Divina que os dotaria de mente e individualidade — em outras palavras, que os tomaria verdadeiramente humanos.

Tamanho e consistência do corpo do homem

A evolução dessa raça lemuriana constitui, portanto, um dos mais obscuros bem como um dos mais interessantes capítulos do desenvolvimento do homem, pois durante esse período ele não só atingiu a verdadeira natureza humana, mas também seu corpo passou por enormes mudanças físicas, enquanto os processos de reprodução por duas vezes foram alterados.

Para se compreender as surpreendentes afirmações que terão de ser feitas a respeito do tamanho e da consistência do corpo do homem nesse período primitivo, deve-se ter em mente que, enquanto os reinos animal, vegetal e mineral prosseguiam seu curso normal neste quarto globo, durante o Quarto Ciclo deste

Manvantara, foi ordenado que a humanidade deveria recapitular, numa seqüência rápida, as várias etapas que sua evolução atravessara durante os ciclos anteriores do atual Manvantara. Assim, os corpos da Primeira Raça-Raiz, nos quais estes seres quase desprovidos de mente estavam destinados a adquirir experiência, ter-nos-iam parecido gigantescos espectros — caso, é claro, nos fosse possível vê-los, pois seus corpos eram formados de matéria astral. As formas astrais da Primeira Raça-Raiz foram então gradualmente envolvidas por um invólucro mais físico. Muito embora a Segunda Raça-Raiz possa ser chamada de física — sendo seus corpos compostos de éter —, eles seriam igualmente invisíveis à visão tal como esta existe hoje.

Essa síntese do processo de evolução foi ordenada, segundo nos informaram, a fim de que Manu e os Seres que o auxiliavam pudessem obter os meios para aperfeiçoar o tipo físico de natureza humana. O mais elevado desenvolvimento que o tipo até então atingira era a imensa criatura, semelhante ao macaco, que existira nos três planetas físicos — Marte, Terra e Mercúrio — durante o Terceiro Ciclo. Na época da afluência de vida humana à Terra, neste Quarto Ciclo, naturalmente um determinado número dessas criaturas semelhantes ao macaco aqui se encontrava — o resíduo deixado no planeta durante seu período de obscurecimento. Sem dúvida, essas criaturas uniram-se à crescente maré humana assim que a raça tornou-se inteiramente física. Nesse caso, seus corpos não podem ter sido totalmente postos de lado; eles podem ter sido utilizados, pela maior parte dos entes pouco desenvolvidos, para propósitos de reencarnação, mas o que se exigia era um melhoramento desse tipo, e isso era mais facilmente obtido por Manu, através da elaboração, no plano astral em primeiro lugar, do arquétipo originalmente formado na mente do Logos.

Portanto, da Segunda Raça Etérica desenvolveu-se a Terceira — a Lemuriana. Seus corpos tornaram-se materiais, sendo compostos de gases, líquidos e sólidos, que constituem as três subdivisões mais inferiores do plano físico, mas os gases e líquidos ainda predominavam, pois suas estruturas vertebradas ainda não haviam se solidificado, tal como as nossas, em ossos e, portanto, não podiam manter-se eretos. Na verdade, seus ossos eram tão flexíveis quanto os dos bebês hoje em dia. Somente em meados do período lemuriano o homem desenvolveu uma sólida estrutura óssea.

Para explicar a possibilidade do processo pelo qual a forma etérica evoluiu para uma forma mais física, e a forma física de ossos moles finalmente desenvolveu-se numa estrutura tal como a que o homem hoje possui, é necessário apenas aludir ao átomo físico permanente.³ Contendo, como contém, a essência de todas as formas através das quais o homem passou no plano físico, ele continha, portanto, a potencialidade de uma estrutura física de ossos duros, tal como a que foi alcançada durante o curso do Terceiro Ciclo, bem como a potencialidade de uma forma etérica e todas as fases intermediárias, pois é preciso lembrar que o plano físico consiste em quatro graus de éter, bem como em gases, líquidos e sólidos — que tantos se inclinam a considerar como os únicos constituintes do físico. Assim, cada etapa do desenvolvimento foi um processo natural, pois foi um processo que havia sido consumado em épocas bastante remotas, e a Manu e aos Seres que o auxiliavam bastou juntar ao átomo permanente⁴ a espécie de matéria apropriada.

Órgãos de visão

Os órgãos de visão dessas criaturas, antes que elas desenvolvessem ossos, eram de natureza rudimentar; ao menos essa era a condição dos dois olhos dianteiros, com os quais procuravam obter seu alimento no chão. Mas havia um terceiro olho na parte posterior da cabeça, cujo resíduo atrofiado é hoje conhecido como a glândula pineal. Esta, como sabemos, é *agora* exclusivamente um centro de visão astral, mas na época da qual estamos falando era o centro principal, não só da visão astral mas também da visão física. Consta que o professor Ray Lankester, aludindo aos répteis já extintos numa conferência na *Royal Institution*, chamou a atenção para "o tamanho do orifício parietal no crânio, o que revela que, nos ictiossauros, o olho parietal ou pineal, no alto da cabeça, deve ter sido muito grande". A esse respeito ele chegou a dizer que o gênero humano era inferior a esses enormes lagartos marítimos, "pois tínhamos perdido o terceiro olho, que poderia ser observado no lagarto comum, ou melhor, no grande lagarto azul do sul da França".⁵

Um pouco antes da metade do período lemuriano, prova-

---

3 Para uma explicação adicional dos átomos permanentes em todos os planos, bem como das potencialidades neles contidas, no que toca aos processos de morte e renascimento, ver *Man's Place in Universe*, pp. 76-80.

4 N. E. - Registro indelével, como um chip de memória, que guarda todas as experiências vividas pelo espírito em cada um dos seus corpos, ao longo de todas as existências. Existe um átomo permanente físico, um astral, um mental, etc.

5 O *Standard*, 8 de janeiro de 1904.16. Ernst Haeckel, *The History of Creation*, 2ª ed., Vol. 1, pp. 193-8.

velmente durante a evolução da terceira sub-raça, esse gigantesco corpo gelatinoso lentamente começou a se solidificar e os membros de ossos moles desenvolveram uma estrutura óssea. Essas criaturas primitivas eram agora capazes de se manter eretas e os dois olhos na face tornaram-se gradualmente os órgãos principais da visão física, embora também o terceiro olho ainda permanecesse, até certo ponto, um órgão de visão física, o que se deu até o fim da época lemuriana. Naturalmente, ele continuava sendo um órgão da visão psíquica, como ainda é um foco potencial. Essa visão psíquica continuou a ser um atributo da raça, não só durante todo o período lemuriano, mas também nos dias da Atlântida.

Um curioso fato a se notar é que, quando a raça alcançou, pela primeira vez, o poder de permanecer e de se movimentar numa postura ereta, também podia andar para trás, com quase a mesma facilidade com que andava para a frente. Isso pode ser explicado, não só pela capacidade de visão que o terceiro olho possuía, mas sem dúvida também pela curiosa protuberância nos calcanhares, que será em breve mencionada.

Descrição do homem lemuriano

O que se segue é uma descrição de um homem que pertenceu a uma das últimas sub-raças — provavelmente à quinta. "Sua estatura era gigantesca, algo em torno de 3,5 a 4,5 m. Sua pele era bastante escura, de cor pardo-amarelada. Ele tinha a mandíbula inferior alongada, um rosto estranhamente achatado, olhos pequenos, porém penetrantes, e localizados curiosamente muito separados um do outro, de modo que podia ver tão bem lateralmente como de frente, enquanto o olho na parte posterior da cabeça — onde, naturalmente, os cabelos não cresciam — também lhe possibilitava enxergar nessa direção. Ele não tinha testa; em seu lugar havia algo parecido a um rolo de carne. A cabeça inclinava-se para trás e para cima, de modo um tanto curioso. Os braços e as pernas (sobretudo os primeiros) eram mais compridos do que os nossos e não podiam ser perfeitamente esticados nos cotovelos ou nos joelhos; as mãos e os pés eram enormes e os calcanhares projetavam-se para trás, de modo canhestro. Vestia-se com um manto folgado, feito de uma pele semelhante à do rinoceronte, porém mais escamosa, provavelmente a pele de algum animal que nós agora conhecemos apenas através de seus restos fósseis. Ao redor da cabeça, onde o cabelo era bem curto, era amarrado um outro pedaço de pele enfeitada com borlas de cores vermelha-escuro, azul e outras. Na mão esquerda, segurava um bastão pontudo que, sem dúvida, era usado para defesa ou ataque. Esse bastão era mais ou menos da altura de seu próprio corpo, isto é, 3,5 a 4,5 m. Na mão direita, amarrava a extremidade de uma longa corda, feita de alguma espécie de trepadeira, com a qual conduzia um réptil imenso e horrendo, parecido com o plesiossauro. Na verdade, os lemurianos domesticavam essas criaturas e treinavam-nas para aproveitar sua força na caça a outros animais. O aspecto desse homem produzia uma sensação desagradável, mas não era de todo incivilizado, sendo um espécime comum e típico de sua época.

    Muitos eram ainda menos humanos na aparência do que o indivíduo aqui descrito, mas a sétima sub-raça desenvolveu um tipo superior, embora muito diferente de qualquer homem existente no tempo atual. Embora conservando a mandíbula inferior projetada, os grossos lábios pesados, a face achatada e os olhos de aspecto misterioso, eles tinham, por esse tempo, desenvolvido alguma coisa que poderia ser chamada de testa, ao passo que a curiosa projeção do calcanhar fora consideravelmente reduzida. Num ramo desta sétima sub-raça, a cabeça poderia ser descrita como quase oviforme — sendo a menor extremidade do ovo a parte superior, com os olhos bem separados e muito próximos do alto da cabeça. A estatura diminuíra sensivelmente e o aspecto das mãos, dos pés e dos membros de modo geral tornara-se mais semelhante aos dos negros de hoje. Esse povo desenvolveu uma importante e duradoura civilização, dominando por milhares de anos a maioria das outras tribos que viviam no vasto continente lemuriano; e, mesmo no final, quando a degeneração racial parecia prestes a surpreendê-lo, conseguiu mais uma nova vida e poder através da miscigenação com os rmoahals — primeira sub-raça dos atlantes. A progênie, embora mantendo, como é natural, muitas características da Terceira Raça, na verdade pertencia à Quarta Raça e, assim, naturalmente obteve uma nova força de desenvolvimento. A partir desse tempo, seu aspecto geral tornou-se bastante parecido com o de alguns índios americanos, exceto pela pele, que tinha uma curiosa coloração azulada, inexistente hoje em dia.

    Contudo, por mais surpreendentes que possam ser as mudanças no tamanho, na consistência e na aparência físicas do homem durante esse período, as alterações no processo de reprodução são ainda mais espantosas. Uma alusão aos métodos que hoje prevalecem entre os reinos mais inferiores da natureza pode nos auxiliar no estudo do assunto.

Processos de reprodução

Após citar os processos mais simples de procriação pela auto-divisão e pela formação de gemas (gemação), Haeckel prossegue: "Um terceiro modo de procriação assexuada, o da formação de gemas germinativas (polisporogonia), está intimamente associado à formação de gemas. No caso dos organismos inferiores, imperfeitos, entre os animais, especialmente no caso de animais e vermes semelhantes a plantas, muitas vezes descobrimos que, no interior de um indivíduo composto de muitas células, um pequeno grupo de células separam-se daquelas que as circundam e que esse pequeno grupo isolado gradualmente se desenvolve num indivíduo que se torna semelhante ao ser de origem e, mais cedo ou mais tarde, sai de dentro dele. ...A formação de gemas germinativas é, evidentemente, um tanto diferente da verdadeira produção por gemação. Mas, por outro lado, está associada a um quarto tipo de procriação assexuada, que é quase uma transição para a reprodução sexual, isto é, a formação de células-germinativas (monosporogonia). Neste caso, já não é um grupo de células, mas uma única célula que se separa das células circundantes no interior do organismo gerador e que se torna mais desenvolvida após ter saído do ser de origem. ...A procriação sexual ou anfigônica (anfigonia) é o método usual de procriação entre todos os animais e plantas superiores. É evidente que ele só se desenvolveu num período mais recente da história da Terra e a partir da procriação assexuada aparentemente, em primeiro lugar, a partir do método de procriação pelas células-germinativas. ...Nas principais formas de procriação assexuada acima mencionadas — cissiparidade, formação de gemas, gemas germinativas e células germinativas — a célula, ou o grupo de células que se separou era capaz, por si mesmo, de se desenvolver num novo indivíduo, mas no caso da procriação sexuada, a célula deve, primeiro, ser fecundada por uma outra substância generativa. O esperma fecundador deve, primeiro, misturar-se com a célula germinativa (o óvulo), antes que esta possa se desenvolver num novo indivíduo. Essas duas substâncias generativas, o esperma e o óvulo, são produzidas por um só indivíduo hermafrodita (hermafroditismo) ou por dois indivíduos diferentes (separação sexual).

A mais simples e mais antiga forma de procriação sexual é através de indivíduos de sexo duplo. Isso ocorre na grande maioria das plantas, porém apenas numa minoria dos animais, tais como nos caracóis de jardim, nas sanguessugas, nas minhocas e em muitos outros vermes. Entre os hermafroditas, cada indivíduo produz dentro de si materiais de ambos os sexos — óvulos e esperma. Na maior parte das plantas superiores, cada flor contém tanto o órgão masculino (estames e antera) como o órgão feminino (estilete e semente). Cada caracol de jardim produz, numa parte de sua glândula sexual, óvulos e, em outra parte, esperma. Muitos hermafroditas podem autofecundar-se; em outros, no entanto, é necessária a fecundação recíproca de dois hermafroditas para provocar o desenvolvimento dos óvulos. Este último caso é, evidentemente, uma transição para a separação sexual.

A separação sexual, que caracteriza o mais complicado dos dois tipos de reprodução sexual, desenvolveu-se evidentemente a partir do estado hermafrodita, num período recente da história orgânica do mundo. No momento, esse é o método universal de procriação dos animais superiores. ...A chamada reprodução virginal (partenogênese) oferece uma forma interessante de transição da reprodução sexual à formação assexuada de células germinativas, que em grande parte se lhe assemelha.... Neste caso, as células germinativas, que também aparecem e são formadas exatamente como as células-ovo, tornam-se capazes de se desenvolverem em novos indivíduos, sem que para isso haja necessidade da semente fecundada. Os mais extraordinários e instrutivos dos diferentes fenômenos partenogenéticos são fornecidos por aqueles casos nos quais as mesmas células germinativas, caso sejam fecundadas ou não, produzem espécies diferentes de indivíduos. Entre nossas abelhas de mel comuns, um indivíduo macho (um zangão) nasce dos óvulos da rainha, caso o óvulo não tenha sido fecundado; caso o óvulo tenha sido fecundado, nasce uma fêmea (uma rainha ou uma abelha operária). A partir disso, pode-se concluir que, de fato, não há grande distância entre a reprodução sexuada e a assexuada e que esses dois tipos de reprodução estão diretamente associados.[6]

Ora, o fato interessante relacionado com a evolução do homem da Terceira Raça, na Lemúria, é que seu modo de reprodução passou por etapas bastante semelhantes a alguns dos processos acima descritos. Os termos empregados em *A Doutrina Secreta* são: nascido do suor, nascido do óvulo e andrógino.

"Quase sem sexo, em seus remotos primórdios, tomou-se

---

6 Ernst Haeckel, *History of Creation*, Vol. I, pp. 193-8.

bissexual ou andrógino; muito gradualmente, claro. A passagem da primeira à última transformação exigiu inúmeras gerações, durante as quais a célula simples que se originou do mais primitivo antepassado (o dois em um), desenvolveu-se primeiro num ser bissexual; em seguida, a célula, tornando-se um óvulo regular, emitiu uma criatura unissexual. O gênero humano da Terceira Raça é o mais misterioso de todas as cinco raças até agora desenvolvidas. O mistério do "Como", relacionado com a geração dos sexos separados, deve, é claro, estar muito obscuro aqui, pois, sendo este um assunto para um embriologista, um especialista, a presente obra só pode fornecer um ligeiro esboço do processo. Mas é evidente que os indivíduos da Terceira Raça começaram a se separar e a sair de suas cascas ou ovos pré-natais como bebês do sexo masculino e feminino, séculos após o surgimento de seus antigos progenitores. E com o decorrer dos períodos geológicos, as sub-raças recém-nascidas começaram a perder suas aptidões natais. Perto do fim da quarta sub-raça, o bebê perdia a faculdade de andar, tão logo se libertava de sua casca; e, pelo fim da quinta, o gênero humano nascia sob as mesmas condições e pelo mesmo processo de nossas gerações históricas. Naturalmente, isso exigiu milhões de anos.[7]

Raças lemurianas que ainda habitam a Terra
Não será demais repetir que as criaturas quase desprovidas, de mente que habitavam esses corpos, tal como foi acima descrito, durante as primeiras sub-raças do período lemuriano, mal podem ser consideradas inteiramente humanas. Foi só após a separação dos sexos, quando seus corpos tinham se tornado densamente físicos, que eles se tornaram humanos, mesmo na aparência. Deve-se lembrar que os seres dos quais estamos falando, embora abrangendo os segundo e terceiro grupos de Pitris Lunares, também devem ter sido recrutados, em grande número, do reino animal daquele Manvantara (o Lunar). Os remanescentes da Terceira Raça-Raiz que ainda habitam a Terra podem ser observados nos aborígines da Austrália, nos ilhéus de Andaman, em algumas tribos montesas da Índia, nos fueguinos, nos bosquímanos da África e em algumas outras tribos selvagens. As entidades que hoje habitam esses corpos devem ter pertencido ao reino animal na parte inicial *deste* Manvantara. Provavelmente, foi durante a evolução da raça lemuriana e antes que a "porta fosse fechada", impedindo a subida do grande

7 *The Secret Doctrine*, Vol.II, p. 197.

número de entidades que nela se aglomeravam, que elas alcançaram o reino humano.

O pecado dos sem-mente

Os atos vergonhosos dos homens desprovidos de mente, por ocasião da primeira separação dos sexos, foram muito bem relatados pelas estâncias do antigo *Livro de Dzyan*. Nenhum comentário é necessário.

> Durante a Terceira Raça, os animais sem ossos cresceram e se transformaram: converteram-se em animais com ossos; suas châyas tornaram-se sólidas.
>
> Os animais foram os primeiros a se separar. Começaram a procriar. O homem duplo também se separou. Ele disse: 'Façamos como eles: unamo-nos e procriemos.' E assim fizeram.
>
> E aqueles que não possuíam a centelha tomaram para si imensas fêmeas de animais. Com elas geraram raças mudas. Eles próprios eram mudos. Mas suas línguas se desataram. As línguas de sua progênie permaneceram mudas. Eles geraram monstros. Uma raça de monstros encurvados, cobertos de pêlo vermelho, que andavam de quatro. Uma raça muda para silenciar sua vergonha. (E um antigo comentário acrescenta: 'Quando a Terceira se separou e pecou, procriando homens-animais, estes — os animais — tornaram-se ferozes, os homens e eles mutuamente destrutivos. Até então, não existia pecado, nem vida roubada.')
>
> Vendo isso os Lhas, que não tinham construído homens, choravam, dizendo: 'Os Amanasa (sem mente) macularam nossas futuras moradas. Isto é Karma. Habitemos em outras. Ensinemo-los melhor, a fim de que não suceda o pior.' E assim fizeram.
>
> Então todos os homens foram dotados de Manas. E viram o pecado dos sem-mente.

Origem dos macacos pitecóide e antropóide

A semelhança anatômica entre o homem e o mais desenvolvido dos macacos, tão freqüentemente citada pelos darwinistas, de modo a sugerir algum ancestral comum a ambos, propõe um problema interessante, do qual a solução adequada pode ser encontrada na explicação esotérica da gênese das raças pitecóides.

Ora, nós concluímos, a partir de *A Doutrina Secreta*,[8] que os descendentes desses monstros semi-humanos, acima descritos como provenientes do pecado dos "sem-mente", tendo atra-

---
8 Vol. 11, pp. 683 e 689.

vés dos séculos diminuído de tamanho e se tornando fisicamente mais densos, culminaram, no período mioceno, numa raça de macacos, da qual, por sua vez, descendem os atuais pitecóides. Com esses macacos do período mioceno, porém, os atlantes dessa época repetiram o pecado dos "sem-mente" — desta vez com plena responsabilidade, e os resultantes do seu crime são as espécies de macacos hoje conhecidas como antropóides.

Tudo leva a crer que, no advento da Sexta Raça-Raiz, esses antropóides obterão encarnação humana, sem dúvida nos corpos das raças mais inferiores que então existirem na Terra.

A região do continente lemuriano onde ocorreu a separação dos sexos e onde tanto a quarta como a quinta sub-raças floresceram pode ser observada no mais antigo dos dois mapas. Ela ficava a leste da região montanhosa da qual a atual ilha de Madagascar fazia parte, ocupando assim uma posição central ao redor do menor dos dois grandes lagos.

Origem da linguagem

Como relatam as *Estâncias de Dzyan* acima transcritas, os homens daquela época, embora houvessem se tornado inteiramente físicos, ainda continuavam mudos. Naturalmente, os ancestrais astrais e etéricos desta Terceira Raça-Raiz não tinham necessidade de produzir uma série de sons a fim de transmitir seus pensamentos, vivendo, como viviam, num estado astral e etérico; contudo, quando o homem se tornou físico, não podia permanecer mudo por muito tempo. Fomos informados de que os sons que esses homens primitivos emitiam, a fim de expressarem seus pensamentos, eram, a princípio, formados apenas de vogais. Com o lento decorrer da evolução, gradualmente os sons consonantais começaram a ser usados, mas o desenvolvimento da linguagem, desde o princípio até o final do continente da Lemúria, nunca ultrapassou a etapa monossilábica. A atual língua chinesa é a única descendente direta da antiga língua lemuriana,[9] pois "toda a raça humana tinha, naquele tempo, uma só linguagem e um só lábio".[10]

Na classificação das línguas elaborada por Humboldt, a chinesa, como sabemos, é chamada *isolante*, por distinguir-se da *aglutinante*, mais evoluída, e da *flexiva*, ainda mais evoluída. Os leitores da *História da Atlântida* devem se lembrar de que mui-

---

9 No entanto, deve-se observar que o *povo chinês* descende, principalmente, da quarta sub-raça, ou raça turaniana, da Quarta Raça-Raiz.
10 *The Secret Doctrine*, Vol.II, p. 198.

Extratos de Rocha		Profundidade dos Extratos em metros	Raças Humanas	Cataclismos	Animais	Vegetais
Laurenciano Cambriano Siluriano	Arquilítico ou Primordial	21.300	Primeira Raça-Raiz que, sendo Astral, não poderia deixar restos fósseis.		Animais sem crânio	Florestas de algas gigantescas e outras talófitas
Devoniano Carbonífero Permiano	Paleolítico ou Primário	12.800	Segunda Raça-Raiz, que era etérea.		Peixes	Florestas de fetos
Triásico Jurásico Cretáceo	Mesolítico ou Secundário	4.500	Terceira Raça-Raiz ou Lemuriana.	Considera-se que a Lemúria pereceu antes do início do período eoceno.	Répteis	Florestas de pinheiros e palmeiras
Eoceno Mioceno Plioceno	Cenolítico ou Terciário	1.500	Quarta Raça-Raiz ou Atlante.	O principal continente da Atlântida foi destruído no período mioceno, cerca de 800.000 anos atrás. Segunda grande catástrofe, cerca de 200.000 anos atrás. Terceira grande catástrofe, cerca de 80.000 anos atrás. Submersão definitiva de Posseidonis em 9564 a.C.	Mamíferos	Florestas de árvores deciduifólias
Diluvial ou Pleistoceno Aluvial	Antopolítico ou Quaternário	152	Quinta Raça-Raiz ou Ariana.		Mamíferos mais diferenciados	Florestas cultivadas

tas línguas diferentes se desenvolveram naquele continente, mas todas eram do tipo aglutinante, ou, como prefere Max Müller, *combinatório*, embora o desenvolvimento ainda mais importante da linguagem *reflexiva*, nas línguas árica e semítica, tenha sido reservado à nossa própria era da Quinta Raça-Raiz.

A primeira vida roubada

A primeira ocasião de pecado, a primeira vida roubada — mencionada no antigo comentário das *Estâncias de Dzyan* acima transcrito — pode ser considerada como indicativa do comportamento que então se instalou entre os reinos humano e animal, o qual, desde então, tem atingido terríveis proporções, não só entre homens e animais, mas entre as diferentes raças humanas. E isso abre uma via de reflexão muito interessante.

O fato de reis e imperadores considerarem necessário ou apropriado, em todas as ocasiões oficiais, apresentarem-se com o traje de uma das subdivisões combatentes de suas forças armadas é um indício significativo da apoteose alcançada pelas qualidades combativas no homem! O costume, sem dúvida, data de uma época em que o rei era o chefe guerreiro e sua realeza era reconhecida unicamente em virtude de ele ser o guerreiro mais eminente. Mas agora que a Quinta Raça-Raiz está em ascendência, cuja principal característica e função é o desenvolvimento do intelecto, poderíamos supor que o atributo dominante da Quarta Raça-Raiz não deveria ser ostentado com tanto alarde. Mas a era de uma raça sobrepõe-se parcialmente à outra e, como sabemos, embora as principais raças do mundo pertençam à Quinta Raça-Raiz, a grande maioria de seus habitantes ainda pertence à Quarta; portanto, tem-se a impressão de que a Quinta Raça-Raiz ainda não superou as características da Quarta Raça-Raiz, pois a evolução humana se efetua de modo bastante gradual e lento.

Seria interessante resumir aqui a história desse conflito e dessa matança desde sua gênese, na Lemúria, há milhões de séculos.

A partir dos dados já fornecidos pelo autor, parece que o antagonismo entre homens e animais desenvolveu-se em primeiro lugar. Com a evolução do corpo físico do homem, naturalmente um alimento apropriado para esse corpo tornou-se uma necessidade urgente, de modo que, além do antagonismo criado pela necessidade de autodefesa contra os animais ferozes dessa época, o desejo de alimento também impeliu os homens à matança e, como vimos acima, um dos primeiros usos que eles fizeram de sua mentalidade em formação foi treinar animais para agirem como perseguidores, durante a caçada.

Uma vez despertado o elemento de luta, em breve os homens começaram a utilizar armas ofensivas uns contra os outros. As causas de agressão eram, naturalmente, idênticas àquelas que hoje existem nas comunidades selvagens. A posse de qualquer objeto desejável por um de seus semelhantes era motivo suficiente para um homem tentar tomá-lo à força. Tampouco a luta se limitava a atos individuais de agressão. Como ocorre entre os atuais selvagens, bandos de saqueadores podiam atacar e pilhar as comunidades que viviam em aldeias distantes das suas. A guerra na Lemúria, porém, nunca foi além dessas proporções, conforme fomos informados, mesmo no fim de sua sétima sub-raça.

Estava destinado aos atlantes desenvolver o esquema de combate em linhas organizadas — reunir e treinar exércitos e construir esquadras. Na verdade, este esquema de combate foi a característica fundamental da Quarta Raça-Raiz. Durante todo o período atlante, como sabemos, a luta armada foi a ordem do dia, e travavam-se constantes batalhas terrestres e navais. E esse princípio de luta tornou-se tão profundamente arraigado na natureza humana durante o período atlante que, mesmo hoje, a mais intelectualmente desenvolvida das raças árias está militarmente preparada para lutar entre si.

As artes

Para traçar o desenvolvimento das artes entre os lemurianos, temos de começar pela história da quinta sub-raça. A separação dos sexos estava, então, totalmente concluída e o homem habitava um corpo inteiramente físico, embora ainda de estatura gigantesca. A guerra ofensiva e defensiva com os monstruosos animais carnívoros já se iniciara e os homens começaram a viver em cabanas. Para construí-las, abatiam árvores e empilhavam-nas de maneira rude. A princípio cada família vivia isolada na sua própria clareira aberta na selva, mas logo descobriram que, para se defenderem das feras, era mais seguro agruparem-se e viverem em pequenas comunidades. As cabanas, que eram feitas com rudes troncos de árvores, passaram a ser construídas com pedras grandes e arredondadas, enquanto as armas com que atacavam ou se defendiam dos dinossauros e de outras feras eram lanças de madeira afiada, semelhantes ao bastão que o homem, cujo aspecto foi descrito anteriormente, empunhava.

Até essa época, a agricultura ainda não era conhecida e a utilidade do fogo não havia sido descoberta. O alimento de seus ancestrais sem osso, que se arrastavam pela terra, eram coisas que eles podiam encontrar no chão ou logo abaixo da superfície do solo. Agora que andavam eretos, muitas árvores silvestres proviam sua subsistência com nozes e frutas, mas seu alimento principal era a carne dos animais que matavam, retalhavam e devoravam.

Mestres da raça lemuriana

Ocorreu um evento significativo, cujas conseqüências foram muito importantes para a história da raça humana. Um evento, aliás, de grande significado místico, pois seu relato traz à luz Seres que pertenciam a sistemas de evolução inteiramente diferentes e que, não obstante, vieram, nessa época, juntar-se à nossa humanidade.

O lamento dos Lhas,[11] "que não tinham construído homens", ao verem suas futuras moradas contaminadas é, à primeira vista, dificilmente compreensíveis. Embora a descida desses Seres nos corpos humanos nãos seja o evento principal que temos a referir, devemos tentar, antes, uma explicação de sua causa e conseqüência. Ora, tudo leva a crer que esses Lhas eram a humanidade mais altamente desenvolvida de algum sistema de evolução que completara seu curso numa época pertencente a um passado infinitamente remoto. Eles tinham alcançado um elevado estágio de desenvolvimento em seu conjunto de mundos e, desde sua dissolução, passaram os séculos intermediários na bem-aventurança de algum estado nirvânico. Mas seu karma necessitava agora de retornar a algum campo de ação e de causas físicas e, como ainda não tinham aprendido inteiramente a lição da compaixão, sua tarefa temporária consistia então em tornarem-se guias e mestres da raça lemuriana, que nessa época precisava de toda ajuda e orientação que eles pudessem dar.

Contudo, outros Seres também se dedicaram à tarefa — neste caso, voluntariamente. Vieram do esquema de evolução que tem Vênus como seu único planeta físico. Esse esquema já alcançou o Sétimo Ciclo de seus planetas no seu Quinto Manvantara; sua humanidade, portanto, encontra-se num nível muito mais elevado do que o alcancado pelos homens comuns deste planeta. Eles são "divinos", ao passo que somos apenas "humanos". Os lemurianos, como vimos, estavam então apenas a um passo da autêntica natureza humana. Foi para suprir uma necessidade temporaria — a educação da nossa humanidade in-

---

11   Vol.II, p. 317.

fantil — que esses Seres divinos vieram — assim como nós, possivelmente daqui a séculos, também poderemos ser designados para prestar ajuda a seres que, em Júpiter ou Saturno, tenham dificuldade em atingir a natureza humana. Sob sua orientação e influência, os lemurianos rapidamente atingiram o desenvolvimento mental. A atividade de suas mentes, com sentimentos de amor e reverência para com aqueles que reconheciam ser infinitamente mais sábios e mais poderosos que eles, naturalmente fez sugir tentativas de imitação; assim, o desenvolvimento necessário quanto ao crescimento mental foi conquistado, o que transformou o revestimento mental superior num veículo capaz de transportar as características humanas de uma vida a outra, garantindo desse modo essa expansão da Vida Divina que dotou o receptor com a imortalidade individual. Segundo as palavras das antigas *Estâncias de Dzyan*, "Então todos os homens foram dotados de Manas".

Contudo, deve-se registrar uma significativa diferença entre a vinda dos Seres sublimes do esquema de Vênus e a daqueles descritos como a humanidade mais altamente desenvolvida de algum sistema anterior de evolução. Os primeiros, como vimos, não estavam sob nenhum estímulo kármico. Vieram como homens, para viver e trabalhar entre eles, mas não lhes era exigido que assumissem suas limitações físicas, estando em condições de se munirem de veículos que lhes fossem apropriados.

Por outro lado, os Lhas precisavam realmente nascer nos corpos da raça, tal como esta existia então. Melhor teria sido, tanto para eles como para a raça, se não tivesse havido hesitação ou demora da parte deles em se dedicarem à sua tarefa kármica, pois o pecado dos sem-mente teria sido evitado, bem como todas as suas conseqüências. Além disso, sua tarefa teria sido bem mais fácil, pois consistia não só em procederem como guias e mestres, mas também em aperfeiçoarem o tipo racial — em suma, em desenvolverem a forma semi-humana, semi-animal, então existente, no futuro corpo físico do homem.

É preciso lembrar que, até então, a raça lemuriana era constituída pelos segundo e terceiro grupos de Pitris Lunares. Mas agora que eles estavam se aproximando do nível alcançado pelo primeiro grupo de Pitris na cadeia lunar, tornava-se-lhes necessário retomar de novo à encarnação, o que eles fizeram durante as quinta, sexta e sétima sub-raças (na verdade, alguns só foram nascer no período atlante), de modo que o impulso dado ao progresso da raça foi uma força cumulativa.

As posições ocupadas pelos seres divinos da cadeia de Vênus eram, naturalmente, as de governantes, instrutores de religião e professores de artes, e é nesta última qualidade que uma alusão às artes por eles ensinadas vem ajudar este nosso estudo da história dessa antiga raça.

As artes continuaram

Sob orientação de seus divinos mestres, o povo começou a aprender o uso do fogo e os meios pelos quais podiam obtê-lo, a princípio, através da fricção e, mais tarde, pelo uso de pederneiras e ferro. Foi-lhes ensinado a explorar metais, a fundi-los e a moldá-los e, em vez de madeira pontuda, eles agora começavam a usar lanças com ponta de metal pontiagudo.

Também lhes foi ensinado cavar e arar o solo e a cultivar as sementes do grão silvestre até aprimorá-los. Esse aperfeiçoamento, levado a cabo, através das vastas épocas que decorreram desde então, resultou na evolução dos vários cereais que hoje possuímos — cevada, aveia, milho, painço, etc. Contudo, deve-se registrar aqui uma exceção. O trigo não foi desenvolvido neste planeta, como os outros cereais. Foi um presente dos seres divinos, que o trouxeram de Vênus, já pronto para servir de alimento ao homem. Mas o trigo não foi o único presente. A única espécie entre os animais, cujo tipo não foi desenvolvido em nossa cadeia de mundos, é a abelha. Também ela foi trazida de Vênus.

Em seguida, os lemurianos começaram a aprender a arte de fiar e tecer tecidos com os quais faziam suas roupas. Estas eram fabricadas com o áspero pêlo de alguma espécie de animal hoje extinto, mas que guardava certa semelhança com os atuais lhamas, dos quais foi, provavelmente, o ancestral. Como já vimos, as vestes primitivas do homem lemuriano eram mantos de pele tirada dos animais que ele matava. Nas regiões mais frias do continente, essas vestes ainda eram usadas, mas agora ele aprendera a curtir e a adornar a pele, embora de modo rudimentar.

Uma das primeiras coisas ensinadas ao povo foi o uso do fogo no preparo do alimento e, quer se tratasse da carne de animais que matavam ou de grãos de trigo triturados, seu modo de cozinhar era bastante idêntico ao que sabemos existir hoje entre as comunidades selvagens. Com referência ao presente do trigo, tão maravilhosamente trazido de Vênus, os governantes divinos sem dúvida perceberam as vantagens de, imediatamente, produzir esse alimento para o povo, pois sabiam que levaria muitas gerações antes que o aperfeiçoamento das sementes silvícolas pudesse fornecer um suprimento adequado.

Durante o período das quinta e sexta sub-raças, o povo era rude e bárbaro, e os que tiveram o privilégio de entrar em contato com seus mestres divinos foram, naturalmente, insuflados com sentimentos de reverência e culto, a fim de serem ajudados a erguerem-se acima do seu estado selvagem. Além disso, a constante afluência de seres mais inteligentes, vindos do primeiro grupo de Pitris Lunares, que estavam então iniciando seu retorno à encarnação, ajudou na obtenção de um estado mais civilizado.

Grandes cidades e estátuas

Durante o período mais recente, correspondente às sexta e sétima sub-raças, eles aprenderam a construir grandes cidades. Sua arquitetura parece ter sido ciclópica, correspondendo aos corpos gigantescos da raça. As primeiras cidades foram construídas naquela extensa região montanhosa do continente que, como pode ser visto no primeiro mapa, incluía a atual ilha de Madagascar. Uma outra grande cidade é descrita em *A Doutrina Secreta*[21] como tendo sido inteiramente construída de blocos de lava. Ela ficava a uns 50 km a oeste da atual ilha de Páscoa e posteriormente foi destruída por uma série de erupções vulcânicas. As estátuas gigantescas da ilha de Páscoa — medindo, em sua grande maioria, cerca de 8 m de altura por 2,5 m de largura — provavelmente foram projetadas para representar não só as feições mas também a altura dos que as esculpiram ou, talvez, as de seus ancestrais, pois é provável que as estátuas tenham sido erguidas nos últimos séculos dos atlantes-lemurianos. Pode-se observar que, durante o período do segundo mapa, o continente do qual a ilha de Páscoa fazia parte fora fragmentado e a própria ilha de Páscoa tornara-se uma ilha comparativamente menor, apesar das dimensões consideravelmente grandes que ela conserva hoje em dia.

Civilizações de relativa importância surgiram em diferentes partes do continente e das grandes ilhas, onde os habitantes ergueram cidades e viveram em comunidades organizadas; grandes tribos, porém, que também eram parcialmente civilizadas, continuaram a levar uma vida nômade e patriarcal, ao passo que, outras regiões do território — em muitos casos, as menos acessíveis, como em nosso tempo — foram povoadas por tribos de tipo extremamente inferior.

Religião

Com uma raça de homens tão primitiva, no melhor dos casos, havia muito pouco a lhes ser ensinado no campo da religião. Algumas regras simples de conduta e os preceitos mais elementares de moralidade eram tudo o que eles podiam compreender ou praticar. É verdade que, durante a evolução da sétima sub-raça, seus instrutores divinos ensinaram-lhes uma forma primitiva de culto e transmitiram-lhes o conhecimento de um Ser Supremo, cujo símbolo era representado pelo sol.

Destruição do continente

Ao contrário do destino da Atlântida, que foi submersa por enormes vagalhões, o continente da Lemúria pereceu pela ação vulcânica. Foi devastado pelas cinzas ardentes e pela poeira incandescente de inúmeros vulcões. Terremotos e erupções vulcânicas, é verdade, introduziram cada uma das grandes catástrofes que surpreenderam a Atlântida, mas depois que a terra foi sacudida e dilacerada, o mar avançou impetuosamente e completou o trabalho, e a grande maioria dos habitantes morreu afogada. Os lemurianos, por outro lado, pereceram principalmente queimados ou asfixiados. Outro contraste marcante entre o destino da Lemúria e o da Atlântida foi que, enquanto quatro grandes catástrofes completaram a destruição desta última, a Lemúria foi lentamente devastada por incêndios que se espalharam pelo continente, pois, a partir do instante em que o processo de desintegração começou, até o fim do período do primeiro mapa, não houve interrupção da atividade causticante e, numa parte ou noutra do continente, a ação vulcânica permaneceu constante, e a conseqüência inevitável disso foi o afundamento e o desaparecimento total do território, assim como aconteceu com a ilha de Krakatoa, em 1883.

A erupção do monte Pelée, que causou a destruição de Saint-Pierre, a capital da Martinica, foi tão parecida com as séries de catástrofes vulcânicas do continente da Lemúria que uma descrição fornecida por alguns sobreviventes dessa ilha pode ser interessante: "Uma imensa nuvem negra irrompeu subitamente da cratera do monte Pelée e precipitou-se com incrível velocidade, sobre a cidade, destruindo tudo — habitantes, casas e vegetação — que encontrava em seu caminho. Em dois ou três minutos ela atravessou a cidade, que se transformou num monte de ruínas em chamas. Em ambas as ilhas [Martinica e São Vicente] as erupções caracterizaram-se pela súbita liberação de imensas quantidades de poeira incandescente, misturada com vapor, que desceu pelas íngremes encostas com velocidade sempre crescente. Em São Vicente, essa poeira acumulou-se em muitos vales, atingindo uma profundidade de mais ou menos 30 a 60 m e, meses após as erupções, ainda estava muito quente, e as chuvas pesadas que então caíram sobre ela causaram enormes explosões, produzindo nuvens de vapor e poeira que se projetavam a uma altura de 450 até 600 m, enchendo os rios de lama negra e fervente." O capitão Freeman, do Roddam, falou da "impressionante experiência que ele e seu grupo tiveram na Martinica. Uma noite, quando estavam numa pequena chalupa, ancorados a cerca de um quilômetro e meio de Saint-Pierre, a montanha explodiu de uma forma que, aparentemente, era uma exata repetição da erupção original. Não foi inteiramente sem aviso; por isso, eles puderam navegar, imediatamente, de 2 a 3 km para mais longe, o que, provavelmente, os salvaria. Na escuridão, viram o pico incandescer com uma brilhante luz vermelha; logo em seguida, com explosões estrondosas, enormes pedras incandescentes foram projetadas e rolaram pelas encostas. Após alguns minutos, ouviu-se um longo ruído retumbante e, logo a seguir, uma avalanche de poeira incandescente precipitou-se para fora da cratera e rolou pela encosta com uma velocidade, segundo eles, de aproximadamente 160 km por hora, com uma temperatura de 1.000°C. Quanto à provável explicação destes fenômenos, o capitão Freeman disse que não foi vista lava alguma jorrando dos vulcões, mas apenas vapor e uma fina poeira quente. Os vulcões eram, portanto, do tipo explosivo; e de todas as suas observações, ele concluiu que a ausência de derramamento de lava devia-se ao fato de o material do interior da cratera ser parcialmente sólido ou, pelo menos, bastante viscoso, de modo que não podia fluir como uma torrente comum de lava. Desde o regresso do capitão Freeman, esta teoria tinha recebido impressionante confirmação, pois sabia-se então que, no interior da cratera do monte Pelée, não havia nenhum lago de lava derretida, mas que um sólido pilar de rocha incandescente estava se erguendo lentamente, formando um grande monte cônico, pontiagudo, até elevar-se, finalmente, acima do antigo cume da montanha. Sua altura era de, aproximadamente, 300 metros e crescera lentamente, à medida que fora forçado para cima pela pressão de baixo, enquanto, de vez em quando, ocorriam explosões de vapor, desalojando grandes pedaços de seu topo ou de suas encostas. O vapor era liberado do interior dessa massa à medida que ela esfriava e, nesse momento, a rocha entrava num estado perigoso e altamente explosivo, de modo que, cedo ou tarde, teria de ocorrer uma explosão que despedaçaria uma grande parte dessa massa, convertendo-a numa poeira fina e incandescente".[12]

Uma consulta ao primeiro mapa lemuriano mostrará que, no lago situado a sudeste da extensa região montanhosa, havia uma ilha cujas dimensões não ultrapassavam as de uma grande montanha. Essa montanha era um vulcão muito ativo. As quatro montanhas que se encontravam a sudoeste do lago também eram vulcões ativos, e foi nessa região que começou a dilaceração do continente. Os cataclismos sísmicos que se seguiram as erupções vulcânicas causaram tamanho estrago que, durante o período do segundo mapa, uma grande porção da parte sul do continente estava submersa.

Uma característica marcante da superfície do território no começo da época lemuriana era o grande número de lagos e pântanos, bem como os inúmeros vulcões. O mapa, naturalmente, não registra todos esses detalhes, mas apenas algumas das grandes montanhas que eram vulcões e alguns dos maiores lagos.

Um outro vulcão, na costa nordeste do continente, começou seu trabalho de destruição numa data remota. Os terremotos completaram a dilaceração e parece provável que o mar indicado no segundo mapa, ponteado de pequenas ilhas a sudeste do atual Japão, indique a área dos distúrbios sísmicos.

Pode-se observar, no primeiro mapa, que havia lagos no centro do atual continente insular da Austrália — lagos onde a terra hoje se mostra bastante seca e crestada. Durante o período do segundo mapa, esses lagos desapareceram e parece natural supor que, durante as erupções dos grandes vulcões situados a sudeste (entre as atuais Austrália e Nova Zelândia), as regiões onde esses lagos se encontravam devem ter sido de tal modo devastadas pela poeira vulcânica incandescente que as inúmeras nascentes secaram.

Origem da raça atlante

Em conclusão deste esboço, uma alusão ao processo pelo qual a Quarta Raça-Raiz surgiu será bastante apropriada para encerrarmos aquilo que conhecemos acerca da história da Lemúria, encadeando-se à história da Atlântida.

Como já foi registrado por outras obras anteriores que

---
12   *The Times*, 14 de setembro de 1903.

abordaram esta matéria, o núcleo destinado a se tornar a nossa grande Quinta Raça-Raiz ou ária foi escolhido a partir da *quinta* sub-raça, ou raça semítica, da Quarta Raça-Raiz. Contudo, não foi antes da época da *sétima* sub-raça na Lemúria que a humanidade se desenvolveu o bastante, psicologicamente, para justificar a escolha de indivíduos aptos a se tomarem os pais de uma nova Raça-Raiz. Assim, foi da sétima sub-raça que se deu a segregação. A princípio, a colônia se instalou na região hoje ocupada pelo Achanti e pela Nigéria ocidental. Uma consulta ao segundo mapa mostrará essa região como um promontório situado a noroeste da ilha-continente, abrangendo o cabo da Boa Esperança e partes da África ocidental. Tendo sido resguardada, por gerações, de qualquer mistura com um tipo mais inferior, a colônia viu o número de seus habitantes aumentar gradualmente, até chegar a época em que estava pronta a receber e a transmitir o novo impulso à hereditariedade física, que o Manu estava destinado a revelar.

Os estudiosos de Teosofia estão cientes de que, até hoje, ninguém pertencente ao nosso gênero humano teve condições de incumbir-se da sublime função de Manu, embora esteja determinado que o estabelecimento da futura Sexta Raça-Raiz será confiado à orientação de um dos nossos Mestres de Sabedoria — aquele que, embora pertencendo ao nosso gênero humano, atingiu, não obstante, um nível bastante elevado na Hierarquia Divina.

No caso em consideração — o estabelecimento da Quarta Raça-Raiz —, foi um dos Adeptos, vindo de Vênus, que se incumbiu dos deveres de Manu. Naturalmente, ele pertencia a uma ordem bastante elevada, pois deve-se compreender que, dos Seres que vieram do sistema de Vênus como governantes e mestres da nossa humanidade ainda infantil, *nem* todos se encontravam no mesmo nível. É esta circunstância que fornece uma razão para o notável fato que, a título de conclusão, pode ser mencionado — a saber, que existiu, na Lemúria, uma Loja de Iniciação.

Uma loja de iniciação
Naturalmente, a Loja não foi fundada com o objetivo de beneficiar a raça lemuriana. Alguns deles, suficientemente desenvolvidos, foram, é verdade, ensinados pelos Gurus Adeptos, mas a instrução de que necessitavam limitava-se à explicação de alguns fenômenos físicos, tal como o fato de que a Terra se move ao redor do sol, ou à explicação do aspecto diferente que

os objetos físicos assumiam quando expostos, alternadamente, à visão física à visão astral.

A Loja foi fundada, naturalmente, em benefício daqueles que, embora dotados com os extraordinários poderes de transferir sua consciência do planeta Vênus para a nossa Terra e de munir-se, enquanto aqui permaneciam, de veículos apropriados às suas necessidades e ao trabalho que deviam executar, estavam ainda seguindo o curso de sua própria evolução.[13] Em seu benefício — em benefício daqueles que, tendo iniciado o Caminho, haviam alcançado apenas os graus mais inferiores, foi que se fundou essa Loja de Iniciação.

Embora, como sabemos, a meta da evolução normal seja muito maior e mais gloriosa do que, do nosso atual ponto de vista, se pode conceber, ela não é, de modo algum, sinônimo daquela expansão de consciência que, associada à purificação e ao enobrecimento do caráter — e que só através dessa associação se torna possível —, constitui as alturas às quais conduz o Caminho da Iniciação.

A investigação acerca do que representa essa purificação e enobrecimento do caráter, bem como o esforço para compreender o que essa expansão de consciência realmente significa, são assuntos que foram tratados em outras obras.

Por ora, basta assinalar que o estabelecimento de uma Loja de Iniciação em benefício de Seres que vieram de um outro esquema de evolução é uma indicação da unidade de objetivos e de propósitos no governo e na orientação de *todos* os esquemas de evolução criados pelo nosso Logos Solar[14]. Além do curso normal do nosso próprio esquema, há, nós sabemos, um Caminho pelo qual Ele pode ser diretamente alcançado, o qual, a cada filho de homem, em seu progresso através dos tempos, é permitido ser informado e, se assim escolher, trilhá-lo. Achamos que também foi assim no esquema de Vênus, e presumimos que é ou será assim em todos os esquemas que fazem parte de nosso sistema Solar. Este Caminho é o Caminho da Iniciação e o fim a que ele conduz é idêntico para todos, e esse fim é a União com Deus.

---

13 As alturas por eles alcançadas terão seu correspondente quando a nossa humanidade, daqui a um período de tempo incalculável, tiver alcançado o Sexto Ciclo da nossa cadeia de mundos e, nessa época longínqua, os mesmos poderes transcendentes serão usufruídos pelo mais comum entre os homens.

14 N. E. - O Logos Solar ou Cristo Solar é a consciência diretora do Sistema Solar, de que o Sol físico é um ponto focal, e cuja aura de luz abarca o sistema e alimenta todas as formas de vida nele existentes, em todos os planos. Cada sistema solar é regido por uma dessas consciências que funcionam como "janelas vivas" que canalizam a Luz do Absoluto para criar os campos de evolução das consciências.

As Vidas de Alcyone
C. W. LEADBEATER E ANNIE BESANT
Formato 14 x 21 cm • 416 p.

Acompanhar por mais de 70 mil anos a trajetória evolutiva de um espírito e de sua família espiritual é feito inédito na literatura de resgate de vidas passadas. As 48 encarnações daquele que foi, no século XX, Krishnamurthi são relatos autênticos que Leadbeater e Annie Besant, dois famosos clarividentes, leram nos indestrutíveis registros akáshicos (as memórias da natureza). Aventuras perigosas, histórias românticas, gestos heróicos e resgates pungentes, transcorridos em cinco continentes, conduzem Alcyone à sua trajetória de crescimento interior. Reencarnando entre atlantes, civilizações perdidas da América, sacerdotes da Luz e canibais selvagens remanescentes da magia lemuriana e das primeiras raças planetárias, sábios, letrados e soldados, em corpos masculinos e femininos, ele faz desfilar diante de nós o panorama de dezenas de civilizações ancestrais.

Alcyone participa de cultos e crenças dos mais variados povos, vê surgir religiões, renasce primo de Zoroastro e o auxilia em sua doutrina, torna-se seguidor do Buda e o acompanha, antes de tornar-se discípulo aceito de seu mestre, no século XX. A seu lado, quase sempre estão grandes seres que viriam a ser mestres de sabedoria.

Mas o atrativo maior desta obra é constituir-se no único registro conhecido e detalhado da formação da raça ariana – a quinta raça planetária. Com Alcyone, a acompanhamos passo a passo, desde seus primórdios, quando o dirigente da raça escolheu seus primeiros componentes, de origem atlante, e os foi selecionando século após século, aprimorando-os genética, espiritual e materialmente, até conduzi-los em migrações épicas para a Índia, de onde os árias se derramaram pelo Irã, Ásia Menor e Grécia, e chegaram à Europa, seu território de ação. É a nossa própria história, o nascimento da civilização atual, que reconheceremos nesta epopéia fascinante, sem paralelo na literatura ocultista.

A Consciência do Átomo
ALICE BAILEY
Formato 14 x 21 cm • 128 p.

A ciência é capaz de desvendar-nos partes da realidade, nichos ou fatias do universo material. Somente a visão abrangente e profunda da Sabedoria Milenar traz o conhecimento da estrutura global do Universo, e, mais que isso, de seu propósito.

Alice Bailey, fundamentada na ciência secreta imemorial – ensinada em todas as escolas iniciáticas do planeta –, mas tomando como matéria-prima as noções modernas da física atômica, empreende nesta obra a inigualável tarefa de desvendar-nos essa estrutura e funcionamento ocultos do Universo.

Do átomo ao arcanjo – que começou sendo átomo –, há no organismo cósmico uma interação, uma interdependência, uma unidade magnífica e funcional. Os caminhos esplendorosos da evolução da consciência seguem um esquema em que cada núcleo de consciência, seja um átomo ou um sol, passando pelo ser humano enquanto cresce na direção do maior que o abrange, lhe serve de célula ou componente.

As descobertas, sobretudo da física quântica recente, nada mais fizeram que corroborar essa anatomia e fisiologia do Cosmo, de que Alice Bailey conseguiu esboçar uma síntese precisa. Contudo, esta não é uma obra destinada aos cientistas ou familiarizados com os domínios da física, mas sim ao leitor comum, que poderá desvendar os segredos da constituição íntima do organismo universal, de que, como átomos humanos, somos constituintes.

ENTRE DOIS MUNDOS
A HISTÓRIA DA ATLÂNTIDA E DA LEMÚRIA PERDIDA
foi confeccionado em impressão digital, em julho de 2025
Conhecimento Editorial Ltda
(19) 3451-5440 — conhecimento@edconhecimento.com.br
Impresso em Luxcream 70g - StoraEnso